GÜTERSLOHER
VERLAGSHAUS

Gütersloher Verlagshaus. Dem Leben vertrauen

DER CHRISTLICHE GLAUBE

Wolfgang Huber

Eine evangelische Orientierung

Gütersloher Verlagshaus

Bibliografische Information der Deutschen Nationalbibliothek
Die Deutsche Nationalbibliothek verzeichnet diese Publikation in der Deutschen Nationalbibliografie; detaillierte bibliografische Daten sind im Internet über http://dnb.d-nb.de abrufbar.

FSC
Mix
Produktgruppe aus vorbildlich bewirtschafteten Wäldern und anderen kontrollierten Herkünften
Zert.-Nr. SGS-COC-1940
www.fsc.org
© 1996 Forest Stewardship Council

Verlagsgruppe Random House
FSC-DEU-0100
Das für dieses Buch verwendete
FSC-zertifizierte Papier *Munken Premium Cream*
liefert Arctic Paper Munkedals AB, Schweden.

3. Auflage, 2008

Umschlaggestaltung: Init GmbH, Bielefeld
Satz: Katja Rediske, Landesbergen
Druck und Einband: GGP Media GmbH, Pößneck
Printed in Germany
ISBN 978-3-579-06449-9

www.gtvh.de

Inhalt

HOFFNUNG

LIEBE

Rückwärts beten – oder: Wo stehen wir heute?

Das habe ich bei den Menschen als großes Wunder erfahren:
dass es die Erde nicht gab und nicht den Himmel,
es gab nicht den Baum und auch nicht den Berg,
es schien nicht ein einziger Stern, nicht die Sonne,
es leuchtete weder der Mond noch die glänzende See.
Als es da also nichts gab,
was man als Anfang oder als Ende hätte verstehen können,
gab es schon lange den einen allmächtigen Gott,
den reichsten an Gnade.
Bei ihm waren auch viele Geister voll Herrlichkeit,
früher als sie aber war der heilige Gott.

Allmächtiger Gott, du hast Himmel und Erde erschaffen
und den Menschen so manches Gut verliehen:
verleihe mir rechten Glauben an deine Gnade
und guten Willen, Weisheit, Klugheit und Kraft,
den Teufeln zu widerstehen
und das Böse zu meiden
und deinen Willen zu tun.

Wessobrunner Gebet, aus dem 9. Jahrhundert

Rückwärts beten. Wenn ich nicht schlafen könne, solle ich rückwärts beten. Das riet mir ein wohlmeinender Mensch ungefragt. Dass es gegen Einschlafschwierigkeiten hilft, vierstellige Zahlen rückwärts zu zählen, wusste ich schon. Dann und wann praktiziere ich das auch, jeweils bei einer willkürlich gewählten Zahl beginnend, zum Beispiel 7668, 7667 und so fort. Dass es hilfreich ist, zu beten und die Sorgen des Tages in Gottes Hände zu legen, weiß ich auch. Aber rückwärts beten?

Das Vaterunser war das Beispiel meines Gesprächspartners. Er wollte mir die Konzentrationsübung nahe bringen, die darin liegt, die Worte des Gebets von hinten nach vorn zu sprechen. Eines Nachts, als ich in unbekannter Umgebung zur Unzeit aufwachte, probierte ich es aus. »Amen Ewigkeit in Herrlichkeit die und Kraft die und Reich das ist dein.« Das bei Tage aufzuschreiben ist leichter, als es nachts aus dem Kopf vor sich herzusagen.

Zunächst hatte ich die Artikel vergessen. »Amen. Ewigkeit in Herrlichkeit und Kraft und Reich: das ist dein.« So klang das Ende des Herrengebets für mich. Mit dem Wort *Amen* das Bekenntnis zu Gottes Wahrheit an den Anfang zu stellen, seine Ewigkeit in aller Herrlichkeit, aller Kraft und aller Macht zu sehen, die uns begegnet, weil er in allem wirkt – für das Beten kann das ein guter Anfang sein.

Auch die Fortsetzung hielt eine Überraschung bereit. »Denn Übel dem von uns erlöse.« Wieder hatte ich in Gedanken den Artikel übergangen. »Denn Übel! Von uns erlöse!« So hieß der durchaus provozierende Text. Böses ist in der Welt, so dachte ich. Oft wird es von uns Menschen selbst in sie hineingetragen. So weit wir Ursache des Bösen sind, richtet sich die Bitte an Gott, die Welt von uns und unserer Missetat zu erlösen. Eine denkbar radikale Bitte.

Alles war verflogen, was mich am Schlafen gehindert hatte; ich konnte Ruhe finden. Der Lobpreis am Ende des Gebets und die letzte Bitte hatten sich mir von einer neuen Seite gezeigt. Das Gebet, das ich in meinem Leben so oft gebetet habe wie kein anderes, war mir neu entgegengetreten. Erst viel später erfuhr ich, dass mein Gesprächspartner mir den Rat eines ostkirchlichen Mönchs weitergegeben hatte, der es richtig fand, »das Vaterunser immer beim letzten Wort anstimmen zu lassen, damit man würdig werde, das Gebet mit den Anfangsworten – ›Unser Vater‹ – zu beenden«.

Ein Gebet rückwärts zu verstehen, kann nicht verkehrt sein. Vom menschlichen Leben sagt ein dem dänischen Philosophen Søren Kierkegaard zugeschriebenes Wort, es werde vorwärts gelebt, aber rückwärts verstanden. Manches, was lange ein Rätsel blieb, erschließt sich vom Ende her. Die Lebensgeschichte vieler Menschen tritt durch ihren Tod in ein neues Licht. Christen vertrauen darauf, dass das Fragment ihres Lebens von der Zukunft her zusammengefügt wird, die Gott für uns bereithält.

Darin, die Worte eines Gebets rückwärts zu meditieren, sah ich nach der geschilderten Erfahrung weit mehr als nur eine Technik, in den Schlaf zu finden. Für mich lag darin ein Hinweis darauf, wie hilfreich es ist, einfache Schritte des Verstehens zu gehen. »Wir sind auf die Anfänge des Verstehens geworfen«, hat Dietrich Bonhoeffer gesagt, Theologe und Märtyrer zur Zeit der Hitler-Diktatur. Aus seiner Zeit in Hitlers Gefängnissen stammt dieser Satz. Er macht deutlich, welche klärende Bedeutung es haben kann, wenn man geläufige Deutungen hinter sich lässt und mit dem Verstehen wieder neu anfängt. »Wir müssen immer wieder mit dem Anfang anfangen«, heißt es einmal bei Karl Barth, einem der bedeutenden evangelischen Theologen des 20. Jahrhunderts; es geht also darum, die großen Worte und Bilder des christlichen Glaubens in unverstellter Frische wahrzunehmen.

Was heute nötig ist. Viele Menschen fragen heute neu nach dem christlichen Glauben. Die Zeit, in der man meinen konnte, Wohlstand und Konsum beantworteten die entscheidenden Fragen des Lebens schon von selbst, ist vorbei. Auch die Zeit, in der man mit den Mitteln der Wissenschaft oder eines Wissenschaftsglaubens allein die nötige Orientierung finden konnte, ist vorüber. So sehr wir auf ein auskömmliches Leben hoffen und so wichtig die Fortschritte wissenschaftlicher Erkenntnis sind: als

Halt im Leben und im Sterben reicht das allein nicht aus. Da wird vielmehr nach einer Liebe gefragt, die auch dann trägt, wenn wir selbst keinen Ausweg mehr wissen. Gefragt wird nach einer Hoffnung, die am Tod nicht zerschellt. Gefragt wird nach Glauben.

Was ist Glaube? Unter Glauben verstehe ich die Gewissheit, die mein Leben trägt. Diese Gewissheit bezieht sich auf Gott und die Welt zugleich. Sie äußert sich in einem Vertrauen auf Gott, in dem alle Dinge ihren Ursprung und ihr Ziel haben; und sie äußert sich in einem Vertrauen auf die Welt, in der ich zu Hause sein kann, weil ich mich auf Gott verlasse. Unter Glauben verstehe ich zuallererst nicht ein Gebäude von Lehrsätzen, sondern einen Lebensvollzug. Genauer gesagt ist der Glaube ein Aspekt dieses Lebensvollzugs. Denn zu der Gewissheit, die mein Leben trägt, muss eine Zuversicht treten, die mir hilft, mit der Endlichkeit meines Lebens umzugehen. Und schließlich brauche ich eine Kraft, von der mein Verhältnis zu mir selbst wie zu meinen Mitmenschen, zu der Welt, in der ich lebe, wie zu Gott bestimmt ist. Diese drei Hinsichten hatte schon der Apostel Paulus im Sinn, wenn er vom christlichen Leben sagte: »Nun aber bleiben Glaube, Hoffnung, Liebe, diese drei; aber die Liebe ist die größte unter ihnen« (1.Korinther 13,13). Um diesen Dreiklang von Glaube, Hoffnung und Liebe geht es in diesem Buch.

Wo stehen wir heute? Manche sagen, mit dem Christentum seien sie fertig. Damit können sie entweder meinen, der christliche Glaube sei ihnen ein sicherer, abgeschlossener Besitz. Oder sie wollen damit sagen, der christliche Glaube bedeute ihnen nichts, denn mit dieser Frage hätten sie abgeschlossen. Auf die eine wie auf die andere Weise ist die Aussage gleich beunruhigend. Sie signalisiert, dass ein Mensch nicht verstanden hat, was der Glaube ist: ein Weg, eine Wanderung, ein bis zu unserem Tod nie abgeschlossener Prozess – und zugleich: der entscheidende

Halt, ohne den wir ins Bodenlose versinken, der wichtigste Trost, der entscheidende Impuls.

Manche behaupten, unsere Zeit habe mit dem Christentum abgeschlossen. Sie sagen, Europa sei in den letzten zweieinhalb Jahrhunderten durch eine Säkularisierung hindurchgegangen, in deren Folge die christliche Religion ihre Bedeutung für das Leben der Einzelnen wie für das Leben der Gesellschaft verloren habe. Zwar stoße man noch auf die Spuren eines »christlichen Erbes«; eine wirkmächtige Orientierungskraft erwachse daraus jedoch nicht mehr. Sehr oft verbindet sich eine solche Einschätzung mit der Diagnose, Religion spiele allenfalls noch als »Privatsache« eine Rolle; für das öffentliche Zeitgespräch habe sie dagegen an Gewicht eingebüßt.

Gewiss kann man niemandem das Recht absprechen, die Frage der Religion für sich selbst als erledigt anzusehen. Jeder hat das Recht, die Religionsfreiheit für sich selbst als Freiheit *von* der Religion und nicht als Freiheit *zur* Religion zu betrachten. Aber niemand sollte eine solche persönliche Entscheidung verallgemeinern. Denn die gegenläufigen Tendenzen sind unübersehbar. Die Bedeutung religiöser Themen für die Lebenswirklichkeit der Menschen und für die Tagesordnung der Gesellschaft wird neu entdeckt. Zu Beginn des 21. Jahrhunderts hält die Mehrzahl der Menschen in Europa, auch im deutschen Sprachraum, religiöse Themen für wichtig. Ebenso sind die Menschen mehrheitlich davon überzeugt, dass der christliche Glaube ungebrochen aktuell ist; in wachsendem Maß bejahen sie den Wunsch nach einer religiösen Erziehung, sowie die Bedeutung des Gebets für das persönliche Leben.

Doch was ist das Gebet? Worauf gründet sich ein christliches Leben und worin zeigt es sich? In der Beantwortung solcher Fragen sind viele Menschen unsicher. Der christliche Glaube, dem sie eine fortdauernde Relevanz zuerkennen, ist ihnen zugleich weithin unbekannt geworden. Christliche Traditionen haben an Selbstverständlichkeit verloren. Die Rituale der Frömmigkeit haben im Leben vieler Familien keinen Raum mehr. Die Verankerung in den Ortsgemeinden hat in unserer mobilen Gesellschaft nicht mehr den Rang, der ihr für frühere Generationen zukam. Es wandelt sich vieles; auch die Zugänge zum christlichen Glauben und die Weisen, sich am kirchlichen Leben zu beteiligen, sind von diesem Wandel betroffen.

Auf der Suche nach Klarheit. Der Wunsch, Klarheit zu finden, meldet sich bei vielen Menschen deutlich an. Auch die Begegnung mit anderen religiösen und weltanschaulichen Überzeugungen trägt dazu bei. Soll der Gewohnheitsatheismus das letzte Wort behalten? So fragen sich manche, die auf die gesellschaftliche Wirklichkeit im Osten Deutschlands und in manchen Nachbarländern schauen. Was unterscheidet den christlichen Glauben vom Islam? So heißt eine Frage, die sich aufdrängt, seit der Islam nicht nur weltweit, sondern auch in den europäischen Gesellschaften eine wachsende Rolle spielt. Wer auf den Islam schaut, wird ganz gewiss nicht sagen können, dass Religion bloß eine »Privatsache« ist. Aber er wird zugleich den Tatbestand würdigen, dass sich in der westlichen Welt eine säkulare Rechtsordnung herausgebildet hat, die allen Bürgerinnen und Bürgern unabhängig von ihrer Religionszugehörigkeit die gleichen Rechte zuerkennt. Um der Freiheit willen muss es dabei bleiben. Zugleich aber ist es angezeigt, aufmerksamer auf die Bedeutung der Religion für das persönliche Leben wie für das Zusammenleben in der Gesellschaft zu achten.

Deshalb wächst die Zahl der Menschen, die mit der Frage nach der Religion – und genauer: nach dem christlichen Glauben – nicht fertig sind. An solche Menschen wendet sich dieses Buch. Manche schieben die Frage einer persönlichen Glaubensentscheidung lange auf – im äußersten Fall so lange wie der römische Kaiser Konstantin zu Beginn des vierten Jahrhunderts n. Chr., der sich erst auf dem Sterbebett taufen ließ. Andere geben der Frage nach dem Glauben immer wieder Raum; aber die Forderungen des Tages decken sie auch immer wieder zu. Viele haben einen festen Glaubenshalt; aber viele Fragen stellen sich trotzdem immer wieder neu: nach Herkunft und Zukunft der Welt, nach Anfang und Ende des Lebens, nach persönlicher Verantwortung und gemeinsamem Geschick.

Meine Klärungsversuche und Klärungsvorschläge gelten besonders den zweifelnden und suchenden Menschen. Seit Jahren lebe ich in einer Umgebung, in der viele Menschen sogar das Zweifeln verlernt haben. Sie meinen, sie hätten mit der Gottesfrage abgeschlossen, weil das materialistische Lebensgefühl, in dem sie sich im Westen unseres Landes eingerichtet haben, oder die materialistische Weltanschauung, wie sie in den Schulen der DDR gelehrt wurde und in vielen Familien heute noch weitergegeben wird, dafür keinen Raum mehr lassen. Oder sie denken, in einer Welt, in der nur zählt, was sich rechnet, habe es keinen Sinn mehr, nach Gott zu fragen. Gerade ihnen wünsche ich mehr Zweifel. Auch sie möchte ich dazu verlocken, wieder nach Gott zu fragen.

Die allzu selbstgewiss Glaubenden will ich an einen Satz des Neuen Testaments erinnern, der mich sehr berührt hat, als ich auf ihn stieß: »Erbarmt euch derer, die zweifeln« (Judas 22). Wann immer über den Glauben geredet wird, sollte nicht vergessen werden, dass eines der stärksten Glaubensbekenntnisse im Neuen Testament so heißt: »Herr, ich glaube, hilf meinem Unglauben« (Markus 9,24).

Der Glaube ist ein Weg, der den Zweifel einschließt. Es handelt sich zugleich um einen Weg, auf dem Glaube und Lebensführung sich nicht voneinander trennen lassen. Zusammen mit dem Grund und Inhalt des Glaubens soll deshalb in diesem Buch auch in einigen Aspekten von der Lebensform des Glaubens die Rede sein. Das Bemühen um verlässliche Formen der persönlichen Frömmigkeit wie des gemeinsamen Gottesdienstes tritt dabei genauso in den Blick wie die Frage nach der ethischen Verbindlichkeit des christlichen Glaubens. Auf diese Weise soll der christliche Glaube als eine Lebensgewissheit und als eine Lebenshaltung zugleich vor Augen treten.

Evangelische Orientierung ist das Ziel dieses Buches. Damit ist natürlich zuallererst eine Orientierung am Evangelium gemeint, an der biblischen Botschaft, an der guten Nachricht von Gottes Nähe in Jesus Christus. Zugleich ist damit eine Orientierung an der reformatorischen Wiederentdeckung des Evangeliums gemeint, an der überwältigenden Begegnung mit Gottes Gnade, an der befreienden Entdeckung, dass Gott uns Menschen ins Recht setzt und nicht wir selbst. Der Versuch, diese Entdeckung zum Leuchten zu bringen, ist der Beitrag einer evangelischen Stimme zum ökumenischen Miteinander der Christen.

Glaube

I. Gott – Schöpfer der Welt

1. Gott sei gelobt

Ich glaube an Gott, den Vater,
den Allmächtigen,
den Schöpfer des Himmels und der Erde.

Was ist das?

Ich glaube, dass mich Gott geschaffen hat samt allen Kreaturen,
mir Leib und Seele, Augen, Ohren und alle Glieder,
Vernunft und alle Sinne gegeben hat und noch erhält,
dazu Kleider und Schuh, Essen und Trinken,
Haus und Hof, Weib und Kind,
Acker, Vieh und alle Güter;
mit allem, was not tut für Leib und Leben,
mich reichlich und täglich versorgt,
in allen Gefahren beschirmt
und vor allem Übel behütet und bewahrt;
und das alles aus lauter väterlicher, göttlicher Güte
und Barmherzigkeit,
ohn' all mein Verdienst und Würdigkeit:
für all das ich ihm zu danken und zu loben
und dafür zu dienen und gehorsam zu sein schuldig bin.

Das ist gewisslich wahr.

Erklärung zum Ersten Artikel des Glaubensbekenntnisses
in Martin Luthers Kleinem Katechismus (1529)

Auf die Natur als gute Gabe Gottes weist im christlichen Jahreslauf kein Fest so nachdrücklich hin wie das Erntedankfest. Es trägt eine so bezwingende Logik in sich, dass es sich sogar dort hält, wo der christliche Bezug weithin verschwunden ist.

In der Zeit der DDR hat man aus dem *Erntedankfest* den *Dank* einfach gestrichen und das *Erntefest* behalten. Die Freude an der eingefahrenen Ernte wollte man auch noch zum Ausdruck bringen, als nicht mehr davon die Rede sein durfte, wem man dafür zu danken habe.

Das Evangelische Johannesstift, eine große, im ehemaligen Westteil Berlins gelegene diakonische Einrichtung, hat an die Bereitschaft der Menschen, sich aus Anlass der Ernte an Gottes Schöpfung zu freuen, auf andere, listige Weise angeknüpft. Man hat das Erntedankfest einfach um einen Sonntag vorverlegt, um der Konkurrenz mit anderen Veranstaltungen zu entgehen. Zehntausende treffen sich nun Jahr für Jahr am letzten Sonntag im September zu munterem Treiben; ob in diesem Fall allen bewusst ist, wem wir Menschen für Speis und Trank Dank schuldig sind, mag offen bleiben.

Der Dank für die Gaben der Schöpfung und in ihnen für das eigene Leben ist wohl der ursprüngliche Ort für die Rede vom Schöpfer, dem Geber dieser guten Gaben. Doch diese Rede suchte nach Anschaulichkeit und Plausibilität. So entstanden Schöpfungserzählungen und Schöpfungsmythen. Sie nutzten die Weltbilder ihrer jeweiligen Zeit, wie sie auch sonst die Sprache ihrer Zeit nutzten. Auch in den biblischen Schöpfungserzählungen geschieht das. Für sie gilt wie für die Bibel generell: Sie sind Gotteswort im Menschenwort. Auch demjenigen, der in seinem Vertrauen auf Gott in der Bibel Gottes Offenbarung erkennt, begegnet diese Offenbarung in menschlichen Worten. Deshalb hat der Umgang mit diesen Erzählungen seinen Sinn nicht darin, sie wortwörtlich für wahr zu halten, sondern in ihnen eine Wahrheit zu entdecken, die über ihre zeitgebundene Gestalt hinausweist.

Die biblischen Schöpfungstexte haben für Juden und Christen die gläubige Sicht der Welt geprägt; dies bedeutet nicht, dass man im Bild von der Welt bei ihnen stehen bleiben muss. Deshalb soll zunächst von der Sicht der Welt in den biblischen Schöpfungserzählungen, dann von unserem heutigen Bild der Welt die Rede sein. Abschließend soll erwogen werden, wie sich beides zueinander verhält.

Die biblische Sicht der Welt

Die erste Schöpfungserzählung. Die ersten Kapitel der Bibel fügen zwei Schöpfungserzählungen zusammen. Von ihnen ist die erste Schöpfungserzählung (1. Mose 1,2–2,4) die jüngere. Ihrem Stil entsprechend wird sie der sogenannten *Priesterschrift* zugeordnet. Diese entstand um 500 v. Chr.; den Hintergrund bildeten babylonische Weltentstehungsmythen der damaligen Zeit. Vieles verbindet diesen Text mit dem babylonischen Denken. Wie dieses konfrontiert er uns mit dem Bild eines Himmelsozeans, dessen Wasser wie eine Sintflut auf die Erde stürzen könnten, wenn sie nicht durch das Firmament daran gehindert würden. Doch anders als diese Mythen lässt er die Welt nicht aus einem Kampf rivalisierender Götter hervorgehen, sondern aus der souveränen Schöpfertat des einen Gottes. Er versteht die Gestirne nicht als Gottheiten, sondern als von Gott geschaffene Himmelslichter. In den Menschen sieht er nicht Diener der Götter, sondern Gottes Ebenbild. Und die Welt betrachtet er nicht als Chaos, sondern als eine von Gott diesem Chaos abgerungene Ordnung. Die Souveränität des Schöpfers, die Würde des Menschen und die Einheit der Schöpfung treten uns als bestimmende Züge dieser Erzählung entgegen.

Vielen ist sie allerdings eher aus einem andern Grund in Erinnerung. Sie gliedert das Schöpfungshandeln Gottes in ein Sechstagewerk; die Ruhe des siebten Tages gibt dem Wirken Gottes seine Vollendung. Das Bild der Woche als Raum menschlichen Tätigseins wird also auf das Schöpfungshandeln Gottes übertragen; man mag darin einen frühen Beleg für die Projektion menschlicher Kategorien auf das Handeln Gottes sehen. Doch es geht nicht darum, das schöpferische Handeln Gottes auf die Zeit von sechs Tagen zu begrenzen, denen als siebter Tag ein Ruhetag zur Seite tritt. Der Sinn dieser Gliederung besteht auch nicht darin, Perioden in der Entwicklung des Kosmos voneinander zu unterscheiden, deren Vereinbarkeit mit unserem heutigen Wissen von der Entstehung und Entwicklung der Welt dann zu prüfen wäre. Sondern in zweimal drei »Tagen« werden grundlegende Erfahrungen beschrieben, mit denen der Mensch als Teil der Schöpfung konfrontiert ist.

Die Erfahrung des Lichts in seiner Unterscheidung von der Finsternis, die Bewahrung der Welt vor den chaotischen Mächten des Himmelsozeans und die Beheimatung des Menschen auf der Erde als Raum der Fruchtbarkeit sind die drei Erfahrungen, die in der Beschreibung der drei ersten Schöpfungstage zum Ausdruck kommen.

In der zweiten Gruppe von drei Schöpfungstagen werden diese Erfahrungsräume ausgestaltet. Der erste Tag stand unter der Aufforderung »Es werde Licht«; der vierte Tag ermöglicht dem Menschen durch die Erschaffung der Sterne, der Sonne und des Monds Orientierung. Der zweite Tag hatte die Welt in ihrer Weite im Blick; die Tiere, die den Himmel wie das Meer bevölkern, sind das Thema des fünften Tags. Der dritte Tag war der Erde in ihrer Fruchtbarkeit gewidmet; die Tiere auf der Erde werden am sechsten Tag geschaffen – und in ihrer Mitte der Mensch, den Gott zu seinem Ebenbild erwählt. Das alles klingt weniger nach einer Theorie der Weltentstehung, sondern mehr nach einer Beschreibung der Welt, in welcher der Mensch sich vorfindet, die er sich aneignet und die er als Gottes Schöpfung achtet.

Besonders beeindruckend ist, dass diese Welt durch das schöpferische Wort Gottes ins Leben gerufen wird – »und Gott sprach« heißt es immer wieder. Dem entspricht, dass jedem Schöpfungselement die Vollzugsformel »und es geschah so« zugeordnet ist. Besonders wichtig aber ist das Urteil, mit dem Gott die Elemente der Schöpfung versieht. Verschiedentlich begegnet bei der Beschreibung der einzelnen Schöpfungstage der Hinweis: »Und Gott sah, dass es gut war.« Beim Abschluss des sechsten Schöpfungstages aber heißt es dann zusammenfassend: »Gott sah an alles, was er gemacht hatte, und siehe, es war sehr gut« (1. Mose 1,31).

Von Anfang an ist Gott mit der Güte der Schöpfung verbunden. Von Anfang an ist Gott als der verstanden, der es mit seiner Welt und dem Menschen in ihr gut meint. Der Mensch soll in einer Welt Heimat finden, die von Gott nicht einem satanischen Gegenspieler abgerungen, sondern gut geschaffen ist.

Die zweite Schöpfungserzählung (1. Mose 2,4–25) führt uns in eine ältere Zeit; ihr Verfasser wird gewöhnlich *Jahwist* genannt, weil er von Anfang an das Tetragramm JHWH für Gott verwendet, das freilich erst bei der Begegnung Gottes mit Mose im brennenden Dornbusch ausdrücklich mitgeteilt wird (2. Mose 3,15). Sein Bericht ist ganz und gar auf die Erschaffung des ersten Menschenpaars ausgerichtet. Nicht *wie* die beiden geschaffen werden, sondern als *was* sie geschaffen werden, ist dabei entscheidend. Sie werden einander zum Gegenüber geschaffen, so wie sie miteinander Gott gegenüber stehen. Sie werden einander zu Gehilfen bestimmt, weil das Leben nur gemeinsam gelingen kann.

Der Auftrag zur Herrschaft über die Erde, von dem in der ersten Schöpfungserzählung deutlich die Rede ist, erfährt in der älteren zweiten Erzählung eine klärende Verdeutlichung. »Sich die Erde untertan zu machen« (1. Mose 1,28) bedeutet nicht – wie es überhaupt erst unter neuzeitlichen wissenschaftlichen und technischen Voraussetzungen vorstellbar wird –, die Natur der Herrschaft des Menschen zu unterwerfen und in seinem Interesse auszubeuten. Es bedeutet vielmehr, die Erde zu bebauen und zu bewahren (1. Mose 2,15).

Damit wird schon in den biblischen Schöpfungstexten selbst einem idyllischen Naturverständnis eine Absage erteilt. Die Vorstellung, die Natur sei dort am schönsten, wo sie unberührt geblieben ist, enthält ja weithin nur abstrakte Theorie. Denn sie lässt sich, aufs Ganze gesehen, gar nicht überprüfen – ist doch die Natur, wo immer wir sie sehen können, zumeist auch schon von uns Menschen mitgestaltet. Wir bahnen uns einen Weg oder gestalten die Natur auf andere Weise um. Wir nutzen sie als Lebensraum, indem wir Lebensmittel anbauen. Wir nutzen ihre Ressourcen, weil wir in ihnen wichtige Rohstoffe erkennen. Wir versiegeln sie dadurch, dass wir Häuser und Straßen bauen.

Ein Raum des gemeinsamen Lebens wird die Natur nur dadurch, dass wir sie kultivieren. Wir sind also immer schon schöpferisch in ihr tätig, wenn wir Gottes Schöpfung als Basis unseres eigenen Lebens fruchtbar machen. In dieser Einsicht stimmen die beiden Schöpfungserzählungen am Anfang der Bibel, unbeschadet ihrer unterschiedlichen Akzentsetzung, überein. Wenn der eine dieser Texte sagt: »Macht euch die Erde untertan« (1. Mose 1,28), dann unterstreicht er die Notwendigkeit, die Natur zu bearbeiten. Wenn der andere sagt, es komme darauf an, den Garten Eden »zu bebauen und zu bewahren« (1. Mose 2,15), dann wird damit genauso nüchtern deutlich gemacht, dass der Mensch die Natur bewahren muss, wenn er sie langfristig nutzen will.

Unser heutiges Bild der Welt

Noch immer ist es leichter, frühere Weltbilder zu beschreiben, als das Bild von der Welt kurz und bündig zu skizzieren, das sich aus dem heutigen Stand naturwissenschaftlicher Einsichten und den damit verbundenen Hypothesen ergibt. Wir konzentrieren uns auf die drei Fragen, wie die Entstehung der Welt erklärt wird, was wir über den Anfang des Lebens wissen und wie der Übergang zum Menschen zu verstehen ist.

Zunächst also die Entstehung der Welt. Noch immer fällt es uns schwer, uns auf eine dynamische Sicht des Universums einzustellen. Aber vieles spricht dafür, dass wir uns das Universum zeitlich nicht ewig und auch räumlich nicht statisch vorstellen dürfen. Es hat einen zeitlichen Anfang, der mit der Hypothese eines »Ur-Atoms« oder mit dem Bild eines »Urknalls« beschrieben wird. In räumlicher Hinsicht dehnt das Universum sich kontinuierlich aus.

Die heutige Kosmologie geht von einer zeitlichen Schätzung aus, nach welcher das Universum vor ungefähr 13,7 Milliarden Jahren entstand. In unvorstellbar kurzer Zeit bildete sich mit der Schwerkraft, dem Elektromagnetismus sowie den Kernkräften die physikalische Voraussetzung für die Strukturen des Kosmos. Dann entstand mit den Elementarteilchen das »Material der Materie«. Vieles ist uns noch immer unbekannt. Unbekannt ist beispielsweise, ob es vielleicht viele andere Urknalle gegeben hat, die nicht dazu geeignet waren, eine Welt entstehen zu lassen, weil – beispielsweise in Folge einer zu starken Gravitation – das sich bildende Universum sofort wieder in sich zusammenfiel. Wenn man dieser Vorstellung nachhängt, dann gewinnt der Gedanke des Philosophen Leibniz, dass wir in der »besten aller möglichen Welten« zu Hause sind, einen überraschenden Sinn. Nur haben sich diese anderen Welten, so meinen manche, eben nicht als möglich erwiesen, weil sie nicht stabil genug waren, um auf Dauer zu existieren. Und deshalb hat niemand, wie ein Forscher einmal heiter feststellte, »die fehlgeschlagenen Versuche gezählt« (Alan Guth).

Andere Astronomen gehen davon aus, es gebe eine Vielzahl von Universen, von denen sich eines für die Ausbildung von Leben als besonders günstig erwiesen hat. Martin Rees verdeutlicht diesen Gedanken durch den Vergleich mit einem großen Bekleidungsgeschäft: »Wenn ein sehr großer Vorrat von Kleidungsstücken vorhanden ist, wundert man sich nicht, wenn man einen passenden Anzug findet. Findet man viele Universen, […], dann gibt es auch eines, dessen Kombination sich für das Leben eignet. Und in diesem einen befinden wir uns.«

Zwei Fragen schließen sich an diese Überlegung an. Auch sie beziehen sich auf die zeitliche sowie die räumliche Struktur des Universums.

In zeitlicher Hinsicht heißt die Frage so: Muss man sich, da unsere Welt einen Anfang hat, auch vorstellen, dass sie auf ein zeitliches Ende zugeht? Eine Antwort auf diese Frage besagt, dass die Schwerkraft sich auf lange Zeit vielleicht als zu stark erweisen könne, so dass die Ausdehnung des Universums schließlich doch an ein Ende kommt und es in sich zusammenbricht. Daraus könnte eine neue Singularität entstehen, die vielleicht den Ausgangspunkt zur Bildung einer anderen Welt darstellen könnte. Eine gegenläufige Überlegung geht von der Vermutung aus, die Gravitation könnte sich als zu schwach erweisen und alles strebe unaufhaltsam auseinander – bis dahin, dass die Wechselwirkungen zwischen den Teilen des Universums zum Stillstand kommen. Aber es ist auch möglich, dass sich die Gravitation auf Dauer als richtig erweist; das würde eine Fortexistenz des Universums auf unabsehbare Zeit zur Folge haben. Versucht man, diese drei Möglichkeiten zusammen zu denken, so kann man folgern, dass die zeitliche Entwicklung des Universums offen, aber nicht ewig ist.

In räumlicher Hinsicht aber muss man die Frage stellen, ob es denn überhaupt denkbar ist, dass man an den Rand des Universums gelangen und dann auch über diesen Rand hinausschauen könnte. Die Antwort heißt: Da das Universum, Einsteins Relativitätstheorie zu Folge, gekrümmt ist, ist es zwar endlich, aber grenzenlos. Wenn wir uns vornehmen würden, uns in diesem Universum so lange wie denkbar in gerader Richtung zu bewegen, um an seinen Rand zu geraten, würden wir nicht etwa diesen Rand erreichen, sondern irgendwann an den Ausgangspunkt zurückkommen.

Sodann die Entstehung des Lebens. Will man von der Entstehung des Lebens sprechen, muss man sagen, was man unter Leben versteht. Stoffwechsel, Vermehrungsfähigkeit und Veränderbarkeit gelten nach heutiger naturwissenschaftlicher Einsicht als Kennzeichen des Lebens. In diesem Sinn beginnt Leben auf der Ebene der Protein-Moleküle. In jüngster Zeit ist das an den Prionen zum Bewusstsein gekommen, die Erreger des Rinderwahnsinns sind.

Für alles Leben sind drei Stoffe grundlegend: die Nukleinsäuren, in denen die genetische Information enthalten ist, auf der die identische Selbstreproduktion beruht, die Proteine, denen die Steuerung des Stoffwechsels zu verdanken ist, und die Lipide, die einen Elementarorganismus entstehen lassen.

Der Begriff des Lebens, der Stoffwechsel, Vermehrungsfähigkeit und Veränderbarkeit als seine Kennzeichen hat, ist so elementar, dass auch das Leben von Bakterien in ihn eingeschlossen ist. Gleichwohl ist der Schritt von der unbelebten Natur zum Leben gewaltig; das zeigt sich auch daran, dass es bisher noch nicht gelungen ist, ihn künstlich zu wiederholen. Die Entstehung des Lebens ist insofern ebenso ein Übergang zu etwas ganz Neuem wie die Entstehung der Welt. In mikrofossilen Überresten von Bakterien können wir diesen Schritt nachweisen, der sich auf der Erde vor mindestens 3,5 Milliarden Jahren vollzogen hat. Man nimmt heute zumeist an, dass das Leben auf der Erde selbst entstand und nicht etwa von außen zur Erde transportiert wurde. Aber offen ist nach wie vor, ob es Leben nur auf der Erde oder auch in anderen Teilen des Universums gibt.

Die Erforschung des Lebens richtet sich besonders auf seine Geschichte. Die Aufgabe, diejenigen Mutationen zu rekonstruieren, aus denen höhere Stufen des Lebens hervorgegangen sind, weckt die Leidenschaft vieler Forscherinnen und Forscher. Unter jeweils zufälligen Mutationen, so heißt die vorherrschende wissenschaftliche Auskunft, hat sich jeweils diejenige durchgesetzt, die am leistungsfähigsten war. Das bedeutet aber nicht, dass schon die Mutationen selbst in einer erkennbaren Weise zielgerichtet gesteuert waren. Doch im Ergebnis sehen wir eine Entwicklung zu immer höheren Formen des Lebens. Das bloße Leben geht über in ein Leben, das seiner bewusst ist und sich darüber mit dem Mittel der Sprache Rechenschaft ablegen kann.

Schließlich der Mensch. In der endlichen, aber grenzenlosen Welt entsteht Leben. Das ist das Wunder, das unsere Existenz bestimmt. Doch darin liegt kein Grund dafür, die Existenz des Menschen zu überschätzen. Bescheidenheit drängt sich vielmehr auf, wenn man das Auftreten des Menschen in die Geschichte des Kosmos einzeichnet. Vor 13,7 Milliarden Jahren ist das Universum entstanden; seit etwa 4,5 Milliarden Jahren gibt es den Planeten Erde. Vor ungefähr 3,5 Milliarden Jahren haben sich die ersten komplexen Lebensformen ausgebildet; aber die ersten Frühmenschen mit aufrechtem Gang lassen sich erst vor 1,5 Milliarden Jahren nachweisen *(homo erectus)*. Von Menschen in dem uns vertrauten Sinn *(homo sapiens)* aber können wir erst seit 200.000 Jahren sprechen. Hans Küng kommentiert das zu Recht so: »Der Kosmos existierte also fast die ganze Zeit ohne die Menschheit, er könnte selbstverständlich ohne diese Menschheit weiterexistieren, die in ihrer kurzen Geschichte sogar die Fähigkeit erlangte, sich selber zu vernichten.«

Wer sich überhaupt dem Gedanken einer Geschichte des Kosmos öffnet, braucht keinen gewaltigen Schritt zu unternehmen, um sich in die Vorstellung hineinzufinden, dass sich auch die Entstehung des Menschen einem evolutionären Prozess verdankt. Dennoch löste Charles Darwin (1809–1882) mit seiner Theorie über die »Entstehung der Arten« (1859) und über die »Abstammung des Menschen« (1871) eine tiefe Erschütterung des menschlichen Selbstbewusstseins aus. Dass der Mensch, Krone und Herr der Schöpfung, sich aus niedrigeren Stufen des Lebens heraus entwickelt habe und »vom Affen abstamme«, wie man immer wieder verkürzend sagte, wurde als kränkend empfunden. Sigmund Freud hat deshalb Darwins Evolutionstheorie neben der Entdeckung von Nikolaus Kopernikus, dass die Erde nicht den Mittelpunkt der Welt bildet, und neben Freuds eigener psychoanalytischer Entdeckung, dass der einzelne Mensch nicht »Herr im eigenen Hause« ist, als eine der drei großen Kränkungen des menschlichen Selbstbewusstseins durch die moderne Wissenschaft bezeichnet.

Ungefähr zur Zeit Darwins wurde auch die Vorstellung, Tier- und Pflanzenarten blieben bei ihrer Fortpflanzung gleich, durch die Vererbungsgesetze Gregor Mendels (1822–1884) verabschiedet. Doch Darwin wandte die Einsicht in die mögliche Veränderung der Arten auf den Menschen selbst an. Dabei ließ er sich von dem Gedanken leiten, dass es im »Kampf ums Dasein« – oder besser: im Ringen um Existenz – zu einer natürlichen Auswahl derjenigen käme, die sich am besten in die jeweiligen Lebens- und Umweltbedingungen einfügen (»survival of the fittest«). Darwin war davon überzeugt, dass auf diesem Weg immer besser angepasste Lebewesen zu Stande kämen. Seine Beschreibung des Ringens um Existenz hatte nicht nur das Leben des Individuums, sondern ganz besonders die Dauerhaftigkeit durch Fortpflanzung im Auge. Besonders wichtig war ihm die Einsicht, dass Vermehrung auch Sterben bedeutet – einschließlich des Umstands, dass die fleischfressenden Tiere andere Tiere fanden, von denen sie sich ernährten.

Darwin beschrieb eine Natur, zu deren Grundzügen es gehört, »über Leichen zu gehen«. Die Ambivalenz dieser Betrachtungsweise trat hervor, als seine Gedanken auf das Zusammenleben der Menschen und die Konkurrenz der Nationen übertragen wurden. Der »Sozialdarwinismus« behauptete auch im Blick auf gesellschaftliche Gruppen wie auf ganze Gesellschaften, nur der Stärkste könne überleben, und rechtfertigte auf diese Weise rücksichtslosen Wettbewerb oder kalte Machtpolitik als unvermeidliche Mittel, das eigene Überleben zu sichern. Seitdem ist die Beschäftigung mit der Evolutionstheorie immer von dem berechtigten Argwohn begleitet, zur Rechtfertigung für die Durchsetzung des Stärkeren zu dienen.

Doch mit der notwendigen Kritik am Sozialdarwinismus hat man Darwins Entdeckung selbst keineswegs widerlegt. Ich formuliere ihren Kern so: Geschichtlich zu sein, ist ein Teil der menschlichen Natur. Denn der Mensch erfährt nicht nur das eigene Leben als Geschichte. Er ist auch nicht nur als Individuum in die Geschichte verflochten, sondern die Gattung Mensch ist das Produkt einer Geschichte. In die Geschichte des Kosmos tritt der Mensch erst spät ein; doch die Vorstufen, die schließlich zur Entstehung der Gattung *Homo sapiens* führen, lassen sich Schritt für Schritt und mit wachsender Präzision beschreiben.

Kann man auch weiterhin so hoch vom Menschen reden, wie es die biblischen Schöpfungserzählungen tun? Lässt er sich auch dann als Gottes Ebenbild beschreiben, wenn er in einer kontinuierlichen Linie mit anderen, noch nicht menschlichen Lebewesen gesehen wird?

Schöpfungsglaube und Naturwissenschaft

Unser heutiges Bild der Welt haben wir im Blick auf die Entstehung der Welt, des Lebens und des Menschen betrachtet. Nun müssen wir uns der Frage zuwenden, in welchem Verhältnis dieser heutige Kenntnisstand zum Schöpfungsgedanken steht. Weder die zeitliche und räumliche Endlichkeit der Welt noch der Gedanke, dass diese Welt unter allen möglichen diejenige ist, in der Leben entstehen konnte, bilden eine hinreichende Begründung dafür, aus diesen Einsichten einen Glauben an die Erschaffung der Welt abzuleiten. Aber unser Wissen über die Geschichte des Universums schließt das Bekenntnis zu Gott als dem Schöpfer auch nicht aus. Im Gegenteil: In einer bestimmten Hinsicht tritt die Berührung zwischen beiden deutlicher hervor.

Beide berühren sich in der Einsicht: Alles Geschaffene ist endlich, also vergänglich. Deutlicher als die Menschen in früheren Zeiten kennen wir heute Gründe dafür, dass diese Aussage nicht nur für Lebewesen, sondern auch für die Welt im Ganzen gilt. Denn auch das Universum ist endlich, also vergänglich. Die Vorstellung von Unendlichkeit und Ewigkeit kann nicht mit der Welt verbunden werden; man muss sie vielmehr mit einem der Welt gegenüber Anderen verbinden, mit Gott.

Deshalb wenden wir uns noch einmal den biblischen Schöpfungstexten zu. Wir richten unsere Aufmerksamkeit jetzt auf das in ihnen vorausgesetzte Weltbild. Denn entscheidende Schwierigkeiten im Umgang mit diesen Texten haben gerade mit ihren weltbildhaften Voraussetzungen zu tun.

Wandel der Weltbilder. Mit der neuzeitlichen Einsicht, der zufolge der Mensch sein Verstehen der Welt nicht an vorgegebenen Dogmen ausrichten, sondern es von der eigenen Beobachtung ableiten muss, gerieten die Bilder ins Wanken, die sich mit dem Schöpfungsglauben scheinbar unlöslich verknüpft hatten. Der Umsturz begann schon, als man erkannte, dass die Erde keine Scheibe, sondern eine Kugel ist. Doch unbefragt ging man weiterhin davon aus, die Erde bilde das Zentrum des Universums; denn unwillkürlich sah sich der erkennende Mensch im Zentrum der Welt; der Planet, auf dem er lebte, bildete deshalb den Mittelpunkt des Kosmos.

Entsprechend dramatisch war der Einschnitt, als Nikolaus Kopernikus (1473–1543) diesem nach Ptolemäus benannten Weltbild den Abschied gab. Die »kopernikanische Wende« rückte nicht nur die Sonne statt der Erde ins Zentrum, sondern sie setzte zugleich ein offenes Weltmodell an die Stelle des vorangehenden geschlossenen Modells der Welt. Die Präzisierung dieses Modells durch Johannes Kepler (1571–1630) und seine Verteidigung durch Galileo Galilei (1564–1642) verhalfen ihm zu einem Siegeszug, der sich durch keinerlei kirchliche Einsprüche aufhalten ließ. Doch gerade dieser Erfolg trug zu einer wachsenden Konkurrenz zwischen dem biblischen Schöpfungsgedanken und dem naturwissenschaftlichen Weltbild bei, in der sich – so schien es – der Schöpfungsgedanke unweigerlich in der Defensive und auf dem Rückzug befand. Was man in der jüdisch-christlichen Tradition unmittelbar auf das Schöpferwirken Gottes zurückgeführt hatte, wurde immer detaillierter aus Kräften und Gesetzen der Natur erklärt. Die Schöpfung der Welt wurde zur Weltentstehung; und die Erschaffung der Lebewesen – mit dem Menschen als »Krone der Schöpfung« – wurde zur Evolution.

Glaube und Wissen. Der grundlegende Fehler, der in dieser Entgegensetzung zum Ausdruck kommt, liegt darin, dass der Schöpfungsgedanke mit den weltbildhaften Vorstellungen gleichgesetzt wird, in denen die biblischen Texte ihn präsentieren. Die Schöpfung wird nicht als Thema des Glaubens, sondern des Wissens angesehen. Der Glaube richtet sich auf die Wirklichkeit im Ganzen; er hat es mit dem Grund der Welt wie meines persönlichen Lebens zu tun, dem ich die Weltgewissheit und die Daseinsgewissheit verdanke, die meinem Leben Sinn verleihen. Unter Wissen dagegen ist in solchen Fällen das Erfahrungswissen zu verstehen, das wir mit den Mitteln von Beobachtung und Experiment erwerben. Dieses Erfahrungswissen ist an die Bedingungen von Raum und Zeit gebunden; der Glaube dagegen richtet sich auf die Wirklichkeit Gottes, die Raum und Zeit umgreift und übersteigt. Zwar bleibt der Glaube auf das Wissen bezogen, ja angewiesen. Aber er ist nicht mit ihm identisch. Glaube und Wissen sind also bewusst voneinander zu unterscheiden; sie treten freilich nicht beziehungslos auseinander, sind also nicht vollständig voneinander zu trennen.

Das hat beispielsweise unmittelbare Konsequenzen für die häufig diskutierte Frage, ob im Biologieunterricht auf den biblischen Schöpfungsglauben und ob im Religionsunterricht auf die Evolutionstheorie Bezug zu nehmen sei. Am günstigsten wäre es ohne Zweifel, wenn das Verhältnis zwischen beiden Betrachtungsweisen in interdisziplinären Unterrichtsprojekten geklärt würde. Dann könnten biologische und theologische Perspektiven jeweils in ihrer Eigenbedeutung anerkannt werden. Man könnte lernen, dass man die Beziehung zwischen diesen beiden Betrachtungsweisen nur dann zureichend bestimmen kann, wenn man bereit ist, sie voneinander zu unterscheiden. Wer aus biologischer Perspektive über den biblischen Schöpfungsglauben spricht, braucht dafür entsprechende theologische Kenntnisse. Insbesondere muss er es vermeiden, die biblischen Schöpfungserzählungen zu konkurrierenden Welterklärungsmodellen zu machen und das eine gegen das andere auszuspielen. Sowohl das Ergebnis: »Darwin beweist, dass es Gott nicht gibt«, als auch das Ergebnis: »Gott beweist, dass Darwin Unrecht hat« wären eine unterrichtliche Fehlleistung. Ebenso klar ist, dass der Biologieunterricht die Grenze zur weltanschaulich-religiösen Bildung nicht überschreiten darf; er darf nicht unter der Hand zum Religionsunterricht – auch nicht in einem antireligiösen Sinn – werden.

Wer aus theologischer Perspektive über die Evolutionstheorie reden will, braucht dafür entsprechende naturwissenschaftliche Kenntnisse. Insbesondere muss er vermeiden, die Evolutionstheorie zu einer konkurrierenden Weltanschauung oder gar Glaubenslehre zu machen. Die Aussage: »Wir glauben an Gott, nicht an Darwin« wäre ebenso eine unterrichtliche Fehlleistung wie die Aussage »Wir glauben an Darwin, nicht an Gott«. Klar ist auch, dass der Religionsunterricht nicht zum Biologieunterricht werden darf, in dem Texte zur Evolutionstheorie ausführlicher analysiert werden als die biblischen Schöpfungserzählungen.

Nun gibt es keineswegs nur die Forderung, den Unterricht über die Evolutionstheorie und denjenigen über den biblischen Schöpfungsglauben miteinander zu verbinden. Weiter geht die Forderung, das eine durch das andere zu ersetzen. Soweit in deutschen Bundesländern, in denen der Ethikunterricht den Religionsunterricht weithin verdrängt (wie derzeit in Berlin und in etwas schwächerer Form auch in Brandenburg), dieser Ethikunterricht den Darwinismus als die richtige und den christlichen Glauben als die falsche Weltanschauung darstellt, geschieht genau dies. Soweit allerdings umgekehrt gefordert wird, dass in den Schulen nicht die Evolutionstheorie, sondern eine biblische Weltanschauung, »Kreationismus« (abgeleitet von dem lateinischen Wort *creatio*, zu deutsch: Schöpfung) genannt, unterrichtet wird, geschieht das Gleiche mit umgekehrten Vorzeichen. Der Glaube an den Schöpfer wird dann zu einer pseudowissenschaftlichen Weltanschauung; dieser Glaube selbst soll nämlich das zutreffende Wissen über die Entstehung und Entwicklung der Welt vermitteln.

Damit wird der Schöpfungsglaube aber als eine Form der Welterklärung betrachtet. Der Glaube an den Schöpfer wird nicht als Grundlage einer Daseinsgewissheit angesehen, die unserem Leben verlässlichen Halt gibt. Sondern der Schöpfer wird als eine in der Natur wirkende Kraft verstanden; der Schöpfungsglaube wird dadurch als eine wissenschaftliche Hypothese behandelt, die mit neueren wissenschaftlichen Einsichten in Konkurrenz tritt. Ein solches Konkurrenzverhältnis liegt zu Grunde, wenn in manchen Bundesstaaten der USA, vereinzelt aber auch in Deutschland gefordert wird, dass nicht die Evolutionstheorie Darwins, sondern der biblische Schöpfungsglaube gelehrt werden solle.

Mit dieser Verkehrung des Glaubens an den Schöpfer in eine Form der Welterklärung, die mit wissenschaftlichen Theorien in Konkurrenz treten will, hat die Christenheit immer wieder Schiffbruch erlitten. Die Auseinandersetzung über das kopernikanische Weltbild oder der »Fall Galilei« sind Beispiele dafür. Indem ein zur Weltanschauung missdeuteter Glaube an die Stelle der wissenschaftlichen Vernunft treten wollte, wurde das Bündnis von Glaube und Vernunft in Wahrheit aufgekündigt. Genau dasselbe vollzieht sich gegenwärtig dort, wo ein vermeintlich auf ein wörtliches Verständnis der Bibel gestützter »Kreationismus« in Konkurrenz zu wissenschaftlichen Theorien der Weltentstehung und der Evolution gesehen wird. Natürlich bedürfen solche Theorien der kritischen Prüfung; doch diese Prüfung hat mit wissenschaftlichen Mitteln und nicht entlang ideologischer Vorgaben zu erfolgen. Deshalb ist aus Gründen des Glaubens ein klarer Widerspruch notwendig, wenn die biblischen Schöpfungserzählungen in einem solchen Sinn missbraucht werden.

Intelligent Design. Neuerdings wird der Evolutionstheorie auch eine Auslegung der Schöpfungslehre entgegengesetzt, der man den Namen »Intelligent Design« gibt. Weil man die innere Folgerichtigkeit der Evolution nicht anders begründen könne, müsse man aus wissenschaftlichen Gründen, so wird gesagt, einen Welturheber annehmen, der die Welt von Anfang an so intelligent konzipiert hat, dass es zur Entstehung des Lebens und zur Entwicklung des Menschen als der Krone der Schöpfung kam. Man hält also nach »Intelligenzsignalen« (»signs of intelligence«) Ausschau, die als Auswirkungen »intelligenter Ursachen« (»intelligent causes«) verstanden werden müssen (William A. Dembski). In der Konzeption des »Intelligent Design« will man sich nicht damit abfinden, die Mutationen, also die Veränderungen, die zu neuen Arten von Lebewesen führen, als zufällig anzusehen. Man hält stattdessen daran fest, dass die Schritte in der Entwicklung des Lebens vom Ergebnis her, also teleologisch gesteuert sind. Mit den Mitteln der Naturwissenschaft selbst soll nachgewiesen werden, wie der Wiener Kardinal Christoph Schönborn sich ausgedrückt hat, dass »eine gestaltende übergeordnete Intelligenz bei jedem Schritt der Natur als Triebfeder wirkt«.

Damit wird freilich Gott den Ursachen in Raum und Zeit gleichgesetzt, wie sie sich sonst mit Hilfe empirischer Forschung ermitteln lassen. Gott wird zum Gegenstand des Erfahrungswissens, das seinerseits zwingend an die Kategorien von Raum und Zeit gebunden ist. Solchen Vorstellungen liegt eine Denkweise zu Grunde, die der Philosoph Immanuel Kant (1724–1804) gerade überwinden wollte, als er in der Vorrede zu seiner »Kritik der reinen Vernunft« erklärte, er habe »das Wissen aufheben« müssen, »um zum Glauben Platz zu bekommen«. Er wollte den Gottesbegriff aus der Umklammerung durch das an die Kategorien von Raum und Zeit gebundene Erfahrungswissen befreien, damit der Begriff Gottes als der alles umfassenden Wirklichkeit überhaupt wieder zur Geltung kommen konnte. Hinter diese Befreiung Gottes aus der Vorherrschaft des Erfahrungswissens fällt man wieder zurück, wenn man die Notwendigkeit des Gottesbegriffs auf der Ebene des Erfahrungswissens festzuhalten oder zu beweisen versucht. Ein solcher Versuch führt unweigerlich zu Inkonsequenzen.

Von solchen Inkonsequenzen sind, wie Kant im Einzelnen nachgewiesen hat, alle Arten von Gottesbeweisen, ganz besonders aber der kosmologische Gottesbeweis geprägt. Er legt das Kausalprinzip zu Grunde und schließt aus der Existenz dessen, was ist, auf eine erste Wirkursache, der sich alles verdankt. Warum diese erste Wirkursache Gott genannt werden soll, lässt sich durch eine solche kausale Erklärung jedoch nicht begründen. Der Wissenschaft lässt sich nicht verbieten, dass sie die Ursache für die Entstehung der Welt in anderen als in theologischen Kategorien erklärt. Der Glaube an Gott aber muss so gefasst werden, dass er an solchen Erklärungen nicht zerschellt. Deshalb kann er sich nicht auf einen kosmologischen Gottesbeweis stützen.

Die Theorie des »Intelligent Design« ist nichts anderes als eine neue Spielart dieses kosmologischen Gottesbeweises. Die Inkonsequenzen, die mit dieser neuen Spielart verbunden sind, zeigen sich beispielhaft daran, dass man zwar den Übergang zum kopernikanischen Weltmodell akzeptiert, aber die Zustimmung zur Darwinschen Evolutionstheorie verweigert. Denn niemand wagt es heute noch, ein geozentrisches Weltbild aus Gründen des Glaubens für verpflichtend zu erklären. Vielmehr wird das heliozentrische Weltbild auch von denen akzeptiert, die ansonsten den Buchstaben der Bibel mit einer wissenschaftlichen Welterklärung verwechseln. Doch die Evolutionstheorie soll aus Gründen tabuisiert werden, die nicht durch wissenschaftliche Erkenntnisse, sondern durch weltanschauliche Vorgaben bestimmt sind. Das ist inkonsequent; es kann deshalb für ein christliches Verständnis der Schöpfung nicht leitend sein.

Neuer Atheismus. Es kann nicht verwundern, dass dem ideologischen Missbrauch des christlichen Schöpfungsglaubens, wie er im Kreationismus und in der Lehre vom »Intelligent Design« vorliegt, spiegelbildlich ein Missbrauch entspricht, der meint, aus den Einsichten der modernen Naturwissenschaften zwingend eine Leugnung Gottes und die Verpflichtung auf einen kämpferischen Atheismus ableiten zu können. Beispielhaft ist dafür der Evolutionsbiologe Richard Dawkins, der sich mit seinem Buch »Der Gotteswahn« (»The God Delusion«) an die Spitze dieser Bewegung gesetzt hat. Im Vorwort erklärt der Autor seine Absicht, mit diesem Buch zum Atheismus zu bekehren; das wissenschaftliche Material, das er entfaltet, steht also von vornherein in einem weltanschaulichen Zusammenhang, der die Grenzen der Wissenschaft überschreitet. In gewisser Weise arbeitet ein solches Vorgehen den Kreationisten in die Hände; denn sie wollen gerade beweisen, dass die Evolutionstheorie über die Grenzen der Wissenschaft hinausgeht und selbst den Charakter einer weltanschaulichen Ideologie trägt. Dawkins fügt damit, wie ein Kritiker bemerkt hat, selbst der Evolutionstheorie und dem Vorhaben, sie zu unterrichten, den denkbar schwersten Schaden zu.

Aber sein Vorhaben passt sich in eine Entwicklung ein, in der religiöser Fundamentalismus und kämpferischer Atheismus sich wechselseitig hochschaukeln. Der kämpferische Atheismus sammelt sich seit dem Beginn des 21. Jahrhunderts unter dem Namen »The Brights« (»Die Aufgeweckten«). Der »Ausgang des Menschen aus seiner selbstverschuldeten Unmündigkeit«, als den Immanuel Kant die Aufklärung bezeichnet hat, muss nach der Auffassung dieser »Aufgeweckten« notwendigerweise eine Absage an den Glauben an Gott einschließen. Ein Weltbild wird restauriert, nach welchem die Religion einem vorwissenschaftlichen Zeitalter angehört und mit dem Siegeszug des wissenschaftlichen Bewusstseins zum Verschwinden kommt. Weil sich dieses Verschwinden nicht von selbst einstellt, muss es durch einen weltanschaulichen Kampf vorangetrieben werden; für diesen Kampf sucht man die Unterstützung prominenter Wissenschaftler.

Doch diese überschreiten damit die Grenzen der Wissenschaft. Sie werden dadurch zu dem, was sie verachten: zu Vertretern eines Glaubens, ja zu dessen Priestern und Propheten. Doch auch das ist inkonsequent; es sollte deshalb für den Umgang mit den Einsichten der modernen Naturwissenschaft nicht leitend sein.

Wenn derartige Kontroversen hinter uns liegen, konzentrieren die Schwierigkeiten mit dem biblischen Schöpfungsgedanken sich auf zwei Fragen. Es geht zum einen um die Vorstellung von einer Schöpfung, die innerhalb von sechs Tagen vollendet war; und es geht zum anderen um den Gedanken einer eigenständigen Erschaffung des Menschen.

Zunächst also das Sechstagewerk. Die erste Schwierigkeit bezieht sich auf die Vorstellung von einer Schöpfung, die innerhalb von sechs Tagen vollendet war. Deren Sinn wurde bereits an früherer Stelle erläutert. Hier ist ein weiterer Gesichtspunkt hinzuzufügen.

Die Darstellung des Schöpferwerks Gottes in sechs Tagen soll deutlich machen, dass Gott mit der Welt auch die Zeit geschaffen hat. Deshalb schildert die erste Schöpfungserzählung das Schöpfungswerk in der Zeitstruktur des Tages – mit der Unterscheidung von Tag und Nacht – sowie in der Zeitstruktur der Woche, in der auf sechs Arbeitstage als siebter Tag der Sabbat, der Tag der Arbeitsruhe, folgt. Damit wird anschaulich gemacht, was der Kirchenvater Augustin abstrakter ausgedrückt hat: Die Welt wird nicht *in* der Zeit *(in tempore)*, sondern *mit* der Zeit *(cum tempore)* geschaffen. Insofern braucht man auch nicht danach zu fragen, welche Zeit der Erschaffung der Welt vorausgeht. Vielmehr ist es allein Gottes Ewigkeit, die jenseits der mit der Schöpfung geschaffenen Zeit liegt. Augustin sagt das in der Form einer Anrede an Gott: »Nein, du gehst den Zeiten nicht in der Zeit voraus; sonst gingest du nicht all und jeder Zeit voraus. Sondern du gehst allen Zeiten voraus, durch die zeitlose Erhabenheit stets gegenwärtiger Ewigkeit, und du stehst auch über allen Zukunftszeiten.«

Freilich erweckt die Darstellung der Schöpfung in Gestalt eines Sechstagewerks den Eindruck, als sei die Schöpfung mit der Erschaffung des Menschen ein für allemal abgeschlossen. Manche Denker haben dies dahingehend gesteigert, dass sie sich Gott als den Schöpfer wie einen Uhrmacher vorstellten, der seine Tätigkeit damit beendet, dass er das Uhrwerk, nachdem er es hergestellt hat, in Gang setzt; von nun an ist es beständig ohne sein weiteres Zutun in Betrieb. Man bezeichnet diese Auffassung als Deismus: man wollte mit Hilfe dieser Konzeption ein »Christentum ohne Geheimnis« zu Wege bringen, wie John Toland (1670–1722) im Jahr 1696 programmatisch erklärte. Vor allem in der französischen Aufklärung fand diese Auffassung ein vielfältiges Echo; Voltaire (1694–1778) und Denis Diderot (1713–1784) verhalfen ihr zu weiter Verbreitung.

Doch diese deistische Auffassung von einem Uhrmacher-Gott ist weder mit dem biblischen Schöpfungsverständnis noch mit naturwissenschaftlicher Einsicht zu vereinbaren. Beiden kommt eine theologische Konzeption näher, die zwischen der Schöpfung am Anfang *(creatio originalis),* der fortgehenden Schöpfung *(creatio continua)* und der neuen Schöpfung am Ende der Zeit *(creatio nova)* unterscheidet. Der schöpferische Prozess umfasst die Weltzeit im Ganzen; er kommt erst zum Ende, wenn auch diese Weltzeit zu Ende geht. Dieser Aspekt des Schöpfungsgedankens ist durch die moderne Kosmologie leichter zugänglich geworden, weil sie gezeigt hat, dass nicht nur der Mensch, sondern auch die Natur eine Geschichte hat.

Was tritt zu den naturwissenschaftlichen Erkenntnissen unserer oder einer anderen Zeit hinzu, wenn wir die Welt als Schöpfung verstehen? Wir gewinnen einen Zugang zu ihrem inneren Sinn. Gerade weil sich das Ziel, um dessentwillen die Welt entstand und das Leben sich auf der Erde bildete, nicht aus den naturwissenschaftlichen Einsichten selbst erschließt, brauchen wir einen Zugang zu dem Sinn des Ganzen, der den Raum des unserem Wissen Zugänglichen überschreitet. Der Glaube an Gott als den Schöpfer vermittelt die Gewissheit, dass diese Welt die Möglichkeit zum Guten in sich enthält; er erschließt einen Zugang zur Welt, der sich auf diese Güte verlässt und zu ihr beizutragen bereit ist. Dass Gott es mit der Welt im Ganzen ebenso wie mit meinem persönlichen Leben gut meint, ist der Grundsinn des Schöpfungsglaubens.

Das Bekenntnis zu Gott als dem Schöpfer verbindet sich immer wieder mit der Allmacht als göttlicher Eigenschaft. Wer die Welt ins Dasein ruft, verfügt über die Macht schlechthin – nämlich über die Macht dazu, dass aus Nichts Etwas wird. Aber in der Schöpfung entfaltet sich nicht nur Gottes Allmacht; in ihr zeigt sich vielmehr zugleich eine Selbstbegrenzung Gottes. Unter den Theologen unserer Zeit war es vor allem Jürgen Moltmann, der in der Auslegung des Schöpfungsgedankens an die jüdische Lehre vom Zimzum anknüpfte. Diese in der Kabbala entwickelte Lehre besagt in ihrem Kern, dass zur Freiheit Gottes auch der Verzicht, die freiwillige Selbstzurücknahme gehört. In der Schöpfung legt Gott sich auf diese bestimmte Welt fest; er verzichtet auf die Verwirklichung anderer möglicher Welten. Und er bindet sich zugleich an diese Welt, an ihre Gesetzmäßigkeiten wie an die Freiheit, die er ihr anvertraut. Gottes schöpferischer Geist bleibt dieser Welt zugewandt; er bleibt ihr innerer Sinn.

Der Ort des Menschen in der Schöpfung. Die erste Schöpfungserzählung stellt die Erschaffung des Menschen an das Ende des Schöpfungsprozesses. Seit uns bewusst ist, wie jung die Gattung *Homo sapiens* in der Geschichte der Evolution ist, muss man dieser Anordnung sogar eine hohe Plausibilität zuerkennen – auch wenn evolutionstheoretische Erwägungen den biblischen Schriftstellern natürlich fern lagen. Die zweite Schöpfungserzählung konzentriert sich sogar ganz auf die Erschaffung des Menschen und stellt dabei in besonderer Weise die Zweiheit von Mann und Frau ins Zentrum.

Fragt man nun unter Berücksichtigung beider Schöpfungserzählungen, warum dem Menschen in ihnen ein so hoher Rang eingeräumt wird, dann treten drei Gesichtspunkte in den Vordergrund. *Der Mensch ist ein antwortendes Wesen; sein Leben gewinnt in der Beziehung Gestalt; er trägt Verantwortung für die Welt, in der er lebt.*

Zunächst wird der Mensch als *antwortendes Wesen* beschrieben. Er gilt als dasjenige Lebewesen, das auf Gottes Anrede antworten und seinem Wort entsprechen kann. In dieser Fähigkeit zu entsprechen liegt die Gottebenbildlichkeit des Menschen begründet (1. Mose 1,26f.). Weil Gott den Menschen nach seinem Bilde erschafft, ist er das Gott entsprechende Wesen. Mit dieser Entsprechung zwischen Gott und dem Menschen ist von vornherein auch die Möglichkeit gegeben, dass der Mensch das darin liegende Verhältnis zu Gott verfehlt. Er kann Gott, der ihm die Fähigkeit zur Antwort verleiht, auch die Antwort verweigern, wie die Geschichte vom Sündenfall anschaulich darlegt. Er kann aus einem Gott entsprechenden zu einem Gott widersprechenden Wesen werden. Die Freiheit des Menschen enthält aus einer solchen biblischen Perspektive beide Möglichkeiten: die Möglichkeit zur Entsprechung wie die Möglichkeit zum Widerspruch.

Weite Teile der christlichen Tradition haben die Vorstellung von der Gottebenbildlichkeit des Menschen unter der Frage betrachtet, *was* den Menschen als Gottes Ebenbild auszeichne. Dabei lag es nahe, die Vernunftbegabung des Menschen als dasjenige Merkmal anzusehen, in dem sich die Erschaffung des Menschen zum Ebenbild Gottes zeigt. Schon seit früher Zeit hat man sich zugleich mit der Frage beschäftigt, ob die Gottebenbildlichkeit des Menschen trotz seiner Sünde erhalten bleibt. Welche Folgen hat es für die Gottebenbildlichkeit des Menschen, wenn dieser Mensch Gott nicht entspricht, sondern widerspricht?

Seit dem frühchristlichen Theologen Irenäus von Lyon (ungefähr 140–200) hat man bei der Beantwortung dieser Frage davon Gebrauch gemacht, dass der biblische Text die Erschaffung des Menschen zum Bild Gottes nicht nur mit einem, sondern mit zwei Wörtern beschreibt. »Gott schuf den Menschen zu seinem Bilde, zum Bilde Gottes schuf er ihn.« (1. Mose 1,27) Was in der deutschen Übersetzung wie eine bloße Wiederholung klingt, ist mehr als dies. Denn der hebräische Text verwendet zwei verschiedene Wörter, die in der lateinischen Übersetzung mit *imago* und *similitudo*, also mit »Bild« und »Ähnlichkeit« wiedergegeben werden. Schon Irenäus leitete daraus ab, durch den Sündenfall habe der Mensch zwar die Ähnlichkeit mit Gott verloren, aber Bild Gottes sei er geblieben. Aus der Entsprechung zu Gott sei er herausgefallen; aber die Vernunft als wesentliches Merkmal der Gottebenbildlichkeit sei ihm erhalten geblieben.

Diese Auffassung beruht jedoch auf einer ziemlich kühnen Deutung des biblischen Satzes, der in seinem ursprünglichen Sinn das Außerordentliche der Gottebenbildlichkeit des Menschen steigernd unterstreichen, aber nicht eine derartige Unterscheidung vornehmen wollte. Ebenso wichtig ist aber auch ein anderes Bedenken. Ist es denn richtig, die Gottebenbildlichkeit an einem bestimmten Merkmal des Menschen festzumachen? Wenn man dafür die Vernunft des Menschen in Anspruch nimmt, liegt die Folgerung nahe, dass Menschen, die nicht über Vernunft verfügen, auch nicht Ebenbilder Gottes sind. Der nächste Schritt besteht darin, ihnen das Menschsein abzusprechen.

Das ist alles andere als eine abstrakte Überlegung. Menschen, die ohne Gehirn geboren werden – sogenannten »Anenzephalen« – wird häufig auf Grund einer solchen Hochschätzung der menschlichen Vernunftbegabung das Menschsein abgesprochen. Das ist aber mit der Vorstellung von der Gottebenbildlichkeit des Menschen unvereinbar, denn in ihr geht es doch um eine Auszeichnung, die Gott dem Menschen verleiht und die deshalb auch nicht auf Grund menschlicher Beobachtung abgesprochen werden kann.

Ein anderes Beispiel führt in die Geschichte. Je stärker die Christenheit davon überzeugt war, dass ein angemessener Gebrauch der menschlichen Vernunft zu keiner anderen Konsequenz als zur Anerkennung des christlichen Glaubens führen könne, desto massiver neigte sie dazu, Menschen, die sich dieser Konsequenz verweigerten, das Menschsein abzusprechen. Diese Vorstellung steht im Hintergrund der mittelalterlichen Exzesse im Umgang mit Ungläubigen oder Irrgläubigen, also mit Heiden und Häretikern. Dieselbe Frage bestimmte auch die Diskussionen, die mit der Entdeckung Amerikas aufkamen. In diesem für Europäer bisher unbekannten Kontinent wurden Einwohner vorgefunden, die weder eine den Europäern verständliche Sprache verwandten noch den christlichen Glauben teilten. Ob es sich dann überhaupt um Menschen oder nicht doch um Tiere handelte, war eine leidenschaftlich debattierte Frage. Bartolomé de Las Casas (ungefähr 1474–1566) trat in dieser Debatte besonders nachdrücklich für das Menschsein der amerikanischen Ureinwohner ein. Die Gottebenbildlichkeit des Menschen und damit das Menschsein selbst konnte nach seiner Auffassung nicht von der Zugehörigkeit zum christlichen Glauben abhängig gemacht werden. Allmählich setzte sich der Gedanke durch, dass die Gottebenbildlichkeit jedem Menschen in gleicher Weise zuerkannt ist; nun begann man, in einem solchen Sinn von der »Würde« des Menschen zu sprechen, die als unantastbar anzuerkennen und zu achten ist.

Von der Gottebenbildlichkeit des Menschen kann überhaupt nur unter der Voraussetzung die Rede sein, dass sie jedem Menschen in gleicher Weise zuerkannt wird. Dann aber erweist es sich in hohem Maß als problematisch, die Gottebenbildlichkeit an bestimmten Merkmalen des Menschen selbst festzumachen. Denn das führt in die Aporien, die ich gerade erörtert habe. Will man ihnen entgehen, muss man in der Gottebenbildlichkeit nicht eine Eigenschaft des Menschen sehen, sondern muss sie als eine Beziehung betrachten, in welcher der Mensch sich vorfindet. Man darf sie nicht als eine Substanz auffassen, die sich am Menschen nachweisen lässt. Man muss sie vielmehr als eine Relation verstehen, in welcher der Mensch existiert.

Zu einem solchen relationalen Bild vom Menschen hat die Reformation den Weg gebahnt. Martin Luther (1483–1546) hat das am Streit um die Definition des Menschen deutlich gemacht. Der in der Philosophie seiner Zeit geläufigen Definition des Menschen stellte er eine andere, im strengen Sinn theologische Definition gegenüber. Während die Philosophie zu erklären pflegte, der Mensch sei das mit Vernunft begabte Wesen, sagte Luther, der Mensch werde durch Glauben gerechtfertigt.

Das klingt zunächst so, als hätten diese beiden Definitionen gar nichts miteinander zu tun. Man möchte einwenden, Luthers Definition stamme von einem anderen Stern. Doch das ist nicht der Fall. Während der eine Definitionsvorschlag ein bestimmtes Merkmal am Menschen hervorhebt und von ihm das Menschsein abhängig macht, blickt der andere Vorschlag auf die Beziehung, an der sich das Menschsein des Menschen entscheidet. Wenn das Menschsein in der Gottebenbildlichkeit begründet ist, dann entscheidet sich dieses Menschsein an der Gottesbeziehung des Menschen. Es ist für den Menschen entscheidend, dass er nicht durch seine Eigenschaften und durch sein Handeln das Menschsein gewinnen oder eben auch verlieren kann. Er lebt davon, dass dieses Menschsein ihm als eine Gabe verliehen wird, die niemand ihm zu rauben vermag. Diese Gabe behält sogar Bestand, wenn ein Mensch sie ausschlägt. Er bleibt auch dann von Gott geliebt – und eben darin ein Mensch.

Darin liegt der große Atem des Bildes vom Menschen, das im biblischen Schöpfungsgedanken seine Wurzel hat. Gott hält die Beziehung zum Menschen auch dann aufrecht, wenn dieser sich

Gott entzieht. Er bleibt das von Gott geliebte Geschöpf, von Gott angeredet und zur Antwort aufgefordert. Allem Widerspruch zum Trotz bleibt der Ruf zur Entsprechung, zum Einstimmen in den Dank für eine Existenz als Gottes Geschöpf.

Nirgendwo wird deshalb vom Menschen höher geredet als in der biblischen Tradition. »Was ist der Mensch, dass du seiner gedenkst, und des Menschen Kind, dass du dich seiner annimmst?« So fragt der 8. Psalm. Und er gibt selbst die Antwort: »Du hast ihn wenig niedriger gemacht als Gott; mit Ehre und Herrlichkeit hast du ihn gekrönt.«

Der Mensch als Beziehungswesen. Darin, dass der Mensch ein *antwortendes Wesen* ist, besteht die erste Einsicht über den Menschen, die sich aus dem biblischen Schöpfungsgedanken ergibt. Dass er *in Beziehungen lebt,* tritt dem als zweite Einsicht zur Seite. Exemplarisch zeigt sich das in der zweiten biblischen Schöpfungserzählung. Sie wurde in einer Zeit verfasst, für die der Vorrang des Mannes vor der Frau selbstverständlich war. Höchst plastisch kommt das in der bildlichen Vorstellung zum Ausdruck, nach welcher die Frau erst geraume Zeit nach dem Mann und dann aus dessen Rippe erschaffen wird. Die göttliche Begründung dafür heißt: »Es ist nicht gut, dass der Mensch allein sei; ich will ihm eine Gehilfin schaffen, die um ihn sei« (1. Mose 2,18). Dem hebräischen Urtext näher ist die Übersetzung: »Ich will ihm eine Hilfe schaffen als sein Gegenüber.« Aber auch hier ist als selbstverständlich vorausgesetzt, wer die Hilfe leistet und wem sie zu Gute kommt. Solche biblischen Denkmuster spiegeln nicht nur patriarchale Strukturen ihrer Entstehungszeit, sondern haben auf ihre Weise auch zu deren Verfestigung beigetragen.

Trotzdem ist die Vorstellung von der Vorherrschaft des Mannes über die Frau keineswegs zwangsläufig mit dem Schöpfungsgedanken verbunden. Denn entscheidend an ihm ist die Beziehung zwischen den beiden; entscheidend ist, dass sie einander eine Hilfe sind. Der Mensch wird als Beziehungswesen verstanden. Zu seiner Freiheit gehört es, zu anderen Menschen in Beziehung zu treten und für sie Verantwortung zu übernehmen. Die Polarität zwischen Mann und Frau ist das wichtigste Bewährungsfeld für die Berufung des Menschen zur Beziehung. Die dauerhafte Verbundenheit von Mann und Frau in der Ehe ist deshalb über alle kulturellen Veränderungen hinweg das bleibende Urbild für das wechselseitige Angewiesensein, in dem sich menschliches Leben vollzieht.

Doch diese urbildhafte Bedeutung der Ehe bedeutet nicht, dass sich die Berufung des Menschen dazu, ein Beziehungswesen zu sein, nur in der Ehe verwirklicht. Die Beziehung zwischen den Generationen tritt daneben. Die Verantwortung der Eltern für ihre Kinder wie die Liebe der Kinder zu den Eltern werden in den biblischen Texten von Anfang an deutlich hervorgehoben. Besonders aufmerksam wird die Verantwortung der Erwachsenen für ihre alt gewordenen Eltern in den Blick gerückt. Von diesem Thema handelt das vierte Gebot: »Du sollst deinen Vater und deine Mutter ehren, auf dass du lange lebest in dem Lande, das dir der Herr, dein Gott, geben wird« (2. Mose 20,12).

Verantwortungsgemeinschaften zwischen Menschen gleichen Geschlechts treten auch in der Bibel – ganz unabhängig von den in ihr begegnenden Urteilen zur Homosexualität – nicht nur in den Blick, sondern werden auch gewürdigt. Dass der Mensch ein Beziehungswesen ist, entfaltet sich in vielfacher Weise. Aber die Beziehung zwischen Mann und Frau steht im Zentrum; die Entstehung neuen Lebens aus ihrer Gemeinschaft hat einen hohen Rang.

Zur Verantwortung fähig. Der Mensch ist ein antwortendes Wesen; sein Leben vollzieht sich in Beziehungen – das sind die beiden Aspekte, die wir bisher betrachtet haben. Dem tritt als dritter Aspekt zur Seite, dass der Mensch Verantwortung für die Welt trägt, in der er lebt. Die biblischen Schöpfungserzählungen lenken dabei die Aufmerksamkeit vor allem auf die Verantwortung des Menschen für die Natur; die Verantwortung für das, was wir heute Gesellschaft nennen, tritt demgegenüber zurück. Doch das liegt daran, dass der Mensch als Geschöpf Gottes in einer Art von paradiesischem Urzustand geschildert wird, in dem sich die Frage nach der Gestaltung des gemeinsamen Lebens noch nicht so dringlich stellt wie die Frage danach, wie die Natur zum Lebensraum des Menschen werden kann.

Das Verhältnis des Menschen zur Natur wird in den biblischen Schöpfungserzählungen auf zwei Weisen bestimmt. In der ersten Erzählung wird der Mensch mit der Herrschaft über die Erde beauftragt; in der zweiten dagegen wird ihm aufgetragen, die Erde zu bebauen und zu bewahren. Zwischen diesen beiden Aussagen scheint eine erhebliche Spannung zu bestehen.

Im ersten Schöpfungstext verbindet sich Gottes Absicht, Menschen zu schaffen, sogleich mit der Bestimmung, dass sie »herrschen über die Fische im Meer und über die Vögel unter dem Himmel und über das Vieh und über alle Tiere des Feldes und über alles Gewürm, das auf Erden kriecht« (1. Mose 1,26). Dem entspricht der Auftrag des Menschen, der zusammen mit dem göttlichen Segen eingewiesen wird in das, was er zu tun hat: »Seid fruchtbar und mehret euch und füllet die Erde und machet sie euch untertan und herrschet über die Fische im Meer und über die Vögel unter dem Himmel und über das Vieh und über alles Getier, das auf Erden kriecht« (1. Mose 1,28).

Vor allem die Ausdrücke, die den Menschen zur Herrschaft über die Natur, zu ihrer gewaltsamen Unterjochung zu berechtigen scheinen, haben in neuerer Zeit Aufmerksamkeit gefunden, ja Widerspruch erregt. Der Herrschaftsauftrag über die Erde – das sogenannte *dominium terrae* – wurde sogar zum Ursprung der ökologischen Krise erklärt. Denn mit der Aufforderung, sich die Erde untertan zu machen, sei der Mensch dazu ermächtigt worden, die Erde und ihre Ressourcen auszubeuten.

Freilich muss man die Bestimmung des Menschen zum Herrscher über die Natur zunächst in einem Naturverhältnis verorten, in dem die Kräfte der Natur als übermächtig erlebt wurden. Vielen Naturgewalten standen die Menschen hilflos gegenüber. Kälte und Hitze, Regen und Trockenheit gegenüber konnten sie sich nur unzureichend schützen. Dem Ackerboden mussten sie die tägliche Nahrung abringen; den Naturkatastrophen waren sie ohne Gegenwehr ausgesetzt. Wenn der Mensch dieser Natur gegenüber zum Herrn erklärt wird, so liegt der Gedanke hemmungsloser Ausbeutung denkbar fern. Eher geht es um die Bändigung der Natur und das Recht dazu, ihr das Lebensnotwendige abzugewinnen. Die Herrschaft des Menschen über die Natur ergibt sich nicht so sehr aus dem Ausmaß seiner Gestaltungsmöglichkeiten, sondern aus dem göttlichen Auftrag, also aus dem Gottesverhältnis selbst.

Genau in dieser Hinsicht haben sich jedoch tiefgreifende Wandlungen vollzogen. Sie haben damit zu tun, dass sich in der europäischen Entwicklung der biblische Geist des Schöpfungsdenkens mit dem griechischen Geist wissenschaftlicher Neugier verband. Reformation und Renaissance stellten definitiv klar, dass es keinen Widerspruch zwischen dem Verständnis der Welt als Schöpfung und dem Willen gab, sie wissenschaftlich zu erforschen. Die neuzeitliche Naturwissenschaft entschlüsselte Schritt für Schritt die Geheimnisse des Kosmos und stellte mit wachsender Geschwindigkeit die Mittel dafür bereit, die Ressourcen der Erde menschlichen Interessen dienstbar zu machen. Rohstoffe, die über Jahrmillionen aufgebaut worden waren, wurden nun in kurzen Zeiträumen erschlossen und genutzt, zum Teil sogar weitgehend aufgebraucht. Immer deutlicher sehen wir die Schattenseiten dieser Form menschlicher Bemächtigung. Wie steht es um den Herrschaftsauftrag des Menschen?

Sein Verständnis hat sich im Übergang zur Neuzeit tatsächlich tiefgreifend verwandelt. Nach manchen Vorstufen, die sich schon im späten Mittelalter und in der Zeit der Renaissance finden, bringt der Philosoph und Staatsmann Francis Bacon (1561–1626) diesen Wandel in seinem *Novum Organum Scientiarum* zum Ausdruck. Beobachtung und Erfahrung sieht er als die einzigen Mittel eines verlässlichen wissenschaftlichen Fortschritts an; und das Ziel dieses Fortschritts erblickt er darin, in der Beherrschung der Natur voranzuschreiten und dadurch die menschliche Kultur vollkommener zu machen. In dem Maß, in dem dies gelingt, erringt der Mensch die Ebenbildlichkeit mit Gott. Die Vorstellung, diese

Ebenbildlichkeit sei in Folge der menschlichen Sünde verloren gegangen, rückt damit in einen ganz neuen Zusammenhang. Nicht mehr die Sehnsucht nach Erlösung ergibt sich aus diesem Verlust; vielmehr folgt aus ihm ein Auftrag an den Menschen, selbst wieder zu erlangen, was er verloren hat. Der Auftrag zur Herrschaft über die Erde – das *dominium terrae* – wird nicht als Folge der Gottebenbildlichkeit verstanden, sondern wird umgekehrt zum Mittel, um die Gottebenbildlichkeit wiederzuerlangen.

Reformation und Renaissance hatten die Erforschung der Natur mit dem Gedanken der »Weltlichkeit der Welt« begründet. Die Welt als Schöpfung ist von Gott als dem Schöpfer unterschieden; deshalb hat die Welt nichts Mysteriöses, was dem forschenden Zugriff des Menschen entzogen bleiben müsste. Vielmehr gibt es in der Perspektive des Glaubens eine heilsame Säkularität der Welt, die gerade davor bewahrt, Irdisches zu vergötzen und die Welt als Tummelplatz von Göttern und Dämonen anzusehen.

Doch an diese Betrachtungsweise schließt sich ein Verständnis von Wissenschaft an, das nicht nur wissenschaftliche Fortschritte in erkennbarem Hochgefühl als Triumphe feiert, sondern darüber hinausgeht und der Wissenschaft selbst eine religiöse Bedeutung beimisst. Deshalb betrachtet Francis Bacon die wissenschaftliche Beherrschung der Natur als Mittel zur Erlangung der Gottebenbildlichkeit und legt ihr damit einen religiösen Rang bei. Später wird sich daraus das Vorhaben entwickeln, den Glauben durch die Wissenschaft abzulösen und den Wissenschaftsglauben selbst zur Religion zu machen. Als »Szientismus« bezeichnet man diese Haltung, die bis zum heutigen Tag verbreitet ist und immer wieder neue Anhänger findet.

Besonders anschaulich zeigen dies vielfältige Mythen, die sich an die Wissenschaft anschließen und den Anschein erwecken, als ließen sich die letzten Fragen des menschlichen Lebens mit erfahrungswissenschaftlichen Mitteln beantworten. So soll die Kontingenz menschlichen Lebens wissenschaftlich eliminiert werden, indem nichts dem »Zufall« überlassen bleibt; das reicht vom Erstellen von Horoskopen bis zur genetischen Prognose der im Lauf eines Lebens auftretenden Krankheiten. Und ebenso soll das andere große Problem menschlichen Lebens, nämlich dessen Endlichkeit, wissenschaftlich gelöst werden. Das medizinische Ausschöpfen der menschlichen Lebensspanne bis zum Ende oder die eigenmächtige Bestimmung des Todeszeitpunkts rücken ins Zentrum der Diskussion. Noch weiter gehen Vorhaben zur »Verewigung« des Menschen – beispielsweise in Gestalt eines identischen Klons oder auch nur eines plastinierten Leichnams.

Dem Auftrag zur Herrschaft über die Erde tritt im zweiten biblischen Schöpfungstext ein anderes Motiv zur Seite, nämlich die Aufforderung dazu, die Erde zu bebauen und zu bewahren. Unter ökologischen Gesichtspunkten hat man dieser Formulierung in der neueren Diskussion zu Recht den Vorzug gegeben. Freilich ändert sie nichts an der zentralen Stellung, die dem Menschen auch in diesem zweiten Schöpfungsbericht zuerkannt wird.

Die Bibel arbeitet mit einem Bild von der Schöpfung, das ohne Zweifel Gott selbst als den Schöpfer ins Zentrum rückt. Dies vorausgesetzt, kann man auch nicht daran zweifeln, dass in der geschaffenen Welt selbst dem Menschen ein zentraler Platz eingeräumt wird (Anthropozentrik). Diese Anthropozentrik unterscheidet sich von der neuzeitlichen Denkweise gleichen Namens dadurch, dass es sich nicht einfach um eine Anthropozentrik des Interesses handelt; es geht also nicht einfach darum, wie der Mensch sich die Welt, deren Mittelpunkt er bildet, zu Nutze machen kann. Vielmehr enthalten die biblischen Überlieferungen eine Anthropozentrik der Verantwortung. Sie betrachten den Menschen als das Wesen, das in seinem Handeln nicht einfach seinen Instinkten folgt, sondern zur Rechenschaft fähig ist. Deshalb muss er sich nicht nur fragen, ob sein Handeln dem eigenen Leben dient; er muss sich auch fragen, ob es den Mitgeschöpfen gerecht wird.

Das wird in der zweiten biblischen Schöpfungserzählung auch dadurch deutlich gemacht, dass der Mensch das Recht erhält, den Tieren Namen zu geben. »Und Gott der Herr machte aus Erde alle die Tiere auf dem Felde und alle die Vögel unter dem Himmel und brachte sie zu dem Menschen, dass er sähe, wie er sie nennte; denn wie der Mensch jedes Tier nennen würde, so sollte es heißen« (1. Mose 2,19).

Das Recht, den Namen zu bestimmen, ist ein starker Hinweis auf die Verantwortung dessen, dem dieses Recht übertragen wird. Eltern, die den Namen ihres Kindes bestimmen, übernehmen damit eine unwiderrufliche Verantwortung; deshalb hat noch niemand den Gedanken weiterverfolgt, es könne eine Scheidung zwischen Eltern und Kindern geben. Ähnlich unwiderruflich ist nach biblischer Vorstellung die Verantwortung des Menschen für die Geschöpfe, mit denen er den Lebensraum der Erde teilt. Er – als einziges unter den Geschöpfen – kann sie benennen und sich auf diese Weise zu ihnen verhalten. Er trägt die Verantwortung dafür, dass für alle Lebewesen erträgliche Lebensbedingungen erhalten und die Ressourcen der Erde bewahrt werden.

Mit einem Ausdruck, der ursprünglich der Forstwirtschaft entstammt, hat man diese Aufgabe neuerdings als das Prinzip der »Nachhaltigkeit« bezeichnet. Es handelt sich bei diesem gegenwärtig so viel diskutierten Prinzip also um eine alte, wenn auch lange Zeit verschüttete biblische Einsicht. Man hat die biblische Grundlage für dieses Prinzip häufig mit der Formel von der »Bewahrung der Schöpfung« beschrieben; damit wurde, wie ich finde, ein unglücklicher Begriff gewählt. Dass man sogar die Aufnahme dieser Formel in die Verfassung gefordert hat, macht die Sache nicht besser. Denn die »Schöpfung« – also das Ergebnis von Gottes kreativer Tätigkeit selbst – bewahren zu wollen, ist zum einen eine ziemlich anmaßende Beschreibung menschlichen Handelns. Und zum andern gibt es eben das Bewahren nicht ohne das Bebauen, das Erhalten nicht ohne den Wandel.

Jedoch stellt sich immer wieder die Frage, welches Ausmaß an Veränderung mit der Aufgabe des Bewahrens als vereinbar erscheint, welche Art von Eingriffen in die Natur also mit dem Ziel der Nachhaltigkeit zur Deckung gebracht werden kann. Über lange Zeit hin betraf diese Frage vor allem den Umgang des Menschen mit der nichtmenschlichen Natur; die Ökologiebewegung hat dafür das Bewusstsein geschärft. Heute drängt sie sich auch im Blick auf den Umgang des Menschen mit seiner eigenen Natur auf. In der Kombination von Gentechnologie und Reproduktionsmedizin bahnen sich Möglichkeiten menschlichen Handelns an, die wohl schon bald alles überschreiten werden, was wir uns heute vorstellen können. Eine kluge Beobachterin hat in dieser Situation ein Menschenrecht postuliert, das darin besteht, im Leib einer Mutter Mensch werden zu dürfen. Ein »Schutz der Menschwerdung« (Christiane Kohler-Weiß) wird ausgerufen.

Schon immer wirken wir gestaltend auf die Natur ein. Aber nur dann werden wir sie als Lebensbasis und als Lebensraum bewahren, wenn wir in ihr etwas Unantastbares achten und bewahren: die Würde der Natur. Von der Natur unterscheidet der Mensch sich also nicht dadurch, dass er Würde hat; er unterscheidet sich von ihr dadurch, dass er um seine wie um ihre Würde weiß.

So zeigt sich, dass das Bekenntnis zu Gott als dem Schöpfer in unseren Umgang mit der Wirklichkeit der Welt eine besondere Perspektive einbringt. Wer von der Welt als Gottes Schöpfung spricht, nimmt wahr, dass das Gute in dieser Welt dem Bösen gegenüber den Vorrang hat. Er lobt Gott für diesen Überfluss an Gutem, der ihm in seinem Leben begegnet. Martin Luther hat das in dem diesem Kapitel vorangestellten Text besonders deutlich getan. Die rhythmische Aufzählung, in der er die guten Gaben der Schöpfung preist – beginnend mit Leib und Seele, Augen, Ohren und allen Gliedern, Vernunft und allen Sinnen – trägt ihn fort bis hin zu Gegenständen, die im üblichen Verständnis nicht der Sphäre der Schöpfung zugerechnet werden: »Kleider und Schuhe, Essen und Trinken, Haus und Hof, Weib und Kind, Acker, Vieh und alle Güter«. Es ist genau dieser Überschwang der Dankbarkeit, der die Wahrnehmung der Welt als Schöpfung bestimmt. Doch dieser Überschwang verstellt nicht den Blick auf die dunklen Seiten der Welt; er leitet vielmehr dazu an, auch sie in den Blick zu nehmen. Denn von Anfang an hat die Schöpfung auch bedrohliche Seiten.

Die Gefährdung des Lebens auf der Erde war den Menschen von Anfang an bewusst. Die Verlässlichkeit des Lebens wird stets von dieser Bedrohung begleitet. Die göttliche Zusage, dass nach der Saat und Ernte, Frost und Hitze, Sommer und Winter, Tag und Nacht nicht aufhören werden (1. Mose 8,22), steht am Ende der Sintfluterzählung; das ist kein Zufall.

In der Menschheitsgeschichte tritt die Gefährdung des Lebens immer wieder ins Bewusstsein. Doch die Moderne hat eine neue Situation herbeigeführt. Inzwischen gehen die größten Gefährdungen für die Zukunft des Lebens vom Menschen selber aus. Die gewaltigen Fortschritte in der wissenschaftlich-technischen Beherrschung der Natur verbinden sich mit einer gewaltigen Steigerung der Gefahr. Seit der Entwicklung von Massenvernichtungswaffen verfügt der Mensch über die Möglichkeit, das Leben der Gattung Mensch auszurotten. Durch Ressourcenverbrauch und Umweltbelastung kann er das Ökosystem, in dem er lebt, zum Zusammenbrechen bringen. Das Klimasystem, in dem sich der Wechsel von Frost und Hitze, Sommer und Winter, Saat und Ernte vollzieht, kann durch menschliche Einflüsse aus den Fugen geraten.

Dürfen wir uns gleichwohl mit Gottes Zusage beruhigen und uns auf ihren unverbrüchlichen Charakter verlassen? Oder wird Gott uns die bösen Folgen einer anhaltenden Versündigung an seinen guten Schöpfungsgaben spüren lassen? Uns muss die prophetische Warnung aufrütteln, den »Riss in der Mauer« nicht durch unsere Sünde so groß werden zu lassen, dass sie einstürzt (Jesaja 30,8–13). Ebenso eindringlich mahnt der Apostel Paulus: »Irret euch nicht! Gott lässt sich nicht spotten. Denn was der Mensch sät, das wird er ernten« (Galater 6,7).

Der Klimawandel ist im 21. Jahrhundert die zentrale Herausforderung menschlicher Schöpfungsverantwortung. Inzwischen wird allenfalls noch vereinzelt bestritten, dass dieser Klimawandel in erheblichem Umfang durch menschliches Handeln ausgelöst ist. Die katastrophalen Folgen werden umso gravierender sein, je stärker die durchschnittliche Erdtemperatur ansteigt. Es ist deshalb unbedingt geboten, die globale Erwärmung zu begrenzen; das aber wird nur gelingen, wenn einschneidende Maßnahmen schnell und konsequent ergriffen werden. Denn es genügt nicht, sich an den Temperaturanstieg anzupassen; es ist ebenso wichtig, ihn einzudämmen.

Eine Begrenzung des Anstiegs der globalen Mitteltemperatur auf 2 Grad Celsius gilt nach der Auffassung von Experten als unerlässliche Voraussetzung für den Erfolg von Anpassungsmaßnahmen, die zudem weltweit unverzüglich in Gang kommen müssen. Bei einem ungebremsten Temperaturanstieg dagegen werden auch alle Anpassungsbemühungen zum Scheitern verurteilt sein, weil ökologische wie soziale Systeme dadurch überfordert wären. Ein gesteigertes Problembewusstsein der Einzelnen, einschneidende Veränderungen in der Energieproduktion und im Energieverbrauch sowie wirksame politische Maßnahmen zur Eindämmung von Treibhausgasemissionen sind die wichtigsten Ansatzpunkte für die notwendigen Schritte.

Diese Aufgaben gehen über den gewohnten räumlichen und zeitlichen Horizont persönlicher wie politischer Lebensgestaltung hinaus. Wir sind mittelbar an der Gestaltung von Lebensbedingungen beteiligt, die über die eigene Lebenszeit oder den Horizont der eigenen Verantwortlichkeit hinausweisen. Das wird uns am Klimawandel beispielhaft bewusst.

Wir leben in einer natürlichen Umwelt, die wir als Einzelne nicht unmittelbar bestimmen können, deren Existenz und Fortbestand wir alle aber mittelbar prägen. Ob und inwieweit die sich abzeichnenden katastrophalen Entwicklungen bis zum Ende des 21. Jahrhunderts abgewendet oder wenigstens auf ein erträgliches Maß reduziert werden können, hängt davon ab, ob wir diesen Horizont unserer Verantwortung wahrzunehmen bereit sind.

Im biblischen Schöpfungsglauben tritt uns eine Haltung gegenüber Gottes Schöpfung entgegen, die von Demut und Verantwortungsbereitschaft zugleich geprägt ist. Heute geht es darum, die Ehrfurcht vor der Güte der Schöpfung zu erneuern, die bewusste Freude an ihren Gaben mit der Bereitschaft zu ihrer Bewahrung zu verbinden und in die Verantwortung für die Zukunft des Lebens einzutreten. Eine solche Lebensorientierung bietet eine tragfähige Grundlage für die Entscheidungen, die angesichts des Klimawandels mit wachsender Dringlichkeit geboten sind.

Die Größe der Aufgaben, um die es hier geht, sollte niemanden davon abhalten, den ihm möglichen Beitrag zu leisten. Vielmehr ist jeder einzelne Beitrag zu Nachhaltigkeit und Klimaschutz sinnvoll; denn die Wirkungen verstärken sich. Je mehr Menschen sich in ihrem persönlichen Lebensbereich, in ihrer beruflichen Verantwortung und in ihrem öffentlichen Engagement aktiv in dieser Richtung einsetzen, desto größer ist die Wahrscheinlichkeit, dass sich dies auch in politisches Handeln überträgt.

2. Gott sei's geklagt

Ich glaube, dass Gott aus allem, auch aus dem Bösesten, Gutes entstehen lassen kann und will. Dafür braucht er Menschen, die sich alle Dinge zum Besten dienen lassen. Ich glaube, dass Gott uns in jeder Notlage soviel Widerstandskraft geben will, wie wir brauchen. Aber er gibt sie nicht im Voraus, damit wir uns nicht auf uns selbst, sondern allein auf ihn verlassen. In solchem Glauben müsste alle Angst vor der Zukunft überwunden sein. Ich glaube, dass auch unsere Fehler und Irrtümer nicht vergeblich sind, und dass es Gott nicht schwerer ist, mit ihnen fertig zu werden, als mit unseren vermeintlichen Guttaten. Ich glaube, dass Gott kein zeitloses Fatum ist, sondern dass er auf aufrichtige Gebete und verantwortliche Taten wartet und antwortet.

Einige Glaubenssätze über das Walten Gottes in der Geschichte,
in: Dietrich Bonhoeffer: Nach zehn Jahren, geschrieben zur Jahreswende 1942/43.

Um die Klage ist es still geworden. Gejammert wird viel, aber geklagt wird selten. Natürlich ist damit nicht die Klage gemeint, die vor Gericht erhoben wird. Gemeint ist vielmehr die Klage, die sich an Gott wendet. Es geht um die Klage, die sich gerade deshalb an Gott richtet, weil er es doch mit seiner Welt wie mit dem Menschen in ihrer Mitte gut meint. Die Klage ist der Notschrei der Leidenden.

Leiderfahrungen in der Bibel

Wo das Lob laut wird, muss auch für die Klage Raum sein. Wo die Güte der Schöpfung gepriesen wird, muss auch zur Sprache kommen, was diese Güte verdunkelt und sich ihrer Erfahrbarkeit in den Weg stellt. Die Psalmen bilden deshalb in der biblischen Überlieferung einen besonders kostbaren Schatz, weil sie der Klage zur Sprache verhelfen.

Unvergesslich ist mir, wie ein Kollege eines Tages in mein Arbeitszimmer kam. Der Arbeitsplatz in demselben Institut hatte uns miteinander vertraut gemacht. Dennoch war ungewöhnlich, was an diesem Tag geschah. Mein Kollege, der mir gerade durch dieses Ereignis zum Freund wurde, kam zu mir, um von der Krebserkrankung seiner Frau zu erzählen. Sehr spät war die Krankheit erst entdeckt worden und für Hilfe war keine Zeit mehr. Von einem Tag auf den andern zerbrach die Hoffnung auf ein langes gemeinsames Leben; die oft besprochenen Vorstellungen davon, gemeinsam alt zu werden, liefen ins Leere. Nun hieß es, sich auf das Sterben und den Abschied vorzubereiten. Es war mein Freund, der mich nach diesem stockend vorgebrachten Bericht bat, mit ihm einen Psalm zu beten. Er wusste auch, welcher Psalm seiner Klage Ausdruck geben und für ihn zum Trost werden könne.

Mit den Worten des 39. Psalms beteten wir: »Herr, lehre mich doch, dass es ein Ende mit mir haben muss und mein Leben ein

Ziel hat und ich davon muss. Siehe, meine Tage sind eine Handbreit bei dir, und mein Leben ist wie nichts vor dir. Wie gar nichts sind alle Menschen, die doch so sicher leben. Sie gehen daher wie ein Schatten und machen sich viel vergebliche Unruhe; sie sammeln und wissen nicht, wer es einbringen wird.« (Psalm 39,5–7)

Mit solchen Worten wird das Leiden nicht erklärt; es wird weder verkleinert noch überhöht. Es wird vor Gott gebracht. Das ist das Erste, ja in gewisser Weise das Einzige, was in einer solchen Lage geschehen kann. Die Sehnsucht danach wird zwar oft unterdrückt, aber sie ist keineswegs verstummt. Nur noch wenige können von sich aus sagen, welchen Psalm sie beten wollen, um ihrer Not Ausdruck zu verleihen. Mein Freund wusste es, auch wenn er diesen Psalm sehr lange nicht mehr gebetet hatte.

So sprachlos wir im Klagen auch geworden sind, so eindeutig suchen wir doch nach einer Sprache für die Klage, wenn uns Unfassbares zustößt. Der Tod eines nahen Menschen, eine lebensgefährliche Erkrankung, das Zerbrechen einer Partnerschaft sind Beispiele dafür. Der Ritus der Klage ist unentbehrlich; ihm eignet eine befreiende Kraft.

Ebenso rufen auch Tragödien, die viele Menschen betreffen, nach öffentlicher Klage. Das ist in der jüngsten Vergangenheit wieder verstärkt bewusst geworden. Ein Eisenbahnunglück, ein schwerer Lastwagenunfall, der heimtückische Mord an einem kleinen Mädchen: Bei solchen Ereignissen leihen sich auch Menschen, die damit nicht vertraut sind, die Sprache der biblischen Klage. Die Kirche wird dann zum Zufluchtsort für den gemeinsamen Schmerz. In solchen Situationen bekennen sich Menschen zur Kraft des Gebets, die davon über lange Zeiten ihres Lebens nichts wussten.

Jesus als Urbild des Leidenden. Derartige Erfahrungen können auch einen neuen Zugang zur Person Jesu erschließen. »Mein Gott, mein Gott, warum hast du mich verlassen?« ruft Jesus am Kreuz, in der unmittelbaren Todesnähe, mit den Worten eines Psalms (Psalm 22,2; vgl. Markus 15,34). Aber auch an Jesu Gebet im Garten Gethsemane ist zu erinnern, in dem der Leidende Gott darum bittet, der Kelch möge an ihm vorübergehen, um, wie es scheint, mit äußerster Kraft hinzuzufügen: »Aber nicht wie ich will, sondern wie du willst« (Matthäus 26,39). Dass Jesus selbst, der Gottessohn, in der Stunde des Leidens über die Gottverlassenheit klagt, zeigt, dass er ganz bei den Leidenden ist. Weil Gott uns aber in diesem Gekreuzigten selbst nahe kommt, ja sich mit ihm identifiziert, ist auch Gott selbst bei den Leidenden und hält sich nicht unbeteiligt von ihnen fern.

Der Blick auf den leidenden Christus am Kreuz kann das Zutrauen dazu wachrufen, dass Gott dem menschlichen Leiden nicht gleichgültig zuschaut, sondern dieses Leiden mitleidet. Gegenüber dem Bild vom unnahbaren Gott über den Wolken, mit dem manche aufgewachsen sind, ist das eine heilsame Korrektur. Das christliche Gottesbild folgt nicht dem Prinzip, dass Gott seinem Wesen gemäß zum Leiden nicht fähig ist. Es ist vielmehr geprägt durch das Vertrauen auf Gottes Mitleiden, auf seine Empathie. Deshalb ist es nicht sinnlos, sich im Leiden an ihn zu wenden.

Hiob. Dafür gibt es in der Gestalt Hiobs ein großes biblisches Beispiel. Das Buch Hiob beginnt mit einer grausigen Abfolge von »Hiobsbotschaften«: Hiobs Herden werden geraubt oder getötet und seine Knechte erschlagen; über seinen Söhnen und Töchtern stürzt ein Haus ein. Doch damit nicht genug: Das Unglück trifft Hiob auch ganz direkt; er wird von einem Aussatz befallen, der den ganzen Körper ergreift. Die Prüfungen für seinen Glauben gehen tief; sie werden noch durch Hiobs drei Freunde verschärft. Diese bringen beispielsweise vor, dass jedes Unglück eine Ursache habe; denn es handle sich um eine Strafe für geschehenes Unrecht. Sie fordern Hiob geradezu zur Klage heraus und fragen höhnisch, ob er wohl Antwort finden wird.

Hiob wird in seinem Leiden zum Sinnbild für die Endlichkeit des menschlichen Lebens und für die Vergeblichkeit aller Bemühungen, dieses Leben aus eigener Kraft der Vergänglichkeit zu entreißen. »Der Mensch, vom Weibe geboren, lebt kurze Zeit und ist voll Unruhe, geht auf wie eine Blume und fällt ab, flieht wie ein Schatten und bleibt nicht. Doch du tust deine Augen über einen solchen auf, dass du mich vor dir ins Gericht ziehst. Kann wohl ein Reiner kommen von Unreinen? Auch nicht einer! Sind seine Tage bestimmt, steht die Zahl seiner Monde bei dir und hast du ein Ziel gesetzt, das er nicht überschreiten kann: So blicke doch weg von ihm, damit er Ruhe hat, bis sein Tag kommt, auf den er sich wie ein Tagelöhner freut« (Hiob 14,1–6).

In welche Einsamkeit das Unglück einen Menschen führen kann, beschreibt Hiob mit bewegten und bleibenden Worten. Aber inmitten dieser Klage erklingt der Aufschrei: »Ich weiß, dass mein Erlöser lebt, und als der Letzte wird er über dem Staub sich erheben. Und ist meine Haut noch so zerschlagen und mein Fleisch dahingeschwunden, so werde ich doch Gott sehen. Ich selbst werde ihn sehen, meine Augen werden ihn schauen. Danach sehnt sich mein Herz in meiner Brust« (Hiob 19,25). In einer Kantate Georg Philipp Telemanns, die lange Zeit Johann Sebastian Bach zugeschrieben wurde, ist diese Gewissheit zu einem Teil evangelischer Frömmigkeit geworden, verdichtet in der Sprache der Musik: »Ich weiß, dass mein Erlöser lebt.«

Die Passion Jesu und die Gestalt Hiobs sind die beiden wichtigsten biblischen Sinnbilder für den Umgang mit dem Leiden. Die Frage, wie Gott das Leiden zulassen und dem Unglück Raum geben kann, wird in diesen beiden Sinnbildern nicht theoretisch erörtert, sondern durch die Gewissheit aufgenommen, dass Gott auf die Seite des Leidenden tritt und sich seiner Not annimmt. Man kann diese Antwort als eine authentische Theodizee bezeichnen. Die Frage nach der Rechtfertigung Gottes angesichts des Leidens – also die Theodizeefrage – wird dadurch beantwortet, dass Gott selbst das Leiden auf sich nimmt und sich mit dem Leidenden identifiziert.

Die Theodizeefrage

Trotz dieser biblischen Antwort ist die Theodizeefrage immer wieder als eine grundsätzliche, also als eine theoretische Frage gestellt worden. Der Philosoph Gottfried Wilhelm Leibniz (1646–1716) hat ihren Namen geprägt. Im Kern geht es um die Frage, wie der Glaube an Gott angesichts des Übels in der Welt Bestand haben kann. Denn zum Wesen Gottes gehören seine Allmacht wie seine Güte. Wenn dem Bekenntnis zu seiner Allmacht entsprechend auch das Übel von ihm ausgeht, so ist das mit seiner Güte nicht vereinbar; wenn er aber seiner Güte gemäß dem Übel in der Welt nicht zustimmt und dieses deshalb auch nicht von ihm ausgeht, so kann er nicht als allmächtig bezeichnet werden.

Vielfältige Antworten. In der Geschichte der Religionen und der Philosophie finden sich unterschiedliche Antworten auf diese Frage. Die hinduistische Vorstellung beispielsweise geht dahin, der materiellen Welt, in der das Übel auftritt, keine Realität zuzuerkennen. Die materielle Welt (Maya) wird vielmehr nur so lange als real angesehen, so lange das Brahman, also die durch nichts Materielles bedingte Weltseele, noch nicht als die eigentliche Wirklichkeit erkannt ist. Dualistische Denkweisen – wie beispielsweise die Gnosis – beschreiben die Welt als den Kampfplatz zwischen zwei widerstreitenden Prinzipien. Übel und Leiden sind Zeichen für den zeitweiligen Erfolg des bösen über das gute Prinzip. Die religiöse Hoffnung richtet sich darauf, dass die eigenen Seelenkräfte aus der Macht des Bösen gerettet werden. Die monotheistischen Religionen – also in freilich durchaus unterschiedlichen Spielarten das Judentum, das Christentum und der Islam – sehen die Ursache des Bösen darin, dass der Mensch von der ihm anvertrauten Freiheit einen verkehrten Gebrauch macht und dadurch die Sünde in die Welt bringt; im Begriff der »Erbsünde« soll dabei der überpersonale Charakter des Bösen zum Ausdruck kommen.

Doch schon Leibniz hat gegen diese Überlegung eingewandt, mit ihr könne nur das moralische Übel, nicht aber das physische und das metaphysische Übel erklärt werden. Nur dasjenige Übel, das seine Ursache in einer Tat des Menschen hat, kann auch der menschlichen Freiheit zugerechnet werden. Lange Zeit hat man deshalb das physische Übel, also das Unglück, das Menschen insbesondere durch Krankheit und Tod zustößt, als Folge verkehrten Handelns angesehen. Auch die biblische Überlieferung ist in weiten Teilen von dieser Vorstellung eines unmittelbaren Zusammenhangs zwischen Tun und Ergehen geprägt.

Insbesondere in der Verkündigung Jesu meldet sich ein klarer Widerspruch gegen diese Denkweise. Jesus verdeutlicht ihn am Beispiel der Menschen, die unter dem zusammenstürzenden Turm von Siloah begraben wurden. »Meint ihr,« – so fragt er – »dass die achtzehn, auf die der Turm in Siloah fiel und erschlug sie, schuldiger gewesen sind als alle andern Menschen, die in Jerusalem wohnen?« (Lukas 13,4)

Das Erdbeben von Lissabon. Leibniz unternahm den Versuch, auch noch solche großen Unglücksfälle in einer Weise zu erklären, die es ihm ersparte, der Güte Gottes ein Prinzip des Bösen gegenüber zu stellen. Die Vorstellung von einem »metaphysischen Übel«, auf welches das physische oder das moralische Übel zurückgeführt werden könnten, lehnte er also ab. Vielmehr sah er das Böse lediglich als einen Mangel an Gutem an, der von Gott als Mittel der Prüfung und der Bewährung zugelassen wurde, damit schließlich auch aus ihm Gutes entspringen kann. Das Böse, das in der Schöpfung begegnet, ändert nach der Auffassung von Leibniz nichts daran, dass uns in der gegebenen Wirklichkeit die »beste aller denkbaren Welten« begegnet.

Doch große Unglücksfälle haben diese scheinbar so glatt aufgehende philosophische Konstruktion immer wieder in Frage gestellt. Exemplarisch geschah das im Jahr 1755, als ein gewaltiges Erdbeben in Lissabon Tausende von Menschen in den Tod riss. Dieses Ereignis löste in ganz Europa eine gewaltige Erschütterung aus. Johann Wolfgang von Goethe schildert, wie dieses Ereignis seinen Kinderglauben in Frage stellte: »Gott, der Schöpfer und Erhalter Himmels und der Erden [...] hatte sich, indem er die Gerechten mit den Ungerechten gleichem Verderben preisgab, keineswegs väterlich bewiesen.« Voltaire, der französische Skeptiker, wandte die Katastrophe von Lissabon gegen den Fortschrittsoptimismus seiner Zeit. Er sah sich durch dieses Ereignis zudem in der Vorstellung bestärkt, dass man Gott allenfalls dafür in Anspruch nehmen könne, dass er die Existenz der Welt in Gang gebracht habe; aber über den aktuellen Weltlauf übe er ganz offenkundig keine Herrschaft aus.

Eine Folgerung aus dem Erdbeben von Lissabon hieß, man müsse Naturkatastrophen als unvermeidlich hinnehmen, ohne sie als »böse« zu kennzeichnen. Das »Böse« beschränkte man vielmehr auf menschliches Handeln, das moralischer Beurteilung zugänglich ist. Man ging dabei von der Vorstellung aus, böse Handlungen seien das Resultat böser Absichten.

Der Holocaust. Diese Vorstellung erwies sich als unzureichend. Sie zerschellte am schrecklichsten Beispiel des Bösen, das die neuzeitliche Geschichte hervorgebracht hat: der Vernichtungsmaschinerie des nationalsozialistischen Deutschland. Gewiss handelte es sich dabei um ein böses Handeln, das bösen Absichten entstammte. Der Völkermord an Juden, Sinti und Roma und anderen war zunächst im Kopf Adolf Hitlers und in den Köpfen anderer, die in Deutschland herrschten, entstanden, bevor er in die Tat umgesetzt wurde. Doch die Verwirklichung fügte ihm etwas hinzu, was sich der scheinbaren Rationalisierung entzieht; das unvorstellbare Grauen nahm eine Dimension an, die jedes Kalkül der handelnden Personen übersteigt. An ihm waren ungezählte Menschen beteiligt, für deren Mitwirkung als Akteure oder Mitwisser, als Zuschauer oder Wegschauer man auf höchst »banale« Motive zurückgreifen muss.

»Verbrechen aus Gehorsam« gehören zu den Kennzeichen des 20. Jahrhunderts; die Bereitschaft, aus Feigheit, Karrieresucht oder vergleichbaren Motiven zum Bestandteil einer Vernichtungsmaschinerie zu werden, trug zu jener »Banalität des Bösen« bei, die Hannah Arendt (1906–1975) beschrieb. Diese aus Deutschland vertriebene jüdische Philosophin berichtete 1961 über die Verhandlung gegen Adolf Eichmann in Jerusalem. Eichmann, der Leiter des »Judenreferats« im Reichssicherheitshauptamt und Organisator der massenhaften Todestransporte, versuchte bis zum Schluss den Eindruck zu erwecken, er habe nichts anderes getan, als seiner Pflicht zu genügen.

Die Sozialpsychologen Herbert Kelman und Lee Hamilton stellen diese Erscheinungsform des Bösen nicht nur an den Verbrechen der Nazizeit, sondern auch an weiteren Beispielen dar. Zu ihnen gehören die Massaker während des Krieges der USA in Vietnam ebenso wie die Ungerechtigkeiten der Rassendiskriminierung in den Vereinigten Staaten, gegen die sich die Bürgerrechtsbewegung auflehnte. Solche Beispiele zeigen, wie verbreitet die »Banalität des Bösen« ist. Doch einen unvergleichbaren Ausdruck hat sie in der nationalsozialistischen Vernichtungspolitik gefunden. Die amerikanische Philosophin Susan Neiman hat das Abgründige dieses Geschehens in die Feststellung gefasst, dass das nationalsozialistische Regime »auf jeder Ebene [...] mehr Böses mit weniger Bösartigkeit« erzeugte, »als es die Zivilisation je gesehen hatte«. So überpersonal war dieses Böse also geworden, dass viele Täter von sich selbst glaubten, es sei nichts Bösartiges an ihnen.

Auch heute gibt es viele Gründe dafür, sich die Abgründigkeit des Bösen an Beispielen vor Augen zu führen, in denen Menschen durch das Handeln anderer Menschen massenhaft zu Tode kommen. Auch reicht es oft nicht aus, das Unheil, das sich dabei ereignet, einfach auf die bösen Absichten des Einen oder des Anderen zurückzuführen. Kriege entstehen schrecklich oft aus einer verhängnisvollen Verkettung. Sie führt zu einer grauenhaften Eskalation, weil keiner bereit oder im Stande ist, den Knoten der Gewalt auf gewaltfreie Weise zu lösen. Die Erosion des staatlichen Gewaltmonopols, die sich in der jüngsten Vergangenheit beispielsweise in afrikanischen Ländern vollzog, zeigt auf ihre Weise, wie Menschen im Strudel ungebändigter Gewalt untergehen können. Aber auch Naturereignisse ziehen Menschen in unvorstellbares Leid.

Der Tsunami. Nach dem Seebeben, das an der Jahreswende 2004/2005 die Region um den Indischen Ozean erschütterte, stellten viele Menschen Fragen wie Goethe 250 Jahre früher. Nur einen Langstreckenflug von Europa entfernt zeigte sich in einer der schönsten Urlaubsregionen der Welt die grausamste Verwüstung. Die Spuren der Zerstörung zogen sich von Sumatra über Thailand, Sri Lanka, Indien bis hin nach Somalia rund um den Indischen Ozean. Eine riesige Hilfsaktion kam in Gang, begleitet von fassungslosem Entsetzen. Weil der Tsunami die tötende Gewalt des Wassers hatte spüren lassen, fühlten sich viele an die Sintflut erinnert. Sie waren mit einem grauenerregenden Geschehen konfrontiert, in dem die Natur ihre unbändige Gewalt zeigte.

Wie Gott das zulassen konnte, wurde vorwurfsvoll gefragt. Nach meiner Einsicht nötigen solche Ereignisse dazu, bedachtsam von der göttlichen Allmacht zu sprechen. Gottes Allmacht kann man sich nicht so vorstellen, dass Gott alles Böse und Unbegreifliche im Vorhinein aus dem Lauf der Dinge herausschneidet. Gottes Allmacht zeigt sich in der Liebe, mit der er sich uns Menschen zuwendet, damit wir uns auch angesichts des Unbegreiflichen an ihr orientieren.

Immer wieder verschieben sich die Erdteile so gegeneinander, dass ein Beben auch das Meer zum Toben bringt. Mit dem Bekenntnis zu Gottes Allmacht kann nicht die Vorstellung verbunden sein, dass Gott die Naturgesetze außer Kraft setzt, um dadurch ein drohendes Unheil abzuwehren. Dennoch ist es von elementarer Bedeutung, ob das Unheil als kontingentes Geschehen ohne erkennbaren Sinn angesehen oder zu Gott als der alles bestimmenden Wirklichkeit in Beziehung gesetzt wird. Wenn Gott mich auch durch das Übel hindurch anspricht, macht er dieses Übel zum Ort der Bewährung. Das ist gemeint, wenn von der »Prüfung« durch das Übel gesprochen wird.

Wahrnehmungsweisen. Der Literaturwissenschaftler Hermann Kurzke hat den Unterschied, um den es mir geht, folgendermaßen beschrieben: »Ob das unvorhergesehen Eintreffende, Krebs und Scheidung, der 11. September und die nicht bestandene Prüfung, ein Unfall oder der verlorene Autoschlüssel, als Kette sinnloser Kränkungen oder als Gelegenheit zu Bewährungen verstanden wird, ist eine fundamental wichtige Frage der Lebens-Kunst.«

Im Blick auf Unglück und Glück ist es entscheidend, aus welcher Wahrnehmungsperspektive wir damit umgehen. Ob ich im Glück der Liebe oder in der Übernahme einer wichtigen Verantwortung einen bloßen Zufall oder ein Zeichen der göttlichen Gnade sehe, wird meinen Umgang damit prägen. Ob ich in einer leidvollen Erfahrung ein sinnloses Geschehen oder eine Herausforderung zu verantwortlichem Tun sehe, wird mein Empfinden ebenso bestimmen wie mein Handeln. Das Rätsel des Leidens wird dadurch nicht beseitigt.

Eine abschließende Antwort auf die Theodizeefrage kann es nicht geben. Die Präsenz des Übels bleibt das Rätsel jeder Gegenwart. Über die authentische Theodizee führt keine Spekulation hinaus. Diese authentische Theodizee, wie sie uns in der Person Jesu und am Beispiel Hiobs begegnet, hilft dabei, auch im eigenen Leben mit der Erfahrung des Leidens umzugehen. Die Wahrnehmung des Glaubens ist darauf gerichtet, dass vermeidbares Leiden vermieden und unvermeidbares Leiden ertragen wird. Der Beistand für die Leidenden und ihre Bewahrung vor vermeidbarem Leid sind Grundformen der Liebe zum Nächsten. Die Hoffnung, dass Gott auch aus dem Bösesten Gutes entstehen lassen kann und will, bildet dafür einen entscheidenden Horizont. Dietrich Bonhoeffer hat sich in dunkelster Zeit von dieser Hoffnung leiten lassen. Sie kann uns auch heute bestimmen.

Leiden, Übel, Böses

Leiden, Übel und Böses waren wichtige Wörter in unseren bisherigen Überlegungen. Sie lassen sich in ihrem Gebrauch nicht leicht gegeneinander abgrenzen; in der Art, in der wir solche Wörter verwenden, schwingt zudem immer auch persönliche Erfahrung mit. Trotzdem ist es hilfreich, Unterschiede zwischen Leiden, Übel und Bösem bewusst zu machen. Der Züricher Theologe und Religionsphilosoph Ingolf U. Dalferth hat dazu wichtige Anstöße gegeben.

Das Leiden. Zur Grundverfassung des Menschen gehört es, dass er ein verletzliches Wesen ist. Ihm kann Schmerz zugefügt werden. Er erfährt Trauer. Er kann seelisch gefoltert werden. Ihm widerfährt Unrecht. Er kann sich selbst verfehlen. Das sind Grundformen des Leidens. Menschen leiden an sich selbst und an der Welt. Ihr Leiden kann durch sie selbst oder durch andere verursacht sein, aber der Grund ihres Leidens braucht nicht nur in dem zu liegen, was ihnen selbst widerfährt. Denn zur Empfindungsfähigkeit des Menschen gehört der Sinn für das Leiden anderer. Dass uns die Tränen kommen, wenn wir andere leiden sehen, ist ein elementarer Ausdruck von Menschlichkeit.

So sehr Leiden zum Menschsein gehört, so wenig gibt es einen Grund dazu, das Leiden zu verherrlichen. Und so sehr die Bereitschaft zum Leiden Zeugnischarakter annehmen kann, so wenig lässt sich die willkürliche Provokation des Leidens rechtfertigen. In der Geschichte des Christentums ist diese Unterscheidung immer wieder am Beispiel des Martyriums erörtert worden. Die um ihres Glaubens willen verfolgten, gemarterten oder getöteten Christen wurden zu Zeugen ihres Glaubens; deshalb zeichnete man die Geschichte ihres Lebens und Leidens auf. Doch dass man in ihnen Vorbilder sah, bezog sich auf die Standhaftigkeit ihres Glaubens, der auch durch Gefangennahme und Bedrohung mit dem Tod nicht ins Wanken geriet; dass man sie als Zeugen des

Glaubens verehrte, bedeutete nicht, dass die Nachahmung ihres Leidens gefordert wurde.

Vermeidbares Leiden soll vermieden beziehungsweise überwunden werden. Diese Aussage gehört zu den grundlegenden Überzeugungen des christlichen Glaubens. Sie hat ihren stärksten Anhaltspunkt am Wirken Jesu selbst. Kaum etwas prägt seine öffentliche Wirksamkeit mehr als der Wille und die Fähigkeit, unnötigem Leiden entgegenzutreten. Dass er Menschen die Vergebung ihrer Sünden zusprach, sie von Krankheit befreite und zur Umkehr ermutigte, waren Schritte der Befreiung aus dem Leiden. Jesus sah darin nach dem Zeugnis des Lukasevangeliums die Erfüllung einer zentralen prophetischen Verheißung.

Sie hat zum Inhalt, dass den Armen das Evangelium verkündigt und den Gefangenen die Freiheit gepredigt wird, den Blinden, dass sie sehen sollen, und den Zerschlagenen, dass sie frei und ledig sein sollen (Lukas 4,18; vgl. Jesaja 61,1f.). Grundsituationen des Leidens, aus denen Jesus befreit, werden hier genannt. Soziales, körperliches, seelisches und geistliches Leiden werden dabei angesprochen; diese Dimensionen des Leidens sollten deshalb auch in der Perspektive des christlichen Glaubens nicht gegeneinander ausgespielt werden.

Wenn das Wirken Jesu so ausdrücklich belegt, dass vermeidbares Leiden vermieden beziehungsweise überwunden werden soll, ergibt sich daraus eine Folgerung, die schon hier festzuhalten ist: Der Sinn des Leidens Jesu selbst muss dann damit zusammenhängen, dass es ein unvermeidbares Leiden ist. Auf diese Einsicht werden wir später zurückkommen.

Das Übel. Leiden ist etwas, was dem Menschen widerfährt. Die Stärke, in der er es erlebt, die Hilfe, die der Trost anderer ihm bieten kann, die Kraft, dem Leiden standzuhalten – all das ist von Person zu Person sehr unterschiedlich ausgeprägt. Das Übel scheint im Vergleich dazu schon eher den Charakter des Objektiven zu tragen. Als Übel bezeichnen wir etwas, das nicht Gutes bewirkt, sondern Schlechtes. Auch das Ergebnis einer solchen

Handlung oder eines solchen Ereignisses kann in der Folge als Übel bezeichnet werden.

Man kann also nicht jedes Übel auf einen Täter zurückführen, der es durch seine Handlung herbeigeführt hat; vielmehr entstehen Übel auch durch Ereignisse, für die keine einzelne Person verantwortlich gemacht werden kann. Da bis zum heutigen Tag viele moralische Kategorien durch die landwirtschaftliche Tradition geprägt sind, steht vielen als Beispiel für Ereignisse, die Übles bewirken, das Unwetter vor Augen, das eine Ernte zunichte macht.

Gleichwohl verbindet sich mit dem Begriff des Übels von alters her die Unterscheidung zwischen Täter und Opfer; es muss unterschieden werden zwischen dem, der ein Übel verursacht, und demjenigen, der es erleidet. Übel sind grundsätzlich zu meiden – von Seiten des Täters genauso wie von Seiten des Opfers. Aber es gibt Situationen, in denen man ein Übel, wie der Volksmund sagt, in Kauf nehmen muss. Das freilich ist auf der Seite des Opfers wesentlich eher überzeugend als auf der Seite des Täters. Von ihm wird man erwarten, dass er das Übel in jedem Fall unterlässt – und keineswegs »in Kauf nimmt«.

Doch es gibt Grenzsituationen, in denen triftige Gründe dafür sprechen können, dass man sogar dazu bereit sein muss, ein Übel zu verüben, um dadurch ein größeres Übel zu verhüten. Die Situationen von Nothilfe und Notwehr bieten ebenso Beispiele dafür wie Widerstand und Tyrannenmord. Auch die Diskussion über die Vertretbarkeit kriegerischer Gewaltanwendung ist von einer vergleichbaren Fragestellung geprägt.

Wenn man so vom Übel redet, wie ich es gerade getan habe, macht man von einer spezifischen Möglichkeit der deutschen Sprache Gebrauch. Andere Sprachen unterscheiden so nicht. Viele Sprachen haben, dem lateinischen Wort *malum* folgend, nur ein Wort zur Verfügung, das sowohl das Übel als auch das Böse bezeichnet. Wer in solchen Sprachen zu Hause ist, wird es deshalb nicht leicht nachvollziehen, welche Bedeutung im Deutschen der Frage zugemessen wird, ob in der siebten Bitte des Vaterunsers die Erlösung von dem Bösen oder die Erlösung von dem Übel erbeten wird. Mit Martin Luthers Bibelübersetzung hatte sich die Erlösung von dem Übel als Übersetzung eingebürgert; bei der Vereinbarung eines gemeinsamen ökumenischen Textes für das Vaterunser im Jahr 1971 dagegen hat man sich auf die Übersetzung »Erlöse uns von dem Bösen« verständigt.

Das Böse. Es ist verständlich, dass manche evangelische Christen sich mit dieser Veränderung des Wortlauts bis zum heutigen Tag schwer tun. Aber auf dem Hintergrund der geschilderten Unterscheidung zwischen dem Übel und dem Bösen verbindet sich mit ihr ein nachvollziehbarer Sinn. Denn im Begriff des Bösen klingt unmittelbar an, dass diesem eine Kraft der Trennung innewohnt. Das Böse wird als etwas erfahren, das Leben schädigt, einschränkt oder zerstört, Beziehungen untergräbt und nicht zuletzt zwischen die Menschen und Gott tritt.

Das Wort »böse« ist in hohem Sinn wertend. Es trägt das Moment der Abwehr schon in sich. Es unterstellt bei demjenigen, der Böses ersinnt oder verübt, ein gesteigertes Maß destruktiver Energie. Doch die wertende Einschätzung böser Absichten oder Taten darf für die »Banalität des Bösen« nicht blind machen. Das Böse kann als Teil eines Herrschaftsapparats auftreten und mechanisch verübt werden; es verträgt sich mit unauffälligen und gut bürgerlichen Verhaltensweisen. Wer diese Mechanismen zur Realisierung des Bösen vor Augen hat, wird umso mehr über dessen Durchsetzungsmacht erschrecken. Sie beruht auf der Verführbarkeit des Menschen; er lässt sich zum Bösen verleiten, wenn er sich davon einen Vorteil erhofft, wenn die Verweigerung gegenüber dem Bösen Mut erfordert oder wenn die Macht auf der Seite des Bösen steht. Klare moralische Einsicht kann sich dann gegenüber solcher Verführung als eindeutig unterlegen erweisen. Auch das ist eine Dimension dessen, was der christliche Glaube als Sünde bezeichnet.

Während wir das Wort »gut« sowohl beschreibend als auch wertend verwenden, ist das Wort »böse« ganz auf die wertende Seite festgelegt. Von einem Messer kann man beschreibend sagen, es schneide gut oder schlecht; von einem Menschen sagen wir wertend, er sei gut oder böse. Sprechen wir vom Leiden, haben wir die Passivität dessen vor Augen, der dieses Leiden erduldet. Sprechen wir vom Übel, sehen wir sowohl die Seite des Täters als auch diejenige des Opfers. Wenn wir vom Bösen sprechen, tritt dagegen die Seite in den Vordergrund, die das Böse verursacht und verübt. Diese aktive Dimension des Bösen führt dahin, *das* Böse zu personifizieren, so dass aus ihm *der* Böse wird.

Menschen können so sehr von der Aktivität des Bösen fasziniert sein, dass sie sogar dann noch am Personsein des Bösen festhalten, wenn sie den Glauben an das Personsein Gottes verloren haben. Das zeigt sich beispielhaft an modernen Formen des Satanismus; in ihnen vollzieht sich eine religiöse Verklärung des Bösen – gegebenenfalls bis hin zu Satansmessen –, verbunden mit einer bewussten Entwertung geltender ethischer Prinzipien. Aber die Personifizierung des Bösen zeigt sich auch in kritischen Auseinandersetzungen mit Fehlentwicklungen der jeweiligen Gegenwart. Auch noch in der dämonisierenden Beschreibung beunruhigender Entwicklungen – beispielsweise der Nutzung der Atomenergie oder der Globalisierung – zeigt sich bisweilen eine Tendenz dazu, dem Bösen eine personale Macht zuzuerkennen.

Die christliche Tradition hat ohne Zweifel der Personifizierung des Bösen – vor allem in Gestalt des Teufels – Vorschub geleistet. Nicht nur als Versucher wurde er gesehen, wofür es schon in der biblischen Überlieferung wichtige Anknüpfungspunkte gibt. Sondern ihm wurde die Herrschaft über die Unterwelt zuerkannt, aus der allein Christus zu befreien vermag. Diese mythische Deutung des Bösen überdauerte die Jahrhunderte. Viele theologische Versuche der Entmythologisierung ließen den Teufel unberührt; solche Bemühungen um Entmythologisierung konzentrierten sich auf mythische Darstellungen Gottes und ließen die mythischen Darstellungen des Bösen auf sich beruhen. Umgekehrt aber ist es richtig. Richtig ist, Gottes Personalität zu achten, dem Bösen jedoch die Würde des Personseins zu bestreiten.

Sünde und Schuld

Für die Klage lege ich in diesem Kapitel Ehre ein. Das Klagen soll zu Worte kommen, nicht nur das Jammern. Nicht das Selbstmitleid ist religiös hochzuhalten, sondern die Trauer über fremdes wie über eigenes Leid. Das Böse muss beim Namen genannt, das Übel beschrieben, das Leiden mitgeteilt werden. Zu den Einsichten des Glaubens gehört, dass Gott solche Klagen erhört. Das Gebet ist eine grundlegende Handlung des Glaubens, nicht nur im Lob Gottes, sondern auch in der Klage über das, was misslingt.

Doch die Klage bezieht den Klagenden mit ein. Der gottesdienstliche Ruf »Herr, erbarme dich« meint nicht die Fehlleistungen anderer, sondern die Fehlorientierung des Beters selbst. Es gibt keinen christlichen Gottesdienst ohne Bekenntnis der Sünde; zu jedem Gottesdienst gehört die Bitte um Vergebung der Schuld. Damit ist freilich zugleich gesagt: Es gibt im christlichen Glauben keinen Zugang zur Sünde jenseits der Zusage der Vergebung der Sünden. Im Licht der Vergebung zeigt sich erst, was die Sünde ist.

Was ist Sünde? In der Zusage der Vergebung stellt Gott kraft seiner Gnade die Verbindung mit dem Menschen wieder her. Daran wird zugleich das Wesen der Sünde deutlich. Sünde ist Trennung des Menschen von Gott. Ihr Kern besteht nicht in diesem oder jenem Vergehen; insbesondere kann das Wesen der Sünde nicht auf diese oder jene moralische Verfehlung reduziert werden. Sünde meint eine Verkehrung in der Grundbestimmung des Menschen: seiner Bestimmung als einer Gott entsprechenden Person, die auf Gottes Anrede antwortet und zum Zusammensein mit den Mitmenschen und der Mitkreatur berufen wird.

In dem berühmten Hohen Lied der Liebe, das Paulus im 13. Kapitel seines 1. Korintherbriefs aufgezeichnet hat, werden die Wirkungen des Geistes Gottes als Glaube, Hoffnung und Liebe bezeichnet. Ein Leben wird beschrieben, in dem Menschen im

Glauben in einer lebendigen Beziehung zu Gott, in der Hoffnung in einer lebendigen Beziehung zur Zukunft und in der Liebe in einer lebendigen Beziehung zu ihren Nächsten wie zu sich selbst stehen. In dieser Beschreibung eines vom Geist Gottes bestimmten Lebens wird zugleich deutlich, was das Wesen der Sünde ist. Sie ist eine Haltung, die sich dem Glauben, der Hoffnung und der Liebe entzieht. Das Wort »Sünde« beschreibt eine menschliche Grundsituation, die durch Unversöhntheit, Hoffnungslosigkeit und Lieblosigkeit bewirkt und bestimmt ist. In ihr zerbricht die lebendige Beziehung zu Gott, zur Zukunft, zu den Mitmenschen wie zu sich selbst. Sie ist ein Verhängnis, aus dem der Mensch Befreiung braucht.

Es handelt sich um eine tragische Grundsituation, die keinem Menschen unbekannt ist. Die Tragik verstärkt sich dadurch, dass es weithin als verpönt gilt, von der Sünde zu sprechen. Als Begründung wird oft die Tatsache herangezogen, dass das Sündenbewusstsein als Herrschaftsinstrument benutzt wurde. Menschen wurden auf ihre Sünde festgelegt und dadurch unfrei gemacht. Die Lebensfreude wurde verpönt; aus der Angst vor der Sünde wurde ein zwanghaftes Pflichtbewusstsein abgeleitet. Dem übermächtigen Gott stand der sündige Mensch wie ein kleiner, unscheinbarer Zwerg gegenüber.

Das ist der Stoff, aus dem die sogenannten »ekklesiogenen Neurosen« gemacht sind. Gemeint sind mit diesem Ausdruck dauerhafte psychische Störungen, die in traumatischen Erfahrungen mit dem Bild des den Sünder strafenden Gottes zu tun haben. Als »Gottesvergiftung« hat der Psychoanalytiker Tilman Moser diese Erfahrungen bezeichnet; vom »Gotteskomplex« hat der Psychoanalytiker Horst Eberhard Richter gesprochen. Ihre Analysen haben vielen Menschen zum Abstand von solchen zwanghaften Vorstellungen verholfen. Doch leider haben sie dabei in vielen Fällen nicht nur von falschen Gottesbildern, sondern von der Gottesbeziehung selbst Abschied genommen.

Manche dachten zugleich, mit der Kritik an einer problematischen Fixierung auf die Sünde könne man auch das Nachdenken über sie hinter sich lassen. Mit der Kritik einer falschen Schuldfixierung wurde auch die Pflicht zur Rechenschaft darüber geleugnet, dass und wie jemand schuldig geworden ist. Bis in die jüngste Vergangenheit hinein gilt manchen Autoren – wie dem Soziologen Gerhard Schulze – die Abrechnung mit der Sünde als einem vermeintlich total überflüssigen, die Menschen lediglich unterjochenden Konzept als der große Durchbruch zur Freiheit. Doch der vermeintliche Freiheitsgewinn ist mit einem Verlust an Wirklichkeitssinn erkauft.

Inzwischen gehört für die meisten der »Gotteskomplex« der Vergangenheit an. Nicht in neurotischen Schuldfixierungen, sondern in narzisstischen Störungen sehen viele Psychoanalytiker das große Problem unserer Zeit. Die Frage, wie sie dem verbreiteten Egotrip der Erlebnisgesellschaft entgehen können, beschäftigt wache und nachdenkliche junge Menschen. Diese Frage jedoch lässt sich nur beantworten, wenn man Irrwege einräumt und nicht jeden Lebensweg für gleich verheißungsvoll hält.

Die Verstrickung in die Sünde der Beziehungslosigkeit ist keine leere und überholte Behauptung. Sie nimmt vielmehr beklemmende neue Formen an. So verlieren Menschen den Bezug zu ihrer Umgebung, weil sie sich in die virtuellen Welten von Computerspielen, Internet oder Fernsehen einspinnen. Jugendliche fliehen aus einer Gesellschaft, in der sie sich nicht in Anspruch genommen und gewürdigt fühlen. Sie flüchten sich in nationalistische Ideologien, deren Gewaltfantasien leicht in Gewalttaten umschlagen. Menschen hängen ihr Herz an die Spekulation mit frei um den Globus rotierendem Kapital, das im wahrsten Sinn des Wortes zu ihrem Gott wird, angebetet und verehrt. Paare verfehlen einander, weil sie den Genuss der eigenen Sexualität an die Stelle der sinnlich erlebten Liebe stellen und sich dem anderen deshalb nur so lange zuwenden, wie es »Spaß macht«.

Jeder kennt aus der eigenen Lebensgeschichte solche Situationen unentrinnbarer Verstrickung. Martin Luther beschrieb den Sünder als ein in sich selbst verkrümmtes Wesen, dem die Möglichkeit des freien Blicks genommen ist. Das ist eine sehr realistische Beschreibung. Es ist höchste Zeit, dass wir das Wort »Sünde« nicht mehr nur für den Verstoß gegen die Diätvorschriften des

Arztes oder für die Übertretung von Verkehrsregeln verwenden, die zur Registrierung in der Flensburger »Verkehrssünderkartei« führt. Weder die Bagatellisierung noch die verbreitete Moralisierung der Sünde tut gut.

Wesentlich ist es, die Sünde in ihrer Tiefe zu erfassen; das aber gelingt nur, wenn wir sie von der Vergebung her verstehen. Weil in Christus, wie Christof Gestrich eindrucksvoll formuliert, der Glanz Gottes in die Welt zurückkehrt, können wir das Dunkel der Sünde erkennen und die Befreiung aus diesem Dunkel dankbar annehmen.

Dafür brauchen wir Worte und Zeichen der Vergewisserung. Der Zuspruch der Sündenvergebung ist ein Grundvollzug des christlichen Glaubens. Er schließt die Einsicht in die Sünde und deren Bekenntnis mit ein. Dem dienen die Beichte und die mit ihr verbundene Lossprechung von den Sünden, die Absolution. In der römisch-katholischen Tradition hat sich die Einzelbeichte als regelmäßige Übung erhalten; ihre praktische Bedeutung ist freilich zurückgegangen. In den Kirchen der Reformation ist an ihre Stelle eine Haltung getreten, die das ganze menschliche Leben als Buße betrachtet, wie Martin Luther in der ersten seiner 95 Thesen von 1517 formuliert. Doch auch wenn Buße und Umkehr im Alltag ihren Ort haben, brauchen sie immer wieder eine eigenständige, deutlich hervorgehobene Gestalt. Deshalb gewinnt auch im evangelischen Gottesdienst das gemeinsame wie das persönliche Sündenbekenntnis an Bedeutung; in der Seelsorge erhalten Beichte und Freisprechung von der Schuld wieder mehr Raum. Diese Entwicklung ist zu begrüßen; es ist angezeigt, sie beherzt voranzutreiben. Der Mut zu einem evangelischen Ritus ist gerade hier angebracht; er kann dabei helfen, dass die Botschaft von der Rechtfertigung des Sünders allein aus Gnade zur erlebten Gewissheit wird. Damit das geschieht, bedarf es geprägter Worte und gestalteter Zeichen.

Lange Zeit hatte im evangelischen Gottesdienst das Heilige Abendmahl diese Funktion. Es wurde selten begangen und in einer Form gestaltet, in der das Sündenbewusstsein und das Angewiesensein auf Vergebung deutlich zur Geltung kamen. Vor allem die Passionszeit war durch solche Abendmahlsgottesdienste, in manchen Gegenden in der Form des »Ständeabendmahls«, geprägt. Die unverheirateten jungen Leute, die Eheleute und die Verwitweten gingen an unterschiedlichen Sonntagen zum Abendmahl. Wie menschlich es dabei zuging, kann man den Berichten darüber entnehmen, wie die jeweils anderen Stände hinter den Fenstern verstohlen dem Zug der Abendmahlsgemeinde in die Kirche zuschauten, um zu der einen oder anderen dunkel gewandeten Gestalt den Kommentar zu murmeln: »Der hat's wirklich nötig!«

So zwiespältig solche Riten sein mögen, so verfehlt ist die Vorstellung, dass Riten generell entbehrlich sind. Die Abendmahlsfrömmigkeit hat in der evangelischen Kirche in den zurückliegenden Jahrzehnten eine beeindruckende Entwicklung durchlaufen. Die Beschränkung der Abendmahlsfeier im Gottesdienst auf wenige Sonntage im Jahr und ihre Verbannung in einen Anhang zum Predigtgottesdienst sind in weiten Regionen der evangelischen Kirche unvorstellbar geworden. Dass am Tisch Jesu das Mahl des Herrn gefeiert und die Gemeinschaft mit Christus erfahren wird, tritt in der Gestaltung der Abendmahlsfeier deutlicher als früher hervor. Doch die Gewissheit der Sündenvergebung tritt dahinter zurück. Aber auch sie hat ihr unaufgebbares Recht. Dadurch wird das Mahl des Herrn nicht zu einer düsteren, freudlosen Angelegenheit. Gefeiert wird vielmehr »die Wiederkehr des Glanzes in die Welt«. Diese Feier ermutigt gerade dazu, die Rede von der Sünde zu erneuern. Denn sie ist – das sahen wir – auch heute wichtig.

Was ist Schuld? Vom Begriff der Sünde ist derjenige der Schuld zu unterscheiden. Das gilt, obwohl die Worte »Sünde« und »Schuld« in der christlichen Sprache nahe aneinander gerückt sind. Das geschah insbesondere dadurch, dass das Vaterunser in der Überlieferung des Matthäus die Bitte um die Vergebung der Schulden (*opheilemata*) enthält. Doch damit wird offenkundig nicht der Erlass von Verbindlichkeiten erwünscht, sondern eine

Vergebung durch Gott erbeten, die dazu bereit macht, auch mit den Nächsten in ein neues Verhältnis zu treten. Dass das Wort »Schulden« hier in denkbar größter Nähe zur Sünde verstanden ist, zeigt sich anschaulich daran, dass der Evangelist Lukas, der das Vaterunser ebenfalls überliefert, statt von Schulden von Sünde (*hamartia*) spricht.

Doch schon im Neuen Testament bildet diese Gleichsetzung eine Ausnahme; im Allgemeinen meint Schuld eine – häufig finanzielle beziehungsweise materielle – Verpflichtung, die noch nicht eingelöst ist oder deren Einlösung verweigert wird. Die Verletzung einer moralischen Verpflichtung gegenüber einem Mitmenschen wird von hier aus beschrieben, von wo aus sich in vielen Fällen auch rechtliche Konsequenzen ergeben. Wenn dem Mitmenschen verweigert wird, was ihm gebührt, kann dies eine Zerstörung der Beziehung zur Folge haben, die auf der zwischenmenschlichen Ebene durchaus dem entspricht, was in der Gottesbeziehung durch den Begriff der Sünde zum Ausdruck kommt. Daraus erklärt sich, warum Sünde und Schuld nahe zusammenrücken.

Gibt es eine Kollektivschuld? In einer Hinsicht sind Schuld und Sünde deutlich voneinander unterschieden. Schuld – das ist im Lauf der Geschichte immer deutlicher hervorgetreten – ist unlösbar an die einzelne menschliche Person gebunden. Als schuldig lässt sich nur bezeichnen, wer auch als Person für ein Geschehen haftbar gemacht werden kann. Insbesondere nach den kollektiven Verbrechen der nationalsozialistischen Zeit ist die Frage intensiv erörtert worden, ob es möglich sei, von einer Kollektivschuld zu sprechen. Das Ergebnis dieser Überlegungen war eindeutig: Schuld ist immer individuell zurechenbar, es gibt keine Kollektivschuld.

Das war auch wichtig, um das Verhältnis der auf solche kollektiven Verbrechen folgenden Generationen zur Schuld ihrer Vorfahren zu klären. Wenn es keine Kollektivschuld gibt, dann folgt daraus auch, dass es keine Kollektivhaftung über die Generationengrenzen hinweg geben kann. Sehr wohl aber gibt es eine gemeinsame Scham für Verbrechen, die im eigenen Land und im Namen des eigenen Volkes verübt wurden; und es gibt eine gemeinsame Verantwortung für die Folgen, die sich aus diesen Verbrechen ergeben.

Annäherung an die Erbsünde. Mit der Sünde verhält es sich in dieser Hinsicht anders als mit der Schuld. Gewiss ist jedes Sündenbekenntnis ein unvertretbar persönlicher Akt. Die eigene Sünde kann jeder Mensch nur für sich selbst beichten. Dennoch ist die Sünde gerade darin eng mit dem Bösen verbunden, dass sie den Einzelnen in einen Verhängniszusammenhang hineinzieht, der über das persönliche Leben hinausweist.

Der katholische Theologe Karl Rahner (1904–1984) hat diese Art der Verstrickung an einem trivial klingenden Beispiel verdeutlicht. Das Essen einer Banane ist in sich selbst in keinem Sinn anrüchig. Doch wer sich klar macht, unter welchen entwürdigenden Umständen Plantagenarbeiter Bananen ernten und welche Auswirkungen der Transport von Bananen auf die Umwelt hat, sieht sich sogar durch das Essen von Bananen in Verfehlungen verstrickt, aus denen er sich nicht mit eigener Kraft befreien kann.

Diesen überpersonalen Zusammenhang des verfehlten Lebens bezeichnet die christliche Tradition als Erbsünde. Dieser Begriff hat fatale Fehldeutungen ausgelöst. Besonders verfehlt war es, damit die Vorstellung zu verbinden, dass die Sünde jeweils von den Eltern an die Kinder vererbt wird. Es lag nahe, in der Weiterführung dieses Gedankens die sexuelle Vereinigung von Mann und Frau als einen in sich selbst sündigen Akt zu verstehen, weil er doch zur Weitergabe der Erbsünde führe. Das sexuelle Verlangen – die sogenannte Begierde – wurde dann sogar als die Grundgestalt der Sünde bezeichnet. Der Kirchenlehrer Augustin (354–430) wird für diese fatale Engführung verantwortlich gemacht.

Gewiss kann auch die menschliche Sexualität unter den Bann der Sünde geraten. Das geschieht dann, wenn sie selbstsüchtig ausgelebt wird und dadurch Menschen nicht miteinander verbindet, sondern voneinander trennt. Es gibt verantwortungslose Formen des Umgangs mit der Sexualität; in den Zehn Geboten ist von ihnen exemplarisch im Verbot des Ehebruchs die Rede. Doch es entspricht dem biblischen Menschenbild nicht, wenn die menschliche Sexualität insgesamt mit dem Beigeschmack des Sündigen versehen wird. Die oft behauptete Leibfeindlichkeit kann auf keinen Fall als ein Grundzug des christlichen oder gar des biblischen Menschenbilds ausgegeben werden. Denn das biblische und mit ihm auch das christliche Menschenbild hat gerade den ganzen Menschen im Blick. Dass der Mensch nicht nur einen Körper *hat*, sondern Körper *ist*, gehört zu den grundlegenden Einsichten eines vom Glauben geprägten Umgangs mit dem eigenen Leben. Deshalb ist nicht nur das eigensüchtige Ausleben der Sexualität, sondern ebenso die leibfeindliche Unterdrückung und Verteufelung der Sexualität ein Ausdruck der Sünde.

Aber auch für das Nachdenken über die Erbsünde gilt: Die Gefahr der Missdeutung ist kein Grund dafür, die Augen vor der Sache selbst zu verschließen und Erfahrungen zu leugnen, die uns allen vertraut sind. Wir sind in Übles verstrickt, ohne uns entziehen zu können. Wir bleiben in unserem Verhalten hinter den Erwartungen zurück, die wir ehrlicherweise selbst an uns richten. Wir können uns nicht beherrschen, obwohl wir das wollen. Martin Luther beschreibt den Menschen in solchen Zusammenhängen als ein Reittier, das entweder vom Teufel geritten wird oder von Gott.

»Erlöse uns von dem Bösen.« Für unser Leben kommt alles darauf an, dass uns weder die eigene Schwäche noch das Verhängnis um uns her von Gott trennen. Denn er ist die Kraft, die uns vor der Unterwerfung unter das Böse bewahrt. Unserer Schwäche halten wir nur stand, weil Gott uns annimmt, dieser Schwäche zum Trotz. So erleben wir, dass wir als Menschen mehr sind, als wir selbst aus uns zu machen vermögen. Dem Verhängnis um uns her halten wir nur stand, weil wir auf Gott vertrauen, diesem Verhängnis zum Trotz. Darin wird uns bewusst: Das Böse gewinnt über die Welt und über uns nicht die endgültige Macht.

Wenn uns auf diese Weise Gottes Gnade begegnet, verstehen wir, warum wir das Böse als Macht ernst nehmen, aber auch in seine Schranken weisen müssen. Denn das Böse ist diejenige Macht, die uns von Gott trennen will. Übles werden wir immer wieder erleben; aber dem Bösen brauchen wir uns nicht zu unterwerfen. »Erlöse uns von dem Bösen«: die Bitte des Vaterunsers richtet sich darauf, dass wir schon jetzt, in unserem Leben, von der Macht frei werden, die uns von Gott trennen will. Das Übel, das uns widerfährt, das Leiden, dem wir unterworfen sind, die Sünde, die uns anficht – sie brauchen uns nicht von Gott zu trennen. Denn er kommt uns in Christus nahe und zeigt uns sein menschliches Gesicht.

II. Christus – Gott bei den Menschen

Seid so unter euch gesinnt,
wie es auch der Gemeinschaft in Christus Jesus entspricht:
Er, der in göttlicher Gestalt war,
hielt es nicht für einen Raub, Gott gleich zu sein,
sondern entäußerte sich selbst
und nahm Knechtsgestalt an,
ward den Menschen gleich
und der Erscheinung nach als Mensch erkannt.
Er erniedrigte sich selbst
und ward gehorsam bis zum Tode,
ja zum Tode am Kreuz.
Darum hat ihn auch Gott erhöht
und hat ihm den Namen gegeben, der über alle Namen ist,
dass in dem Namen Jesu sich beugen sollen aller derer Knie,
die im Himmel und auf Erden und unter der Erde sind,
und alle Zungen bekennen sollen,
dass Jesus Christus der Herr ist, zur Ehre Gottes, des Vaters.

Christushymnus,
aufgezeichnet im Brief des Paulus
an die Philipper 2,5–11

Das Verhältnis des christlichen Glaubens zu Jesus Christus ist nicht mehr selbstverständlich. Manchen gilt es als politisch unkorrekt, von Jesus Christus zu sprechen. Andere fragen, wie ein Christusbekenntnis nach Auschwitz, also nach den Verbrechen am europäischen Judentum durch das nationalsozialistische Deutschland, möglich sein soll. Schließlich wird geltend gemacht, es sei nicht geschlechtergerecht, Jesus Christus als Herrn und Heiland zu bekennen.

Klarheit darüber, was die Person Jesus Christus für den Glauben bedeutet, ist nötig. Auf dem Weg dazu ist es gut, sich zunächst mit diesen drei Einwänden zu beschäftigen.

Zunächst der interreligiöse Dialog und die politische Korrektheit. Von Jesus Christus zu sprechen, gilt heutzutage vielen nicht als korrekt. In amerikanischen Buchhandlungen sind die Regale, die religiösen Themen gewidmet sind, zwar mit »Judentum« und »Islam« gekennzeichnet; aber dort, wo man das Christentum erwartet, findet man nur den Titel »Western Religion«. Das Christentum wird als »westliche Religion« bezeichnet. Von Jesus Christus oder der christlichen Religion zu sprechen, gilt als anstößig; damit werde eine Überlegenheit des Christentums über andere Religionen oder gar ein Absolutheitsanspruch nahe gelegt. Aus einer vergleichbaren Überlegung heraus schlagen manche vor, man solle Glückwünsche am Jahresende nicht auf das Weihnachts- oder Christfest beziehen, sondern neutral »schöne Festtage« wünschen.

Es stimmt: Durch das Christusbekenntnis unterscheidet sich der christliche Glaube von den anderen monotheistischen Religionen, von Judentum und Islam. Gäbe es das Christusbekenntnis nicht, dann ließe sich ein Einvernehmen dieser Religionen vielleicht einfacher erzielen. Freilich, so muss man einwenden, ist das Einvernehmen zwischen Judentum und Islam heute denkbar gering, obwohl das Bekenntnis zu Jesus Christus als dem Messias beiden Religionen fremd ist. Manche Christen, denen die Gesprächsfähigkeit gegenüber dem Judentum wie gegenüber dem Islam besonders am Herzen liegt, lassen deshalb das an ihrem eigenen Glauben zurücktreten, wovon sie vermuten, es könne das Gespräch behindern: das Bekenntnis zu Christus.

Doch von einem interreligiösen Dialog kann im Ernst nur die Rede sein, wenn der Glaubenskern der beteiligten Religionen nicht verschwiegen, sondern zur Sprache gebracht wird. Der aufmerksame, respektvolle und gegebenenfalls kritische Umgang mit den Unterschieden zwischen den beteiligten Religionen ist ein unabdingbarer Bestandteil jedes Gesprächs, das diesen Namen verdient.

Sodann das Christusbekenntnis und der Holocaust. Für jeden, der sich der deutschen Geschichte bewusst ist, liegt hierin eine besondere Herausforderung. Das Bekenntnis zu Jesus Christus hat sich auf weite Strecken mit einer Abkehr von den jüdischen Wurzeln des christlichen Glaubens verbunden. Im beharrlichen Bekenntnis des Volkes Israel zu dem Gott, der mit ihm einen unverbrüchlichen Bund eingegangen war, sahen viele Christen nur den Ausdruck eines »verstockten« jüdischen Nein zu Jesus Christus. Die Verweigerung gegenüber der Messianität Jesu verknüpften sie mit dem Vorwurf, die Juden trügen die Schuld am Kreuzestod Jesu. Dass in der Darstellung des Matthäusevangeliums das jüdische Volk die Hinrichtung Jesu mit den Worten fordert: »Sein Blut komme über uns und unsere Kinder« (Matthäus 27,25), galt als Rechtfertigung für die Verfolgung der Juden. Aus dem innerjüdischen Konflikt, den das Neue Testament schildert, entwickelten sich festgefügte antijüdische Stereotypen.

Drei Elemente traten dabei in den Vordergrund. Gemäß der *Verwerfungstheorie* war Gottes Bund mit Israel dadurch erloschen, dass das Volk Israel Jesus als den Messias abgelehnt hatte; gemäß der *Substitutionstheorie* war die Kirche als das »Volk Gottes« an die Stelle des Volkes Israel getreten; und gemäß der *Enterbungs-*

theorie waren die Verheißungen Israels und damit der rechtmäßige Gebrauch der Hebräischen Bibel, des christlichen Alten Testaments, auf die Kirche übergegangen. Diese abwertenden theologischen Konzeptionen verbanden sich mit Klischees vom »unsteten Juden«; ja sie steigerten sich bis dahin, dass getaufte Juden im Spanien des 15. Jahrhunderts als »Marranen« (»Judensau«) bezeichnet wurden. Diese menschenfeindliche Abwertung kehrte auch auf bildlichen Darstellungen in christlichen Kirchengebäuden wieder.

Immer wieder wurde das Christusbekenntnis zum Dreh- und Angelpunkt dieses christlichen Antijudaismus. Dieser bahnte den Weg zu einem Antisemitismus, der nun – über Glaubenskonflikte weit hinausgehend – rassistisch begründet wurde, und mündete schließlich in die unvergleichlichen Verbrechen des Völkermords an den Juden. So trugen die antijüdischen Stereotypen der christlichen Theologie zur Unheilsgeschichte der Schoah, des Mordes am europäischen Judentum, entscheidend bei.

Nach Auschwitz musste deshalb ein Neuansatz gesucht werden. Die Herausforderung bestand darin, wie das Bekenntnis zu Jesus Christus nach der Schoah zu fassen sei, ja: ob ein solches Bekenntnis überhaupt noch möglich sei.

Ein Christusbekenntnis nach Auschwitz muss einbeziehen, dass Jesus selbst Jude war; schon deshalb kann es nicht maßgeblich durch die Abgrenzung vom Judentum bestimmt sein. Vielmehr muss das Bekenntnis zur Heilsbedeutung Jesu Christi in einer Weise zum Ausdruck kommen, die mit der Anerkennung des ungekündigten Bundes Gottes mit dem Volk Israel vereinbar ist.

Schließlich das Bekenntnis zu Jesus Christus und die Geschlechtergerechtigkeit. Die Sprache, in der das Bekenntnis zu Jesus Christus zum Ausdruck kommt, weckt Widerstand. Wer sich um eine »geschlechtergerechte« Sprache bemüht, stößt sich unter Umständen bereits am einfachen Wortlaut des ältesten christlichen Bekenntnisses: »Herr ist Jesus«. Widerspruch wecken auch die anderen Hoheitstitel, mit denen das Neue Testament die Einzigartigkeit Jesu beschreibt: »Menschensohn« wird er genannt; als »Gottessohn« wird er bezeichnet – alles Titel, die einer männlich dominierten Sprache entstammen. Und ist es beim Titel »Messias« und damit dem Namen »Jesus Christus« anders?

Auch aus der Sicht von Frauen kann das Mannsein Jesu nicht geleugnet werden. Doch unabhängig davon gehört die kritische Auseinandersetzung mit den patriarchalen Überformungen des christlichen Glaubens zu den wichtigen geistlichen und theologischen Fortschritten unserer Zeit. Die Aufmerksamkeit dafür, dass überlieferte christliche Lebens- und Glaubensformen Frauen einen minderen Status gegenüber Männern zuweisen, war überfällig. Ebenso wichtig war die konstruktive Gegenbewegung. Die Rolle von Frauen in biblischen Texten wurde entdeckt, bedeutende Frauen wurden als Vorbilder im Glauben gewürdigt, die besonderen Formen weiblicher Spiritualität fanden Beachtung. In den evangelischen Kirchen vollzog sich der Durchbruch zur Ordination von Frauen und damit zur vollen Teilhabe von Frauen am Verkündigungsauftrag der Kirche und an den kirchlichen Leitungsämtern.

Was bedeuten diese Entwicklungen für die Sprache, in welcher der christliche Glaube bezeugt wird? Wie kann diese Frage so geklärt werden, dass nicht die eigenen Deutungsinteressen dem, was bezeugt werden soll, übergeordnet werden? Diese Frage wurde auf exemplarische Weise deutlich, als eine »Bibel in gerechter Sprache« veröffentlicht wurde. Die in meinen Augen unvermeidliche Kritik an der mangelnden Texttreue wie an dem überzogenen Anspruch dieser Veröffentlichung darf nicht für die Aufgabe blind machen, die Perspektive von Frauen auf das christliche Bekenntnis ernsthaft und intensiv einzubeziehen. An der Frage nach angemessenen Sprachformen für das Bekenntnis zu Jesus Christus zeigt sich diese Aufgabe in exemplarischer Weise.

Herr ist Jesus. Die Konzentration des christlichen Bekenntnisses auf Jesus Christus, so zeigen diese Überlegungen, versteht sich nicht mehr von selbst. Sie stößt auf Vorbehalte und weckt Rückfragen. Darin liegt eine große Chance. Wenn sich etwas nicht mehr von selbst versteht, kann man sich neu um sein Verständnis bemühen.

Dass Menschen sich bis zum heutigen Tag an Jesus orientieren und in ihm den entscheidenden Halt für ihr Leben finden, hat zunächst mit der Botschaft von Kreuz und Auferstehung zu tun. Weil diese Botschaft über Jesu Tod hinaus Glauben gestiftet hat, wurden die Berichte über sein Leben weitererzählt und aufbewahrt; die vier Evangelien tragen deshalb den Charakter einer ausführlichen Hinführung zu dem Geschehen von Kreuzestod und Auferstehung. Das Einmalige schließlich, das den Menschen in diesem Geschehen begegnete, wurde zusammenfassend als Menschwerdung Gottes gedeutet. Es mündete in dem Bekenntnis: »Herr ist Jesus«.

Dieses Bekenntnis bildet die Brücke zwischen dem historischen Jesus und dem Christus des Glaubens. Wir fragen in diesem Kapitel danach, ob diese Brücke auch heute begehbar ist.

Der historische Jesus und der Christus des Glaubens

Worauf kommt es an? Das Apostolische Glaubensbekenntnis endet mit dem Bekenntnis zur »Vergebung der Sünden, Auferstehung der Toten und dem ewigen Leben«. Damit wird am Schluss dieses Bekenntnisses genannt, was für den christlichen Glauben das Besondere am Heilswerk Jesu Christi ausmacht. Es wird ein neues Verhältnis zur Schuld und zum Bösen, zum Tod und zur Vergänglichkeit eröffnet. Eine Tür wird aufgetan zu dem Sinn des menschlichen Lebens, der vor Gott gilt.

Weil es darauf ankommt, übergehen die frühen christlichen Bekenntnisse das Leben Jesu, wie es scheint, durch einen Federstrich. Von der Geburt Jesu gehen sie in einem Schritt zu seinem Leiden unter Pontius Pilatus, seinem Kreuzestod, seiner Auferstehung und seiner Erhöhung zur Rechten Gottes über. Sie signalisieren damit, worin das Bekenntnis zu Jesus seinen Grund hat: nicht in seinem irdischen Wirken und auch nicht in seiner Verkündigung, sondern in der Heilsbedeutung seines Todes und seiner Auferstehung.

Heute liegt es vielen Menschen näher, von der Verkündigung Jesu auszugehen und das Vorbildhafte seines Wirkens herauszustellen. Dass er Kranke heilte und Versöhnung stiftete, erscheint für sein Wirken als entscheidend. Doch vorbildhaftes Verhalten allein kann die Stellung nicht begründen, die das christliche Bekenntnis Jesus Christus zuerkennt. Sie wird im Neuen Testament auch anders begründet. Besonders nachdrücklich weist das Johannesevangelium auf eine solche Begründung hin, indem es fanfarenartig erklärt: »Also hat Gott die Welt geliebt, dass er seinen eingeborenen Sohn gab, damit alle, die an ihn glauben, nicht verloren werden, sondern das ewige Leben haben« (Johannes 3,16). Die Gottessohnschaft ist hier der entscheidende Bezugspunkt für die besondere Bedeutung Jesu.

Die Gottessohnschaft Jesu als Zugang zum historischen Jesus?
Joseph Ratzinger (Papst Benedikt XVI.) vertritt in seinem Buch »Jesus von Nazareth« die Auffassung, dass man das Leben Jesu überhaupt nur von seiner Gottessohnschaft aus verstehen könne; erst dadurch gewinne es, so sagt er, logische und historische Stimmigkeit.

So plausibel der Versuch ist, den Weg Jesu in einer Weise zu deuten, die von dem Bekenntnis zu seiner Gottessohnschaft ausgeht, so liegt doch in der Behauptung, dies sei der einzig denkbare Weg, eine Engführung. Denn die neutestamentlichen Schriften sind für eine Mehrzahl von Deutungen des Weges Jesu offen. Es ist deshalb legitim, wenn Historiker das, was wir historisch über das Leben Jesu wissen, von dem Bekenntnis zu seiner Gottessohnschaft unterscheiden. Aber wenn man das christliche Bekenntnis verstehen und den christlichen Glauben entschlüsseln will, muss man zugleich davon ausgehen, dass die Christenheit im Kreuzestod und in der Auferstehung Jesu die Antwort auf die bedrängenden Fragen des menschlichen Lebens gefunden hat – eben auf Sünde und Schuld, auf Tod und Vergänglichkeit. Man kann deshalb diese Unterscheidung nicht zu einer Trennung steigern und das Leben Jesu so schildern, als habe es mit der Heilsbedeutung von Kreuz und Auferstehung nichts zu tun. Das Leben Jesu und die Heilsbedeutung von Kreuz und Auferstehung sind nicht ein und dasselbe; aber sie gehören zusammen.

Konzentration auf Tod und Auferstehung Jesu. Das Bildprogramm christlicher Kirchen ist durch die Jahrhunderte weitgehend auf Kreuz und Auferstehung Jesu konzentriert. Gewiss gibt es mittelalterliche Glasfenster, die das Leben Jesu in vielen Szenen darstellen. Doch schon an ihnen fällt auf, dass sie sich neben der Geburts- und vielleicht noch der Kindheitsgeschichte weitgehend auf die Passionsgeschichte sowie auf Auferweckung und Himmelfahrt Jesu konzentrieren. Noch deutlicher aber ist das im Bildprogramm der Altäre, die im Zentrum der Kirchen aufgestellt werden und zugleich auf das Zentrum des christlichen Gottesdienstes hinführen. So vielfältig die Gestaltung dieser Altäre auch ist und so sehr sie sich auch oft auf die Widmung der Kirche beziehen, in der sie ihren Ort haben, so deutlich ist doch der Kern der bildlichen Darstellungen, auf die es ihnen ankommt. Dieser Kern zeigt sich umso deutlicher, wenn man nicht nur auf die herausragenden künstlerischen Beispiele für solche Altäre achtet, sondern das Bildprogramm zur Kenntnis nimmt, das auch in unscheinbaren Dorfkirchen die Altargestaltung bestimmt.

Übereinander angeordnet findet man dort oft das letzte Abendmahl Jesu, seine Kreuzigung und seine Auferstehung. Dieses Geschehen vergegenwärtigt jeder christliche Gottesdienst. Was Kreuz und Auferstehung für den Glauben bedeuten, kommt in jedem Gottesdienst in der Abfolge von Sündenbekenntnis und Gnadenzusage zum Ausdruck; und wann immer am Altar die Eucharistie gefeiert wird, erinnert man sich an die Einsetzung des Abendmahls durch Jesus, die oft in der Predella unterhalb des eigentlichen Altarbildes dargestellt ist.

Die Entwicklung dieses Bildprogramms vollzog sich allmählich. Aber dass es im Christusbekenntnis auf Kreuz und Auferstehung Jesu ankam, war von Anfang an bewusst. Einer der frühen Texte des Neuen Testaments, der von Paulus vermutlich aus einer älteren Vorlage in seinen Brief an die Philipper übernommene Hymnus, der am Beginn dieses Kapitels steht, macht das besonders deutlich. Aber auch die Evangelien, die erst später als die Briefe des Paulus formuliert wurden, rücken den Weg Jesu von Anfang an in das Licht von Kreuz und Auferstehung.

Joseph Ratzinger zeigt das in seinem schon genannten Buch in eindrücklicher Weise an der Taufe Jesu, also an jenem Ereignis, das seinem öffentlichen Wirken vorausgeht. Zur Taufe gehört das Bekenntnis der Schuld. Deshalb sagt der Täufer Johannes nach dem Bericht des Matthäusevangeliums: »Ich bedarf dessen, dass ich von dir getauft werde, und du kommst zu mir?« Jesus antwortet: »Lass es jetzt geschehen. Denn so gebührt es uns, alle Gerechtigkeit zu erfüllen« (Matthäus 3,14f). Jesus lässt den Umkehrruf des Täufers für sich selbst gelten und unterzieht sich dem Reinigungsbad der Taufe; schon darin zeigt er seine Solidarität mit den Sündern und macht deutlich, dass er ihnen den Weg zu einem neuen Anfang eröffnen will.

Wer an dieser frühen Stelle darauf aufmerksam geworden ist, wie der Kreuzestod und die Auferweckung Jesu die literarische Konzeption der Evangelien prägen, der stößt unablässig auf Spuren, die davon zeugen. Dazu gehören natürlich die Leidensweissagungen Jesu, die sein Leben in erkennbarer Weise von der Vorwegnahme seines Todes bestimmt sein lassen (vgl. Matthäus 16,21; 17,22; 20,17f und Parallelen). Aber ebenso wie in diesen Ankündigungen des Leidens Jesu sein Kreuzestod vorweggenommen wird, begegnet auch eine Vorwegnahme seiner Auferstehung in der eindrucksvollen Szene seiner Verklärung: Sein Gesicht scheint wie die Sonne; und seine Gewänder werden weiß wie Licht. Und aus einer Wolke, die sie überschattet, ertönt die Stimme: »Dies ist mein lieber Sohn, an dem ich Wohlgefallen habe; den sollt ihr hören« (Matthäus 17,5). Der Freispruch von der Furcht bildet das Ende dieses Vorgangs, ganz genau wie an Ostern.

Wahrnehmungsgestalten. An der Wahrnehmung der Person Jesu lässt sich von Anfang an besonders deutlich die Wechselwirkung zwischen Geschehnissen und ihrer Deutung zeigen. Wir stoßen dabei auf einen Grundzug menschlicher Wahrnehmung, der uns auch in vielen anderen Zusammenhängen begegnet. Denn das Ineinander von Geschehenem und seiner Bedeutung für den, der sich mit ihm beschäftigt, prägt alle menschliche Wahrnehmung. Auf die Bedeutung der Wahrnehmung sind wir deshalb auch schon an den Beispielen von Glück und Unglück gestoßen. Daran knüpfen wir jetzt an.

Bereits Gegenstände nehmen wir nicht einfach nur für sich selbst wahr, sondern wir sehen sie in der Beziehung, die wir zu ihnen haben. Erst recht gilt das von Personen, denen wir begegnen; je stärker die Geschichte ist, die uns mit ihnen verbindet, desto stärker prägt sie auch unsere Wahrnehmung. Zwar können wir versuchen, unsere eigene Wahrnehmung mit derjenigen anderer zu vergleichen, um dadurch ein Gespür für die subjektive Einfärbung des eigenen Bildes entwickeln. Doch die Vorstellung, dass wir auf diese Weise das eine, »objektive« Bild hervorbringen könnten, erweist sich als trügerisch. Objektivierbar sind nur einzelne Sachverhalte, die erfahrungswissenschaftlicher Überprüfung zugänglich sind. Beziehungen, die wir zu Personen, Sachen oder Begebenheiten entwickeln, verschließen sich einer vollständigen Objektivierbarkeit.

Es wäre geradezu eine Verarmung unserer Wahrnehmung, wenn wir die eigenen Empfindungen und Gefühle still zu stellen versuchten, um dadurch ein vermeintlich objektives Bild zu erzeugen. Es muss vielmehr darum gehen, derartige affektive Komponenten so weit wie möglich bewusst zu machen. Wir selbst müssen einschätzen können, wie weit unsere persönlichen Erfahrungen und Einstellungen unsere Bilder von dem prägen, was wir wahrnehmen. Und Menschen, mit denen wir uns austauschen, sollen die Möglichkeit haben, die Rolle unserer Affekte für das, was wir ihnen mitteilen, einzuschätzen.

Wenn wir uns mit einer Sache, einer Person oder einem Geschehnis intensiv befassen, entwickeln wir davon eine »Wahrnehmungsgestalt«, wie der Theologe Klaus-Peter Jörns das im Anschluss an den Mediziner Viktor von Weizsäcker nennt. In einer »Wahrnehmungsgestalt« verbindet sich das, was uns begegnet, mit den Wahrnehmungsmustern, die wir selbst in unserem Inneren dafür gebildet haben. Will man die eigenen Wahrnehmungsgestalten weiter entwickeln, so ist offenbar zweierlei erforderlich: die Beschäftigung mit dem, was uns begegnet, und die Arbeit an den eigenen Wahrnehmungsmustern. Die Vorstellung von menschlicher Wahrnehmung, zu der uns solche Überlegungen anleiten, mündet also keineswegs in einen plumpen Subjektivismus. Sie zielt nicht auf die Vorstellung, alle Wahrnehmungsgestalten seien gleichberechtigt, weil man deren subjektive Einfärbung ohnehin nicht überwinden könne. Im Gegenteil: Der Vergleich unterschiedlicher Wahrnehmungsgestalten führt unausweichlich zu der Frage, welche dieser Wahrnehmungsgestalten eher angemessen und welche weniger angemessen sind. Ein solcher Vergleich leitet dazu an, mit den eigenen Wahrnehmungsmustern selbstkritisch umzugehen und sie nicht einfach unbefragt anzuwenden. Das Wechselspiel zwischen der selbstkritischen Prüfung der eigenen Wahrnehmungsmuster und dem achtsamen Umgang mit den Wahrnehmungsmustern anderer hilft dabei, gemeinsame Wahrnehmungen zu entwickeln und doch zugleich persönliche Akzente zu setzen.

An den Wahrnehmungsgestalten, die sich mit der Person Jesu verbinden, kann man das Geschilderte besonders gut veranschaulichen. Aber es gilt nicht nur in diesem Fall. Das Problem menschlicher Wahrnehmung nimmt im Blick auf die Person Jesu eine besondere Intensität an, aber es stellt sich grundsätzlich auch im Blick auf andere Personen.

Wahrnehmungsgestalten Jesu im Neuen Testament. Es braucht den persönlichen Glauben nicht anzufechten, wenn man darauf aufmerksam wird, dass wir bereits im Neuen Testament auf unterschiedliche Wahrnehmungsgestalten Jesu stoßen. Im Gegenteil: Es ist ein Segen, dass im Neuen Testament nicht nur *ein* Evangelium, sondern *vier* Evangelien überliefert sind. Alle Versuche, diese in einer Evangelien-Harmonie zusammenzufassen, sind gescheitert. Die Pluralität der Wahrnehmungsgestalten Jesu gehört zu den bleibenden Grundlagen des christlichen Glaubens.

Unter den vier Evangelien sind die drei ersten freilich besonders nah miteinander verwandt. Man kann eine »Zusammenschau« (griechisch: *synopsis*) von ihnen erstellen; diese Synopse macht deutlich, worin sie übereinstimmen, worin sie sich ergänzen und worin sie voneinander abweichen. Man nennt diese drei Evangelien des Matthäus, des Markus und des Lukas deshalb die »synoptischen Evangelien«. Ihnen ist gemeinsam, dass Jesus in ihnen als Kind auftritt und zum Lehrer wird, der durch den Eindruck seiner Persönlichkeit in Wort und Tat Menschen für seine Botschaft gewinnt. So geht er seinen Weg zur Passion, der in Kreuzigung und Auferweckung mündet. Das Johannesevangelium dagegen geht davon aus, dass das »Wort« von allem Anfang an bei Gott war und als Mensch in die Welt kommt. Jesus begegnet uns in diesem Evangelium von Anfang an als das Mensch gewordene, »inkarnierte« (wörtlich: Fleisch gewordene) Wort.

Noch weiter zurück in die Anfänge des Christentums führen uns die Briefe des Apostels Paulus; sie umfassen einen Teil des im Neuen Testament unter diesem Namen enthaltenen Briefkorpus und wurden zwischen 50 und 56 n. Chr. geschrieben. Diese Briefe reflektieren eine rund zwanzigjährige Missionstätigkeit des Apostels und konzentrieren sich dabei ganz und gar auf die Bedeutung Jesu Christi für den Glauben. Das »Wort vom Kreuz« steht in ihrem Zentrum; sie enthalten zugleich das früheste Zeugnis für den Glauben an Jesu Auferstehung. Doch über Geburt und Kindheit oder über das Wirken Jesu in Wort und Tat schweigen sie ganz. Nur ganz vereinzelt wird einmal ein Jesuswort zitiert (vgl. 1. Korinther 7,11; 9,14; 14,37); dabei handelt es sich ausschließlich um knappe ethische Weisungen.

Schon diese drei Beispiele – die synoptischen Evangelien, das Johannesevangelium und die Briefe des Paulus – zeigen, dass uns im Neuen Testament unterschiedliche Wahrnehmungsgestalten Jesu begegnen. Die theologische Lehre über Person und Werk Jesu Christi kann von hier aus unterschiedliche Wege gehen; das zeigt die Geschichte der »Christologie«, wie man das später mit einem Kunstwort nannte.

Solche Entwicklungsmöglichkeiten wurden schon in der frühen Christenheit vielfach erprobt und teilweise ausdrücklich verworfen. So entwickelte sich beispielsweise im Anschluss an die synoptischen Evangelien die Vorstellung, dass Jesus erst im Lauf seines Lebens zum Sohn Gottes wurde. Man schloss das aus dem Bericht über die Taufe Jesu durch Johannes den Täufer, in dem sich das Gotteswort findet: »Du bist mein lieber Sohn, an dir habe ich Wohlgefallen« (Markus 1,11). Dieser Satz wurde als göttliche »Adoption« des Menschen Jesus von Nazareth gelesen. Aus dem Johannesevangelium aber wurde die Vorstellung abgeleitet, dass Jesus auch als Menschgewordener ganz bei Gott blieb, ohne von seiner Göttlichkeit etwas abzugeben; diese Vorstellung konnte so weit getrieben werden, als habe er das Menschsein nur »zum Schein« (griechisch: *doke*) angenommen.

Doch sowohl der *Adoptianismus* als auch der *Doketismus* wurden schließlich verworfen. Stattdessen setzte sich die Vorstellung durch, Jesus sei zugleich wahrer Gott und wahrer Mensch, er habe in einer Person zwei Naturen miteinander vereinigt. Damit verband sich freilich sogleich die Frage, ob Christen denn damit den Glauben an den *einen* Gott aufgeben und stattdessen an *mehrere* Götter glauben. Diese Frage beantwortete die altkirchliche Lehre von der Trinität – der Dreieinigkeit – Gottes in der Aussage, Gott sei eine Substanz in drei Personen, dem Vater, dem Sohn und dem Heiligen Geist.

Dabei nutzten die frühen Christen eine Denkform, die sie aus der griechischen Metaphysik übernahmen, nämlich die Vorstellung vom »Wesen« oder der »Substanz« einer Sache oder einer Person. Den Einfluss dieser Denkform auf die Entwicklung des christlichen Menschenbilds haben wir schon an einer früheren

Stelle beobachtet; auch die Entfaltung der Christologie ist in ihren Leistungen wie in ihren Grenzen dadurch geprägt.

Gottessohnschaft und Jungfrauengeburt. Die Glaubensaussage, dass Jesus zugleich wahrer Gott und wahrer Mensch ist, hatte weitreichende Konsequenzen. Denn mit dieser Betrachtungsweise gewann ein bestimmter Zug in den Erzählungen der Evangelien über die Kindheit Jesu eine ganz herausgehobene Bedeutung.

Im Matthäusevangelium wird im Blick auf die Geburt Jesu gesagt, dass Maria, bevor sie mit ihrem Verlobten Joseph zusammengekommen war, bereits »schwanger war von dem Heiligen Geist« (Matthäus 1,18). Das Matthäusevangelium verbindet diese Aussage mit einem als Weissagung gedeuteten Satz aus dem Buch des Propheten Jesaja: »Siehe, die Jungfrau wird schwanger werden und einen Sohn gebären.« Dieses Immanuel-Zeichen weist keineswegs notwendigerweise auf eine Jungfrauengeburt hin. Denn dieser Satz kann auch so wiedergegeben werden: »Seht, die junge Frau ist schwanger und sie gebiert einen Sohn« (Jesaja 7,14; beide Übersetzungen nach der Zürcher Bibel). Die Fassung, die das Matthäusevangelium diesem Zitat gibt, geht auf die griechische Übersetzung der Hebräischen Bibel zurück. Das Wort, das im hebräischen Text verwendet wird *(almah)*, wird dort mit dem griechischen Wort für Jungfrau *(parthenos)* wiedergegeben. Möglicherweise wogen bei keiner Übersetzungsvariante, egal welchen Textes, die Folgen so schwer wie hier; denn dieses Zitat gibt der Vorstellung von der Jungfrauengeburt eine Basis in der biblischen Überlieferung.

Die nächste Parallele zu den gerade besprochenen Sätzen aus dem Matthäusevangelium findet sich im Lukasevangelium. Hier wird Maria die Geburt Jesu durch den Engel Gabriel angekündigt. Der Einwand der Maria: »Wie soll das zugehen, da ich doch von keinem Mann weiß?« wird von dem Engel mit dem Hinweis auf das Wirken des Heiligen Geistes beantwortet: »Der Heilige Geist wird über dich kommen, und die Kraft des Höchsten wird dich überschatten; darum wird auch das Heilige, das geboren wird,

Gottes Sohn genannt werden« (Lukas 1,35). Zur Bekräftigung wird auf die Schwangerschaft der für unfruchtbar gehaltenen Elisabeth, der Mutter Johannes des Täufers, verwiesen, »denn bei Gott ist kein Ding unmöglich« (Lukas 1,37).

Diese besondere Verknüpfung zwischen der Lebensgeschichte Jesu und dem Bekenntnis zu seiner Gottessohnschaft rückte in der Entwicklung der frühen Christenheit in die Stellung eines zentralen Glaubensartikels ein. Aus einer Entfaltung des Bekenntnisses dazu, dass Jesus Gottes Sohn ist, wurde ein selbstständiger Glaubensartikel: »empfangen vom Heiligen Geist, geboren von der Jungfrau Maria«. Für viele wird die Jungfrauengeburt zu einem entscheidenden Prüfstein. Für die einen liegt darin ein großes Glaubenshindernis. Für die anderen entscheidet sich das Bekenntnis zu Jesus Christus als Gottes Sohn an der Frage, ob man die Jungfrauengeburt als historisches Ereignis bejaht.

Damit wird die Vorstellung von einer jungfräulichen Geburt, die sich dem Wirken des Geistes Gottes verdankt, zum Kern des Bekenntnisses zu Jesus Christus als dem Sohn Gottes erklärt. Unter mehreren neutestamentlichen Entfaltungsformen wird eine einzelne zum allein bestimmenden Maßstab. Das Bekenntnis zu dem Christus des Glaubens wird dem historischen Jesus vorgeordnet.

Die Suche nach dem historischen Jesus. Die innere Pluralität der neutestamentlichen Wahrnehmungsgestalten Jesu wird bei dem gerade geschilderten Vorgehen nicht zureichend gewürdigt. Denn das Neue Testament enthält »Erlaubnisse« für unterschiedliche Christusverständnisse, die man in der Sprache der Theologie auch »Christologien« nennt (Dietrich Ritschl). Die Wahrnehmungsgestalten Jesu, die sich bei verschiedenen neutestamentlichen Autoren finden, enthalten das Potenzial zu unterschiedlichen christologischen Konzeptionen in sich. Die Christus-Dogmen, die von den Konzilien der ersten christlichen Jahrhunderte formuliert wurden, sollten den dadurch entstandenen Streit schlichten. Zumindest für den Bereich der westlichen Christenheit gelang das;

auch die Reformation schloss sich den grundlegenden altkirchlichen Dogmen an, dass Christus eine Person mit zwei Naturen sei, und dass Gott eine Substanz in drei Personen sei.

Mit dem Aufkommen der historisch-kritischen Forschung als Folge der Reformation wurde der Versuch unternommen, hinter die Christus-Dogmen zurückzugehen und das ursprüngliche Bild des historischen Jesus freizulegen. Doch der Optimismus, mit dem dieses Vorhaben unternommen wurde, sah sich bald enttäuscht. Denn die unterschiedlichen Jesusbilder, die auf diese Weise entstanden, sagten mindestens so viel über den Zeitgeist, in dem sie entstanden, wie über den historischen Jesus selbst. Aus einigem Abstand betrachtet, lernt man an ihnen mehr über die Wahrnehmungsmuster der Autoren als über den hinter den unterschiedlichen Wahrnehmungsgestalten stehenden Jesus von Nazareth als solchen. Albert Schweitzer, der als Arzt von Lambarene weltberühmt wurde, hat das vor einhundert Jahren in einem bahnbrechenden Buch über die »Geschichte der Leben-Jesu-Forschung« herausgestellt. Auch die inzwischen dreihundertjährige Jesusforschung belegt, dass Jesus von Nazareth uns nur in den verschiedenen Wahrnehmungsgestalten der neutestamentlichen Jesusbilder wie ihren späteren Deutungen zugänglich ist.

Annäherungen an den historischen Jesus. Gibt es demnach gar keinen Weg zur Gewissheit darüber, was der historische Jesus gesagt und getan hat? Absolute Gewissheit ist in historischen Fragen ohnehin schwer; da die neutestamentlichen Texte als Glaubenszeugnisse und nicht als historische Berichte abgefasst sind, gilt das hier ganz besonders. Ein auch nur einigermaßen vollständiges Bild Jesu von historischer Eindeutigkeit ist angesichts der Quellenlage nicht möglich; solange man sich auf historisch unbezweifelbare Züge beschränkt, wird das Bild vielmehr immer ein Fragment bleiben.

Dennoch wurden nachvollziehbare Kriterien dafür entwickelt, wann wir mit hoher Wahrscheinlichkeit davon ausgehen können, dass wir dem historischen Jesus »auf der Spur« sind.

Das ist insbesondere dann anzunehmen, wenn unterschiedliche Überlieferungen gemeinsame Züge aufweisen. Das gilt beispielsweise für den Kreuzestod Jesu unter Pontius Pilatus, von dem nicht nur das Neue Testament, sondern ebenso der Historiker Josephus berichtet; ebenso wird die Botschaft von seiner Auferstehung in großer Breite bezeugt, auch wenn es sich dabei um ein Geschehen handelt, das die Kategorien des historischen Begreifens sprengt. Bestimmte Weisungen Jesu, die in unterschiedlichen Typen der neutestamentlichen Literatur zitiert werden, führen uns mit hoher Wahrscheinlichkeit nah an den historischen Jesus heran. Das gilt beispielsweise für die Weisung, dass eine Frau sich nicht von ihrem Mann scheiden lassen soll (1. Korinther 7,10; vgl. Markus 10,11f.).

Dass wir dem historischen Jesus »auf der Spur« sind, ist ferner dann zu vermuten, wenn Jesus sich in seinem Verhalten und Reden deutlich von seiner eigenen religiösen und politischen Umgebung abhebt, dies aber zugleich in seinem historischen Kontext als plausibel erscheint. Dafür sind die Auseinandersetzungen um die Anwendung der Sabbatgebote ein Beispiel; sie münden in die Aussage, der Sabbat sei um des Menschen und nicht der Mensch um des Sabbats willen gemacht (Markus 2,27). In denselben Zusammenhang gehört die Kühnheit, mit der Jesus in der Bergpredigt das überlieferte Ethos auslegt (Matthäus 5,17–48). Nah an den historischen Jesus führen uns auch diejenigen Züge seiner Verkündigung, in denen ein für die religiöse und kulturelle Umgebung überraschendes, ja befremdliches Verständnis Gottes begegnet. Die Gleichnisse vom »verlorenen Sohn« (Lukas 15,11–32) oder von den »Arbeitern im Weinberg« (Matthäus 20,1–16) weisen in diese Richtung.

Nah am historischen Jesus sind wir ferner auch dann, wenn Jesus als eine nach den Maßstäben seiner Zeit fragwürdige Gestalt dargestellt wird, weil er, gleichgültig gegenüber den Forderungen von Konvention und Reputation, mit »Zöllnern und Sündern« an einem Tisch sitzt (Lukas 5,29) oder dem offenen Streit mit seinen Familienangehörigen nicht aus dem Weg geht (Markus 3,31–35).

Vielleicht kann man auch diejenigen Aussagen in diesem Zusammenhang erwähnen, in denen das Bild Jesu deutlich vom Christusbekenntnis der frühen christlichen Gemeinde abweicht; denn dabei kann es sich um Aussagen handeln, die nicht von diesem Bekenntnis überformt oder verdrängt wurden. Ich denke beispielsweise daran, dass Jesus es nach dem Zeugnis der Evangelien weit von sich weist, als Gott angesehen zu werden, und deshalb sogar die Anrede »guter Meister« ablehnt: »Was nennst du mich gut? Niemand ist gut als Gott allein« (Markus 10,18). Noch eindringlicher begegnet uns Jesu Selbstunterscheidung von Gott in seinem Beten, insbesondere im Angesicht des Todes. Wenn Jesus das, was er selbst will, zurückstellt um dessentwillen, was Gott von ihm fordert (Markus 14,36), sind wir jedenfalls in einer Überlieferungsschicht, die von der Bezeichnung Jesu als Gottes Sohn noch nichts weiß. Genauso verhält es sich bei dem Gebetsruf am Kreuz aus Psalm 22: »Mein Gott, mein Gott, warum hast du mich verlassen?«

Weiter Horizont und konzentrierte Erwartung. Das biblische Zeugnis vom Leben Jesu ist so reich und vielfältig, dass es in dem Bekenntnis zu Christus als dem Gottessohn allein nicht vollständig erfasst werden kann. Das Neue Testament enthält für das Christusbekenntnis mehr »Erlaubnisse«, als in der Entwicklung des altkirchlichen Dogmas in Anspruch genommen wurden. Es öffnet für das christliche Bekenntnis insofern einen weiten Horizont.

Doch dieses Bekenntnis ist zugleich von einer außerordentlichen Konzentration geprägt. Es erhofft von Jesus Christus alles: das Heil und das Leben, die Freiheit von der Schuld und die Auferstehung der Toten. Die Menschen, die sich auf Jesus Christus verlassen, sind von der Hoffnung getragen, dass sie dadurch auch im göttlichen Gericht bestehen können, das unter den frühen Christen viele noch zu ihren Lebzeiten erwarteten; ja Jesus selbst hat wahrscheinlich mit dem Kommen des »Menschensohns« zu seinen Lebzeiten gerechnet.

Die Weite möglicher Deutungsformen und die Konzentration auf das schlechthin Lebensentscheidende prägen zusammen die Weise, in der Jesus uns in den Evangelien begegnet. Daraus wird verständlich, warum sich die Schilderung des Lebens Jesu und das Bekenntnis zur Heilsbedeutung Christi nicht wie zwei Schichten eindeutig voneinander abheben lassen. Den Schriften des Neuen Testaments wird man dann am ehesten gerecht, wenn man beide Sichtweisen miteinander verbindet: das Interesse an dem, was historisch gewesen ist, und die Offenheit für das Glaubenszeugnis, das sich mit diesem Geschehen verbindet.

Jesus bringt den Menschen Gott

Sucht man nach dem Kern des Geschehens, das im Neuen Testament mit dem Leben Jesu von Nazareth verbunden ist, so lässt es sich so beschreiben: Jesus bringt den Menschen Gott.

Gottesgegenwart. Programmatisch wird seine Botschaft gleich zu Beginn des Markusevangeliums so zusammengefasst: »Die Zeit ist erfüllt und das Reich Gottes ist herbeigekommen. Tut Buße und glaubt an das Evangelium« (Markus 1,14). Es heißt dort nicht nur, wie man lange Zeit meinte, die Gottesherrschaft sei »nahe« herbeigekommen. Sondern die kühne Aussage besteht darin, dass sie mit dem, was Jesus verkündigt, da ist. Wenn das Reich Gottes, seine Herrschaft, also das, was er für die Welt und die Menschen bewirken will, da ist, dann ist Gott selbst da: in der Fülle seiner Güte wie in der Klarheit seines Gebots.

Deshalb ist die Frage, was Jesus von Nazareth für unsere Welt bewirkt hat, gemeinsam mit Joseph Ratzinger in aller Klarheit und pointierten Kürze so zu beantworten: Jesus hat Gott gebracht.

Damit ist ein Datum gesetzt, das aus der Weltgeschichte nicht mehr wegzudenken ist. Natürlich fügt sich die christliche Überlieferung in eine Fülle religiöser Überlieferungen ein; natürlich bleibt den Menschen die Freiheit der eigenen Antwort und der eigenen Glaubensentscheidung. Doch gegenüber der Vorstellung, Gott sei unbekannt, gibt es nun eine eindeutige Gegeninstanz: Jesus, dessen Leben und Wirken sich dadurch auszeichnen, dass er Gott gebracht hat.

Für die Gottesgegenwart in ihrer Fülle, die er verkündigt, nimmt Jesus die prophetische Botschaft des Alten Testaments in Anspruch. Daran zeigt sich die bleibende Bedeutung seiner Herkunft: Er wird als Jude geboren und wächst in der Gemeinschaft des jüdischen Glaubens auf. Die Sprache, die er spricht, ist das nordgaliläische Aramäisch; diese Sprache verbindet ihn mit der Glaubenssprache der Hebräischen Bibel. Das Lukasevangelium hebt das in einer besonders programmatischen Weise durch die Schilderung der ersten Predigt Jesu hervor.

In der Synagoge von Nazareth – ausgerechnet in seiner Heimatstadt – legt er die Verheißungsworte aus dem Buch des Propheten Jesaja von der frohen Botschaft für die Armen aus. Der Prophet ist gesandt, »zu predigen den Gefangenen, dass sie frei sein sollen, und den Blinden, dass sie sehen sollen, und den Zerschlagenen, dass sie frei und ledig sein sollen, zu verkündigen das Gnadenjahr des Herrn« (Jesaja 61,1f.). Jesu Kommentar zu dieser prophetischen Ankündigung heißt: »Heute ist dieses Wort der Schrift erfüllt vor euren Ohren« (Lukas 4,21). Dass er selbst die Nähe Gottes bringt, die er verkündet, erfahren diejenigen, die in seinen Umkreis geraten. Er befreit sie aus den Verhängnissen ihres Lebens und eröffnet ihnen den Weg in die Zukunft.

Das ist der gemeinsame Kern der Krankenheilungen, von denen die Evangelien berichten. Dieser Kern liegt nicht in dem wunderhaften Charakter der geschilderten Ereignisse, sondern in der Zusage von Sündenvergebung und Glaubensgewissheit. Sie versetzt die Erstarrten wieder in Bewegung: »Mein Sohn, deine Sünden sind dir vergeben« (Markus 2,5). Oder: »Meine Tochter, dein Glaube hat dich gesund gemacht; geh in Frieden und sei gesund von deiner Plage« (Markus 5,34).

Jesus bringt Gottes Nähe zu denjenigen, die sie besonders brauchen, zu den Menschen nämlich, die unter ihrer Gottesferne leiden: »Ich bin gekommen, die Sünder zu rufen und nicht die Gerechten« (Markus 2,17). Gerade in ihnen will er das Vertrauen zu Gott wecken, in dem alle Dinge möglich werden: »Alle Dinge sind möglich dem, der glaubt.« Es ist diese Zusage, die bei dem Hilfe suchenden Menschen die Antwort auslöst: »Ich glaube, hilf meinem Unglauben« (Markus 9,23f.).

Das ist die Grundsituation, in der viele Menschen Jesus begegnen. Ihre Sehnsucht nach Gott ist unbestimmt und ungerichtet, unausgesprochen und ungeklärt. Ihre Fähigkeit zum Vertrauen bleibt hinter ihrer Sehnsucht nach Vertrauen zurück. Jesus verwandelt ihr Bemühen, Gott näher zu kommen, in die Gewissheit, dass Gott zu ihnen kommt, dass seine Herrschaft sie ergreift und verwandelt.

Die Seligpreisungen. In keinem Text des Neuen Testaments wird das deutlicher als in den Seligpreisungen der Bergpredigt (Matthäus 5,3–11). Dass die Angeredeten selig gepriesen werden, bedeutet nichts anderes, als dass sie in den Herrschaftsbereich Gottes hineingeholt und dadurch der Macht des Bösen entrissen werden. Diese Gewissheit gilt gerade denen, die für den ersten Augenschein von Gottes Gegenwart denkbar weit entfernt sind: den Armen, den Hungrigen, den Weinenden (Lukas 6,20f.). Die Bergpredigt rückt dies mit ihren acht Seligpreisungen in einen weiten und umfassenden Horizont. Menschen, die Unvertrautes erleben – arm im Geist und traurig oder verfolgt und geschmäht –, werden von der Gewissheit getragen, das Himmelreich zu besitzen. Menschen, die das Ungewohnte tun – gewaltlos handeln, Barmherzigkeit üben oder Frieden stiften –, können darauf vertrauen, dass sie zu Gott gehören.

Indem Jesus den Menschen Gott bringt, bringt er ihnen auch ein Bild Gottes. Es ist ein Bild vom erbarmenden Gott, für das er selbst als Person einsteht. Es tritt den Menschen in seiner Person und in seinem Handeln entgegen. Aber er gibt diesem Bild Gottes auch auf besondere Weise Sprache.

Das Bild Gottes, das Jesus in seiner Verkündigung vor Augen stellt, knüpft an die Hebräische Bibel an. Für deren Gottesbild gilt: Gottes Sein lässt sich an seinem Wirken ablesen. Gottes Wirken wird in den Glaubenszeugnissen des Volkes Israel insbesondere als Rettung und als Segen entfaltet. Im göttlichen Eingreifen in die Geschichte wie in der Beständigkeit seines Segens zeigt sich, was Gottes Wesen bestimmt. Deshalb erinnert die Selbstvorstellung Gottes, mit der die Zehn Gebote beginnen, an sein rettendes Handeln: »Ich bin der Herr, dein Gott, der ich dich aus Ägyptenland, aus der Knechtschaft geführt habe« (2. Mose 20,2). Nichts anderes wird in der äußersten Verdichtung gesagt, die diese Selbstvorstellung Gottes annehmen kann: »Ich werde sein, der ich sein werde« (2. Mose 3,14). Denn diese Formel sagt, dass Gott der ist, als der er sich zeigt, als der er handelt, als der er sich offenbart. Neben diese Identifikation mit seinem rettenden Handeln tritt Gottes Identifikation mit seinem schöpferischen und den Schöpfungssegen bewahrenden Handeln. Gott sieht an, was er geschaffen hat; und er sieht, dass es gut ist. Durch die Krise der Sintflut hindurch gibt er seiner Schöpfung Beständigkeit. Beim Weg durch die Wüste erneuert er seinen Segen; er hört auf das Klagen seines Volkes.

An diese Tradition knüpft Jesus in seiner Verkündigung an. Dass Gottes Rettungszusage nun erfüllt ist, bildet den Auftakt seines Predigens (Lukas 4,21). Die Verlässlichkeit, mit der Gott an seinem Segen festhält, verdeutlicht er an den Vögeln des Himmels und den Lilien auf dem Feld (Matthäus 6,26–30). Aber beides führt er in einer Weise zusammen, die durch den Gedanken der Barmherzigkeit Gottes bestimmt ist. Das Bild Gottes, das Jesus vor Augen stellt, ist dadurch bestimmt, wie Gott sich der Verlorenen erbarmt und sich der Menschen ohne Ansehen der Person annimmt.

Jesus und die große Sünderin. Ich wähle als erstes Beispiel dafür eine Szene, die nicht oft im Zentrum der Aufmerksamkeit steht. In vielen Bibelausgaben trägt sie die Überschrift »Jesus und die große Sünderin« (Lukas 7,36–50). Freilich steht außer Jesus, genau betrachtet, nicht nur eine weitere Person im Zentrum dieser Erzählung; vielmehr richtet sich die Aufmerksamkeit auf zwei Personen, die einen eigentümlichen Kontrast bilden – ähnlich, nur noch weit dramatischer als in der Erzählung vom Pharisäer und vom Zöllner (Lukas 18,9–14). Aber während es sich in diesem Fall um eine Beispielerzählung Jesu handelt, geht es bei der Erzählung über »Jesus und die große Sünderin« um eine Begebenheit im Leben Jesu – um ein Ereignis, das durch einen dramatischen Kontrast geprägt ist. In den Gestalten der »großen Sünderin«, die namenlos bleibt, und des Pharisäers Simon tritt uns dieser Kontrast entgegen. In diese spannungsreiche Situation treffen die Worte hinein: »Dir sind deine Sünden vergeben. Dein Glaube hat dir geholfen; geh hin in Frieden.« (Lukas 7, 48.50) Kernworte des Glaubens – in diesem Fall durch das Handeln Jesu selbst ausgelegt.

Das Geschehen ist großartig dargestellt. Ein Drehbuch wird perfekt in Szene gesetzt. Der Zeitpunkt des Auftritts; alle sind sie im Haus des Pharisäers versammelt, Jesus in der Mitte der Tischgesellschaft. Der Weg der Frau über die selbst gewählte Bühne: von hinten tritt sie an Jesus heran, dann der Kniefall, die Tränen, die Küsse – eine unwiderstehliche Steigerung! Dazu der sparsame Einsatz von Requisiten: ein Glas mit Salböl und ihre prächtigen Haare – mehr braucht es nicht.

Aber ist es wirklich eine Inszenierung? Da hört doch jemand auf, sich selbst und anderen etwas vorzumachen. Eine Frau löst sich in Tränen auf. Verzweifelt und selbstvergessen, ohne Rücksicht auf die Gaffer kniet sie nieder und hält ihre Tränen nicht zurück.

Wir werden hineingezogen und spüren den Sog. Es ist eine Geschichte vom Verlieren und Gewinnen des Lebens. Es geht um vergeblich gelebtes Leben. Am Nullpunkt des Lebens trifft diese Frau auf einen neuen Anfang. Sie ist über ihr bisher gelebtes Leben verzweifelt. Ihre Heilung setzt ein, als sie die Wahrheit über sich selbst erfährt und annimmt.

Aber wer ist da eigentlich in den Fängen der Sünde? Es gibt in der Erzählung noch eine weitere Hauptperson, Simon, einen, der die Regeln gut kennt und zu unterscheiden versteht. Simon spielt das Unterscheidungsspiel. Er weiß, für wen an seinem Tisch Platz ist und für wen nicht. Für eine Frau, der man hinterherschaut, ist jedenfalls in seinem Haus kein Raum. Er weiß, was sich gehört und was nicht. Die Zudringlichkeit mit Tränen, Salböl und den eigenen Haaren widert ihn an. Er jedenfalls wahrt Distanz. Er bittet Jesus zwar zu Tisch, aber er berührt ihn nicht. Und er lässt sich nicht von ihm berühren. Stattdessen unterscheidet er: zwischen sich und der Sünderin; zwischen unverschuldetem Ungemach und Sünde; zwischen einem Propheten, der seine Unterscheidungen teilt, und dem, der sie in Frage stellt. Simon unterscheidet. Das ist sein Lebensspiel. Er lebt aus der Differenz. Deshalb kann er es nur schwer ertragen, wenn sein Gast Differenzen nicht gelten lässt.

Das aber geschieht. Jesus duldet die Berührungen der Frau, zeigt sich angerührt von ihrem Glauben, von ihrer Liebe, von ihrer Sehnsucht danach, dass ihr zerbrochenes Leben wieder heil wird.

Jesus zeigt Neues auf. Das Leben der großen Sünderin wird wieder heil. Simon aber muss erst erkennen, dass sein Leben nicht so intakt ist, wie er selber denkt. Er begreift erst nach und nach, wie viele Begegnungen er durch seine eingefrorenen Denkmuster verfehlt und wie viele Chancen ungenutzt verstreichen. Es fällt ihm schwer zu erkennen, dass nicht nur eine große Sünderin im Spiel ist, sondern auch er selbst, in seine Sünde verstrickt, gefangen in der Falle des Unterscheidens, der Beziehungslosigkeit.

Beide sind sie uns nahe, die Frau und der Mann, die große Sünderin und der große Sünder. Auch unser Leben kreist um Berührungen und Berührungsängste. Im zerbrochenen Leben der Frau können wir uns selbst erkennen. Wir wissen, wie es ist, wenn andere uns mit ihren Urteilen niedermachen, und ihr musternder Blick uns im Erdboden versinken lässt. Da bleiben uns nur Tränen, ein wenig Öl, das eigene Haar. Und das erlösende Wort: »Dir sind deine Sünden vergeben. Dein Glaube hat dir geholfen; geh hin in Frieden.«

Erst recht erkennen wir uns in Simon und seinem Unterscheidungsspiel. Die Technik ist uns vertraut, andere auf Abstand zu halten, sie zum Sündenbock zu machen. Wir wissen, was andere zu tun haben; dazu brauchen wir uns erst gar nicht auf sie einzulassen. Wir igeln uns in unserer Selbstgerechtigkeit ein; wir schützen uns vor den anderen durch das Unterscheidungsspiel. Wie müsste das Wort lauten, das uns freispricht? Vielleicht so: Geh hin in Frieden und unterscheide dich nicht länger. Gründe dein Leben nicht auf den Abstand, der dir die anderen vom Leibe hält, sondern gründe es auf die Liebe, die berührt und berühren lässt.

Das Gleichnis vom verlorenen Sohn. Die Zuwendung zu den Verlorenen wird exemplarisch in drei Gleichnissen verdeutlicht, die im Lukasevangelium unmittelbar zusammengefügt sind: den Gleichnissen vom verlorenen Schaf, von der verlorenen Drachme und vom verlorenen Sohn (Lukas 15). Unter ihnen hat vor allem das Gleichnis vom verlorenen Sohn (Lukas 15, 11–32) eine ungeheure Wirkung entfaltet. Es trägt eine so bezwingende psychologische Logik in sich, dass man es als Motto zu Beginn eines familientherapeutischen Buches finden kann. Aber es ist viel mehr als eine familientherapeutische Handlungsanweisung. Am Beispiel des Vaters stellt Jesus vielmehr die liebende Zuwendung Gottes zu dem verlorenen Menschen vor Augen.

Der Vater steht im Zentrum des Gleichnisses. Gemessen an seiner Rolle braucht man sich nicht lange mit der Frage aufzuhalten, ob das Gleichnis von *dem* verlorenen Sohn oder *den* verlorenen Söhnen handelt. Es handelt vom Erbarmen des Vaters, das dem jüngeren Sohn ebenso gilt wie dem älteren.

Die Söhne allerdings verhalten sich denkbar unterschiedlich. Der jüngere Sohn fordert sein Erbteil ein, macht es zu Geld und zieht in ein fernes Land. Das Erbe ist bald aufgebraucht; er gerät in Armut. Bei der Suche nach Arbeit bringt er es nur zum Schweinehüter; wovon er seinen Hunger stillen soll, interessiert niemanden. In dieser Notlage erinnert er sich an seinen Vater und an die Tagelöhner, die dieser beschäftigt. Er nimmt sich vor, zu seinem Vater zurückzukehren, seine Schuld zu bekennen, auf den Sohnestitel zu verzichten und sich bei seinem Vater als Tagelöhner zu verdingen.

Doch der Vater sieht ihn schon von weither kommen, hat Erbarmen mit ihm und eilt ihm entgegen. Er fällt dem verloren geglaubten Sohn um den Hals und küsst ihn. Auf das Schuldbekenntnis reagiert er nicht mit Worten, sondern mit einer Handlung: Er lässt seinen Sohn festlich kleiden und alles für ein Festmahl vorbereiten. Für dieses Fest gibt es einen klaren Grund: »Dieser mein Sohn war tot und ist wieder lebendig geworden; er war verloren und ist wieder gefunden worden« (Lukas 15,24). Der Vater beschreibt einen Vorgang, mit dem er sich voll und ganz identifiziert. Er nimmt die Rückkehr des Sohnes ganz anders wahr, als dieser sie selbst gedeutet hatte. Er hebt die Wahrnehmung, wonach der Sohn durch die Schuld, die er auf sich geladen hat, den Sohnestitel verwirkt hat, auf; er sieht in seiner Rückkehr vielmehr eine Wende vom Tod zum Leben, vom Verlieren zum Finden. Diese Wahrnehmung verändert alles; deshalb wird ein Fest gefeiert.

Kann man sich darüber wundern, dass der ältere Bruder dem nicht folgen kann? Man muss ihm Gerechtigkeit widerfahren lassen. Bei der Heimkehr von der Arbeit findet er zu Hause ein rauschendes Fest vor. Auf Nachfrage erfährt er, dass Saus und Braus zum Willkommen für den missratenen jüngeren Bruder veranstaltet werden. Auf den Versuch des Vaters, ihn zu begütigen, reagiert er mit berechtigten Vorhaltungen. Ihm, der alle elterlichen Erwartungen erfüllt hatte, wurde nie ein vergleichbares Fest ausgerichtet. Aber die Wiederkehr dessen, der gegen alle Konventionen verstoßen hatte, kann nicht festlich genug begangen werden. Der Vater hält dem entgegen: »Mein Sohn, du bist allezeit bei mir und alles, was mein ist, das ist dein. Du solltest aber fröhlich und guten Mutes sein; denn dieser dein Bruder war tot und ist wieder lebendig geworden, er war verloren und ist wiedergefunden« (Lukas 15,31f).

Man mag einwenden, dass der ältere Bruder durch die Erwartung überfordert ist, die aus diesen Worten spricht. Er soll es offenbar bereits als ein Fest ansehen, dass er immer bei seinem Vater sein darf – unbeschadet all der Arbeit, die damit verbunden ist. Er soll die Rückkehr des Bruders wichtiger nehmen als seinen Wunsch, gelegentlich mit seinen Freunden in ausgelassener Weise zusammen zu sein. Sollte ein Erzähler, der so viel menschliches Fingerspitzengefühl zeigt, dafür keinen Sinn haben?

Jesu Gleichnis versteht man erst dann richtig, wenn man ihm ein solches Gespür für die Realität zutraut. Die übersteigerte Erwartung des Vaters an den älteren Sohn rückt erst dann ins rechte Licht, wenn man sich vergegenwärtigt, dass es sich hier um ein Gleichnis handelt. »Du bist allezeit bei mir, und alles, was mein ist, das ist dein.« Ein Mensch, der sich der ungebrochenen Nähe Gottes erfreuen kann, hat alles, was er braucht. Ein Mensch, der aus der Gegenwart Gottes lebt, kann sich an dem freuen, was Gott anderen zu Gute kommen lässt. Wer aus der Freude der Zugehörigkeit zu Gott lebt, freut sich darüber, dass das Verlorene gefunden wird. Für ihn ist die Rückkehr eines Menschen in die Geborgenheit bei Gott eine Wiedergeburt: ein Übergang vom Tod zum Leben. Deshalb gilt auch für den älteren Sohn, dass jetzt Freude angesagt ist. Die Freude gilt nicht nur der Rückkehr des Bruders, sondern mehr noch dem Blick, mit dem der Vater ihm entgegengeht: dem Blick der Barmherzigkeit.

Das Gleichnis von den Arbeitern im Weinberg. Dieser Blick zeigt sich in Jesu Gleichnissen an vielen Stellen. Nur ein Beispiel greife ich noch heraus, das als besonders schwer verständlich gilt. Das Gleichnis von den Arbeitern im Weinberg (Matthäus 20,1–16) wird oft unter dem Gesichtspunkt betrachtet, welche sozialpolitischen Lehren man aus ihm ziehen kann. Aber zielt es wirklich auf die Botschaft, dass gleicher Lohn für ungleich lange Arbeit zu zahlen sei? Oder worum geht es?

Ein Weinbergbesitzer zieht los, um Arbeiter zu finden – denn bei ihm gibt es Arbeit. Um 6:00 Uhr, dann wieder um 9:00 Uhr, um 12:00 Uhr und um 15:00 Uhr heuert er Leute an, die auf Arbeit warten. Schließlich macht er sich sogar um 17:00 Uhr noch einmal auf den Weg, um für die allerletzte Arbeitsstunde des Tages jemanden einzustellen. Das fällt ihm nicht schwer, denn auf dem Marktplatz stehen die Arbeitssuchenden und warten darauf, dass sie beschäftigt werden. Sie haben keine ständige Arbeit; sie werden vielmehr jeweils eingestellt, wenn sie für die Ernte gebraucht werden, und tageweise entlohnt. Es sind »Tagelöhner«. Je länger sie warten, desto dringlicher kann ihnen das Gebet auf die Lippen kommen: »Unser tägliches Brot gib uns heute« – eine Tagelöhnerbitte.

Wird es auch für die noch zum täglichen Brot reichen, die erst um 15:00 oder gar um 17:00 Uhr eingestellt werden? Verblüffenderweise ja. Denn als es zur Lohnzahlung kommt, erhält jeder den gleichen Lohn: jeder einen Dinar für das tägliche Brot. Für ungleiche Arbeitsbelastung wird gleicher Lohn gezahlt. Das ist ein höchst ungewöhnlicher Umgang mit dem Problem des gerechten Lohns. Der Streit darüber entzündet sich in aller Regel umgekehrt an der ungleichen Entlohnung für gleiche Arbeitsbelastung. Ungleiche Tariflöhne für verschiedene Tarifgebiete (in Deutschland zum Beispiel zwischen West und Ost) oder ungleiche Entlohnungen für Männer und Frauen, für Ältere und Jüngere auch dann, wenn sie die gleiche Arbeit verrichten, sind Fälle, an denen sich der Streit um den gerechten Lohn entzündet. Hier aber wird bei ganz unterschiedlicher Länge der Arbeitszeit der gleiche Lohn bezahlt.

Hatte indessen nicht jeder Tagelöhner mit dem Weinbergbesitzer einen Vertrag geschlossen und per Handschlag den Lohn besiegelt? Darauf verweist denn auch der Arbeitgeber, als er von denen angegangen wird, die sich ungerecht behandelt fühlen: »Mein Freund, ich tue dir nicht Unrecht. Bist du nicht mit mir einig geworden über einen Silbergroschen« (V.13)? Er beruft sich auf die Vertragstreue und damit auf einen Wert, der nicht gering zu schätzen ist. Freilich lässt sich dagegen einwenden, dass die

Ungleichbehandlung beim Abschluss des Vertrags gar nicht zu durchschauen war. Denn es ging gar nicht um Regeln für einen gerechten Lohn, sondern um ein verblüffendes Gleichnis dafür, wie Gottes Gnade sich auswirkt.

Auf diesen Kern führt die Antwort, die der Besitzer des Weinbergs demjenigen gibt, der sich ungerecht behandelt fühlt: »Siehst du so scheel drein, weil ich so gütig bin« (V.15)? Jesus stellt mit dem Gleichnis das Handlungsprinzip Gottes dar: Er behandelt nicht Gleiches gleich; das hätte dazu geführt, einen Dinar für eine Arbeitsstunde und zwölf Dinare für zwölf Arbeitsstunden oder einen Dinar für zwölf Arbeitsstunden und einen zwölftel Dinar für eine Arbeitsstunde zu bezahlen. Gottes Perspektive ist nicht die des Rechtens und Rechnens, er zahlt nicht »in gleicher Münze heim«. Sondern Gott erweist seine Güte. Er will nicht Kosten minimieren, so wie der Weinbergbesitzer bei den Tagelöhnern, die nur kurz bei ihm arbeiteten, etwas hätte einsparen können. Gott rechnet nicht nach größeren oder kleineren Verdiensten. Er ruft jeden in seine Nähe. Er würdigt jeden auf besondere Weise. Gerade darin verleiht er allen Menschen eine Würde, die stärker ist als die Unterschiede der Leistung oder des Vermögens. So verweist das Gleichnis auf die Begründung der gleichen Würde jedes Menschen in der unausforschlichen Güte Gottes. Dadurch gewinnt es auch einen ethischen Sinn – nicht weil es einen Vorschlag für Tarifverhandlungen enthält, sondern weil es deutlich macht, dass die gleiche Würde jedes Menschen in Gottes Güte ihren Grund hat.

Jesus lädt dazu ein, seinen Weg mitzugehen

Man hat Jesus einen »Wanderradikalen« genannt. Alles, was er hatte, gab er daran, um ganz und gar seine Botschaft zu leben. Und er lud Menschen ein, es ihm gleichzutun. Sie konnten auf dem Weg durch Galiläa nichts mitnehmen, was sie belastete. Sie wussten am Morgen des Tages oft nicht, wo sie abends schlafen würden. Für das tägliche Brot waren sie auf Sympathisanten angewiesen, die sie zu einer Mahlzeit einluden.

Die Grenzen zwischen Nachfolgern und Sympathisanten waren im Einzelnen fließend. Der Kreis derer, die sich Jesus anschlossen, wird auch eine wechselnde Größe gehabt haben. Mit Bestimmtheit gehörten ihm nicht nur Männer, sondern auch Frauen an. Aber aus ihm schälte sich ein Zwölferkreis heraus, der mit seiner Zahl daran erinnerte, dass Gottes Bundestreue dem Volk Israel in seinen zwölf Stämmen galt. Gerade in Zeiten der Bedrängnis war das so, unter ägyptischer Zwangsherrschaft, im babylonischen Exil oder auch jetzt: unter der Besatzung des römischen Reichs.

Die Orientierung auf die Zukunft, die Unabhängigkeit von jeglicher Rangfolge, die Weitergabe der Botschaft von Gottes Gegenwart und die Liebe zum Nächsten sind besondere Kennzeichen für die Gestaltung dieser Nachfolgegemeinschaft. Jedes dieser Kennzeichen hat Auswirkungen nach innen wie nach außen.

Die *Orientierung auf die Zukunft* wird in den Nachfolgeworten Jesu besonders scharf herausgestellt. Dem, der erst seinen Vater begraben will, bevor er Jesus begleitet, hält dieser entgegen, die Toten sollten die Toten begraben, er aber solle hingehen und das Reich Gottes verkündigen. Den, der erst von seiner Familie Abschied nehmen will, konfrontiert er mit der Feststellung: » Wer seine Hand an den Pflug legt und sieht zurück, der ist nicht geschickt für das Reich Gottes« (Lukas 9,59–62).

Das Loslassen um des Reiches Gottes willen wird auf vielfältige Weise eingeschärft. Die Unabhängigkeit von Familie und Eigentum gelten als besondere Kennzeichen des Jüngerkreises. Es kann deshalb nicht ausbleiben, dass die Jünger fragen, was sie dafür erhalten würden. Jesu Antwort heißt: »Es ist niemand, der Haus oder Frau oder Brüder oder Eltern oder Kinder verlässt um des Reiches Gottes willen, der es nicht vielfach wieder empfange in dieser Zeit und in der zukünftigen Welt das ewige Leben« (Lukas 18,29f.). Was den Kreis der Jünger im Innern bestimmt, strahlt zugleich nach außen aus: »Ihr seid das Salz der Erde. Ihr seid das Licht der Welt« (Matthäus 5,13–16): mit solchen Bildern verdeutlicht Jesus die stellvertretende Bedeutung radikaler Nachfolge.

Das zweite Kennzeichen des Jüngerkreises ist die *Unabhängigkeit von jeglicher Rangfolge*. Das an einer früheren Stelle erläuterte Gleichnis von den Arbeitern im Weinberg endet mit dem programmatischen Satz: »So werden die Letzten die Ersten und die Ersten die Letzten sein« (Matthäus 20,16). Diese paradoxe Rangordnung der Gottesherrschaft wird von der Jüngergemeinschaft vorweggenommen. Nicht nur der Streit darüber, wer im Reich Gottes die Plätze neben Jesus erhalten soll, wird mit dem Hinweis auf diese paradoxe Rangordnung beantwortet (Matthäus 18,1–5; vgl. 20,20–28); auch die Frage, wie es zugehen soll, während sie zusammen in Galiläa unterwegs sind, erhält dieselbe Antwort: »Wenn jemand will der Erste sein, der soll der Letzte sein von allen und aller Diener« (Markus 9,35).

Das Markusevangelium verbindet diese Regel mit einer eindrücklichen Zeichenhandlung Jesu. Er stellt ein Kind in die Mitte des Jüngerkreises und schließt es mit den Worten in die Arme: »Wer ein solches Kind in meinem Namen aufnimmt, der nimmt mich auf; und wer mich aufnimmt, der nimmt nicht mich auf, sondern den, der mich gesandt hat« (V.37).

Jesus aufzunehmen – und damit den, der ihn gesandt hat –, bedeutet zugleich, die Botschaft weiterzugeben, die er mit seinem Wort verkündet und mit seiner Tat bezeugt. Die *Weitergabe der Botschaft von Gottes Gegenwart* ist deshalb auch die Aufgabe der Jünger. Jesus erteilt dem Zwölferkreis einen entsprechenden Auftrag (Matthäus 10,1–14); nach dem Lukasevangelium wird in gleicher Weise auch ein größerer Kreis von zweiundsiebzig Jüngern ausgesandt (Lukas 10,1–12).

Die Jünger bezeugen die Herrschaft Gottes durch Wort und Tat. Auch sie verkündigen – wie ihr Meister selbst –, dass das

Reich der Himmel gekommen ist. Und sie bekräftigen das dadurch, dass sie Menschen von dem bösen Geist befreien, der sie beherrscht, ja dass sie Menschen von ihrer Krankheit lösen und vom Tod auferwecken.

Auch wenn sie diesem Verkündigungsauftrag nachgehen, bleiben die Jünger der wanderradikalen Lebensform treu. Sie ziehen los, ohne Geld und ohne einen Sack für Vorräte, ohne ein zweites Kleid oder eine besondere Wanderausstattung. Sie vertrauen darauf, dass »jeder Arbeiter seines Lohnes wert« ist (Matthäus 10,10), dass sie also bei Sympathisanten Aufnahme und Nahrung finden werden. Ihr Auftrag gilt zunächst den »verlorenen Schafen aus dem Hause Israel« (Matthäus 10,6), noch nicht den Samaritanern oder den Heiden. Erst der Apostel Paulus wird diesen Auftrag auf die Heidenwelt ausdehnen.

Aber eine entsprechende Ausdehnung vollzieht sich auch auf dem Weg und im Wirken Jesu selbst. Denn die Botschaft von der Gegenwart Gottes und die Zusage seines Erbarmens gelten nicht nur denen, die sich zu einer wanderradikalen Lebensform entschließen. Sie gilt auch denen, die in ihrer gewohnten Lebensform verbleiben – unter der Voraussetzung freilich, dass sie zu Gott umkehren und ihren Nächsten in Liebe begegnen. Die *Liebe zum Nächsten* kennt keine Grenzen; sie ist nicht an die Glieder des Volkes Israel gebunden.

Das Gleichnis vom barmherzigen Samariter. Das verdeutlicht Jesus an einer Beispielgeschichte, dem Gleichnis vom barmherzigen Samariter. Es knüpft an ein Streitgespräch mit einem Gesetzeslehrer an, der Jesus dadurch auf die Probe stellt, dass er ihn danach fragt, was man tun müsse, um das ewige Leben zu erlangen. Jesus verweist den Fragenden auf das Gesetz, das dieser in der Zusammenfassung als Doppelgebot der Liebe wiedergibt: »Du sollst den Herrn, deinen Gott, lieben von ganzem Herzen, von ganzer Seele, von allen Kräften und von ganzem Gemüt, und deinen Nächsten wie dich selbst« (Lukas 10,27). Nachdem

Jesus ihm diese Antwort bestätigt hat, fragt der Gesetzeslehrer in der Absicht, sich zu rechtfertigen, zurück: »Wer ist denn mein Nächster?« Daraufhin erzählt Jesus die Geschichte von einem Menschen, der auf dem Weg von Jerusalem nach Jericho unter die Räuber fiel, die ihn ausraubten und halb tot liegen ließen. Ein Priester und ein Levit, die nacheinander an der Stelle zu Fuß vorbeikamen, gingen vorüber, ohne zu helfen. Dann aber kam ein reisender Samariter, erbarmte sich des Hilfsbedürftigen und versorgte seine Wunden. Er brachte ihn auf seinem Reittier zu einem nahe gelegenen Wirtshaus und kümmerte sich noch über Nacht um den Kranken. Dann überließ er ihn dem Wirt, den er dafür bezahlte; sollten weitere Kosten entstehen, kündigte er deren Erstattung für seine nächste Reise an. Wer unter diesen dreien, so fragte Jesus abschließend den Gesetzeslehrer, ist dem, der unter die Räuber fiel, der Nächste geworden? »Er sprach: Der die Barmherzigkeit an ihm tat. Da sprach Jesus zu ihm: So geh hin und tu desgleichen« (V.37).

In dieser Erzählung wird die Ausgangsfrage umgekehrt. Hatte der Gesetzeslehrer zunächst gefragt, wer sein Nächster sei, so fragt Jesus am Ende, wer dem unter die Räuber Gefallenen zum Nächsten geworden sei. Die Liebe zum Nächsten nimmt nicht dadurch Gestalt an, dass ich einen bestimmten Menschen als meinen Nächsten anerkenne (und damit zugleich andere von diesem Status ausschließe), sondern dass ich bereit bin, einem anderen zum Nächsten zu werden. Auf die Einsicht, dass Nächstenliebe nicht grenzenlos geübt werden kann, wird nicht durch das Sortieren der Menschen in solche, die auf die Hilfe des Einzelnen Anspruch haben, und andere, die einen solchen Anspruch nicht geltend machen können, geantwortet. Sondern die Frage richtet sich an den Einzelnen selbst. Ob er bereit ist, dem der Hilfe Bedürftigen ein Nächster zu werden, ist die entscheidende Frage.

Sie verhilft übrigens auch dazu, das Gleichnis Jesu von der moralisierenden Deutung zu befreien, durch die es häufig um seine Pointe gebracht wird. Viele Ausleger weisen nämlich mit erhobenem Zeigefinger darauf hin, dass ausgerechnet das Tempelpersonal – ein Priester und ein Levit – vorbeigegangen sei, ohne dem Verletzten beizustehen. Damit decke Jesus die Scheinheiligkeit der Kultbeamten auf. Davon enthält das Gleichnis freilich nichts. Es legt die Annahme nicht nahe, diese beiden der Heiligen Schrift kundigen Menschen hätten das Gebot der Liebe zum Nächsten nicht gekannt. Jesu Erzählung belässt es vielmehr bei der Feststellung, dass die beiden vorübergingen.

Einem unter die Räuber Gefallenen kann jemand zum Nächsten werden, der zur Hilfe fähig ist. Das war bei dem Samariter, einem Berufsreisenden, der Fall. Dass er zu den Samaritern gehörte, die von den Juden nicht zum Volk Israel gerechnet wurden, kam hinzu. Schon seit Jahrhunderten hatten die Samaritaner einen eigenen Kult auf dem Berg Garizim, der sie nach der herrschenden Auffassung vom Volk Israel trennte. Doch unabhängig von seiner Außenseiterstellung ließ der Samariter sich von der Hilfsbedürftigkeit des unter die Räuber Gefallenen anrühren; er setzte ein, was ihm für die notwendige Hilfe zur Verfügung stand, und wurde dem halb tot Geschlagenen zum Nächsten.

Diese Erzählung hat Weltgeschichte gemacht. Sie hat die Kultur des Helfens geprägt wie keine andere. Der barmherzige Samariter ist zum Vorbild für Menschen geworden, die uneigennützig dort einspringen, wo ihre Hilfe gebraucht wird. Zum Maßstab nehmen ihn aber auch diejenigen, die beruflich den Opfern von Unfall oder Krankheit beistehen. Nicht nur in unmittelbar christlich geprägten Bereichen, sondern auch darüber hinaus beruft man sich dafür auf den barmherzigen Samariter (wie der 1888 gegründete Arbeiter-Samariter-Bund zeigt). Dank der Erzählung vom barmherzigen Samariter hat die Pflicht, dem zu helfen, der sich nicht selbst helfen kann, sogar Eingang in unsere Rechtsordnung gefunden: Sie stellt die »unterlassene Hilfeleistung« unter Strafe; jeder ist zur Hilfe bei Unglücksfällen, gemeiner Gefahr oder Not verpflichtet, wenn Hilfe erforderlich und dem Einzelnen zumutbar ist.

Die Goldene Regel und die sieben Werke der Barmherzigkeit. Durch die Verkündigung Jesu ist die Barmherzigkeit tief in unserer Kultur verankert. Unsere Kultur des Helfens wurzelt in Jesu Predigt von der Güte Gottes und seiner Aufforderung zur Gottes- und Nächstenliebe. In ihr prägt sich eine Grundhaltung aus, die Jesus auch in seiner Aufnahme der Goldenen Regel zum Ausdruck brachte: »Was ihr wollt, dass euch die Leute tun sollen, das tut ihnen auch« (Matthäus 7,12).

Denn mit dieser Aufnahme einer weit verbreiteten ethischen Aussage durch Jesus ist nicht einfach eine kühl berechnete Wechselseitigkeit gemeint. Es geht ihm vielmehr um Liebe und Erbarmen. Diese Grundhaltung hat ihre kulturprägende Ausgestaltung in den sieben Werken der Barmherzigkeit gefunden, deren biblischer Anknüpfungspunkt in Jesu Predigt vom Weltgericht liegt (Matthäus 25,31–46). Der Menschensohn wird bei seinem Kommen zum Gericht die Taten der Barmherzigkeit zum Maßstab nehmen. Denn er ist mehr als nur ein endzeitlicher Richter; er begegnet jedem Menschen in denen, die seiner Liebe bedürfen. An sechs Beispielen werden die Taten der Barmherzigkeit in Jesu Gerichtspredigt verdeutlicht: dem Speisen der Hungrigen, dem Tränken der Durstigen, der Aufnahme der Fremden, dem Bekleiden der Nackten, dem Aufsuchen der Kranken sowie dem Besuchen der Gefangenen. Das siebte Werk der Barmherzigkeit, Tote zu bestatten, ergänzte der altkirchliche Theologe Laktanz (geboren um 250, gestorben nach 317 n. Chr.) in Anlehnung an Tobias 1,17 um der heiligen Zahl Sieben willen.

Die »Antithesen« der Bergpredigt. In den so beschriebenen Horizont kann man auch diejenigen ethischen Weisungen Jesu einordnen, denen er die Gestalt einer verschärfenden Auslegung des alttestamentlichen Gesetzes gibt. Sie bilden ein zentrales Element der Bergpredigt. Dort wird zwar klar festgestellt, dass damit das alttestamentliche Gesetz nicht aufgehoben werden soll; ja nicht einmal ein Jota oder ein Häkchen an ihm soll in Zweifel gezogen werden. Vielmehr erklärt Jesus programmatisch, er sei nicht gekommen, um das Gesetz aufzulösen, sondern um es zu erfüllen (Matthäus 5,17f.). Doch eine solche Beteuerung ist gerade deshalb notwendig, weil die folgenden Aussagen das alttestamentliche Gesetz ohne Zweifel relativieren. Freilich handelt es sich um eine Relativierung, die genau gegenläufig ist zu dem, was wir normalerweise unter diesem Begriff verstehen. Denn es geht nicht um eine Herabminderung des mit dem alttestamentlichen Gesetz verbundenen Anspruchs; die von Jesus vorgenommene Relativierung geschieht vielmehr dadurch, dass das alttestamentliche Gesetz in der Klarheit seiner Aussage überboten wird. Deshalb trifft es den Sinn der sogenannten Antithesen der Bergpredigt nicht, wenn man das »Ich aber sage euch«, mit dem sie beginnen, mit den Worten wiedergibt: »Das lege ich heute so aus«; das ist eine in der »Bibel in gerechter Sprache« vorgenommene Übersetzung, die zu viel Deutung enthält, eine höchst eigenwillige dazu. Wenn man Jesu Umgang mit dem alttestamentlichen Gesetz als Auslegung verstehen will, dann jedenfalls als eine prophetische Auslegung, der es nicht um die bloße Kommentierung des vorgegebenen Wortlauts, sondern um dessen situationsbezogene Weiterentwicklung geht. Diese Weiterentwicklung kann durchaus den Charakter der Überbietung tragen.

Die Überbietungen des alttestamentlichen Gesetzes, die in den Antithesen der Bergpredigt vorliegen, tragen, wie Hans-Richard Reuter erläutert hat, den Charakter sinnvoller Übertreibungen. Sie wecken die Aufmerksamkeit für den inneren Sinn eines Gebots, indem sie dessen Geltungsbereich bis an den äußersten Rand seiner Möglichkeiten ausdehnen.

Das wird gleich an dem ersten Beispiel deutlich, das in der Bergpredigt begegnet. Das Gebot »Du sollst nicht töten« wird so ausgelegt, dass bereits der Zorn einem Menschen gegenüber oder seine Beschimpfung als Trottel oder Narr dieselbe Strafe verdient, die auf einen Totschlag steht. Der Sinn dieser Verschärfung erschließt sich gerade durch ihren Charakter als offenkundige Übertreibung. Denn diese Übertreibung macht auf Folgendes aufmerksam: Die Existenzberechtigung eines Menschen greife ich nicht erst dann an, wenn ich ihm offen nach dem Leben trachte, sondern bereits dann, wenn ich ihn verwünsche oder ihn durch Beschimpfungen aus dem Kreis der achtenswerten Menschen ausschließe. Diese Einsicht führt auf die Konsequenz hin, auf die es dem Bergprediger an dieser Stelle ankommt. Er wirbt für den Weg der Versöhnung mit dem Bruder, für den Weg der Verständigung mit dem Gegner.

Ähnlich verhält es sich mit der Antithese über den Ehebruch. Den Ehebruch, so erklärt Jesus dieses Gebot, vollzieht ein Mann bereits dann, wenn er eine Frau ansieht und begehrt. Wieder handelt es sich um eine Übertreibung. Das unterstreicht Jesus zusätzlich dadurch, dass er dazu auffordert, man solle das Auge, das einen verführt, ausreißen, oder die Hand, die einen zu Fall bringt, abhacken. Das sind Aufforderungen zur Gewalt gegen sich selbst, die gar nicht wörtlich gemeint sein können. Daran ändert auch die Begründung nichts, in der Jesus sagt: »Es ist besser für dich, dass eins deiner Glieder verderbe und nicht der ganze Leib in die Hölle fahre« (Matthäus 5,29). Gerade diese Übertreibung führt auf eine Einsicht, der sich kein selbstkritischer Mensch entziehen kann. Modern ausgedrückt besagt diese Einsicht: Ein Mann, der eine Frau auch nur mit Blicken zum Objekt seines sexuellen Begehrens macht, behandelt sie mit diesen Blicken als Sache und nicht als Person; er räumt seinem sexuellen Begehren den Vorrang ein vor ihrer Integrität als Person und vor den Beziehungen, in denen sie lebt.

Auf diesem Hintergrund erschließt sich nicht nur der Sinn der sich anschließenden Antithesen von der Ehescheidung und vom Schwören (Matthäus 5,31–37); sondern es wird auch deutlich, worauf sich der Sinn der Antithesen von der Vergeltung richtet (V.38–42). Auf diese Antithesen bezieht sich die geläufige Auffassung, die Bergpredigt sei auf das praktische Leben nicht anwendbar; insbesondere lasse sich mit ihr keine Politik machen. Worum handelt es sich wirklich?

Jesus wählt drei Beispiele aus der Lebenswirklichkeit seiner Zeit. Das erste Beispiel bezieht sich auf eine handgreifliche Auseinandersetzung. Jemand erhält einen Schlag auf die rechte Wange. Er soll dem Schläger auch noch die linke hinhalten. Man wird wohl davon auszugehen haben, dass der Schlag in dem von Jesus gewählten Beispiel – auch zu Jesu Zeit waren die Menschen in ihrer Mehrzahl Rechtshänder – mit der rechten Hand ausgeführt wird; dann aber muss er, um die rechte Wange zu treffen, mit dem Handrücken vollzogen werden. Ein Schlag mit dem Handrücken aber ist, wie jedem auch heute einleuchtet, eine besonders entehrende Form der Gewaltausübung. Wer dem, der solches tut, auch noch die andere Wange hinhält, macht dadurch gerade auf diese Gemeinheit aufmerksam. Er teilt mit: Wenn Du mich schon schlägst, dann wenigstens mit offener Hand!

Das zweite Beispiel handelt von einem Pfändungsverfahren. Ein Gläubiger will seinem säumigen Schuldner durch ein Gerichtsverfahren das Gewand nehmen lassen; er soll im wahrsten Sinn des Wortes nackt dastehen. Der Schuldner überbietet dieses erniedrigende Verfahren dadurch, dass er von sich aus auch den Mantel anbietet. Der Mantel ist jedoch, wie unter den Bedingungen Palästinas jeder weiß, von einer möglichen Pfändung ausgenommen. Denn er dient zugleich als Decke für kühle Nächte und ist deshalb ebenso unverzichtbar wie das Gewand, das die Blöße bedeckt. Wer den Mantel als Pfand anbietet, macht deutlich, dass in der Ausnutzung einer Schuldsituation eine unumstößliche Grenze überschritten wurde.

Das dritte Beispiel schließlich hat mit dem Verhältnis zur römischen Besatzungsmacht zu tun. Die römischen Soldaten nehmen für sich in Anspruch, die einheimische Bevölkerung zu Spanndiensten heranzuziehen, also zum Gepäcktransport zu verpflichten. Wer einen solchen Dienst für eine Meile in Anspruch nimmt, den soll man damit überraschen, dass man aus freien Stücken eine weitere Meile mit ihm geht.

Aus einer solchen Perspektive betrachtet, leiten diese drei Beispiele bereits zum Gebot der Feindesliebe über, das man auch als eine Einladung zur kreativen Überwindung der Feindschaft interpretieren kann. Gewiss lässt sich nicht jede feindselige Situation leicht auflösen. Aber ohne Empathie mit dem Feind wird man die Möglichkeiten, der Feindschaft ein Ende zu machen, ganz bestimmt verfehlen. Die Vorstellung aber, dass Feindschaft sich durch die bloße Anwendung von Gewalt überwinden lasse, erweist sich in aller Regel als trügerisch. Denn daraus wird nur neue

Feindschaft entstehen. Die bewusst paradoxe Aufforderung, den Feind zu lieben, zeugt also von einem weit tieferen Realitätssinn, als die Kritiker der Bergpredigt vermuten.

Jesus bringt in seinen ethischen Weisungen den Menschen Gott. Auch diese Weisungen fügen sich in den Zusammenhang seiner Verkündigung im Ganzen ein. Er bringt den Menschen Gott, indem er ihnen zeigt, wie sich der Blick auf die Wirklichkeit im Licht von Gottes Gegenwart verändert. Verfehltes wie gelingendes Leben erscheinen dann in einem neuen Licht. Deshalb trifft es nicht zu, wenn der Soziologe Peter L. Berger die Behauptung aufstellt, als moralisches Projekt sei das Christentum uninteressant; wenn man auf die moralischen Lehren Jesu achte, dann bleibe nur ein »blasser Moralismus« übrig. Nein, wenn man die Bergpredigt als Kern der christlichen Lehre betrachtet, hat man es mit weit mehr zu tun als mit einem blassen Moralismus. In der Bergpredigt wird deutlich, dass die Gegenwart Gottes, die Jesus bezeugt, das Leben bis in den Alltag hinein verändert. Doch richtig ist zugleich: Jesus ist mehr als nur der Prediger einer neuen Moral. Er steht selbst für das ein, was er verkündet. Und das mit äußerster Konsequenz.

Jesus steht ein für den, den er bringt

Die äußerste Konsequenz ist der Tod. Das Neue Testament beschreibt diesen Tod als ein selbst gewähltes Geschick. »Er erniedrigte sich selbst und ward gehorsam bis zum Tode, ja zum Tode am Kreuz« (Philipper 2,8). Die Ergebung in den Willen Gottes trägt den Charakter der Selbsthingabe. Das ist es, was die Deutung des Todes Jesu im Neuen Testament von allem Anfang an bestimmt. Dass er nicht um seiner selbst willen, sondern für andere stirbt, tritt daneben. Von Anfang an wird dafür das alttestamentliche Lied vom leidenden Gottesknecht als Interpretationshilfe benutzt, von dem es heißt, »dass er sein Leben in den Tod gegeben hat und den Übeltätern gleichgerechnet ist und er die Sünde der Vielen getragen hat und für die Übeltäter gebeten« (Jesaja 53,12; vgl. 1.Korinther 15,3).

Darüber, was die Verurteilung Jesu zum Kreuzestod ausgelöst hat, wird mit dieser Deutung natürlich nichts gesagt. Die Erklärungen für das Urteil des Pilatus schwanken zwischen einem politisch-religiösen und einem religiös-politischen Ansatz. Der politisch-religiöse Ansatz lässt sich am leichtesten durch den Hinweis auf die Kreuzesaufschrift verdeutlichen: »Jesus von Nazareth, der König der Juden«. Der politische Anspruch, das jüdische Volk zu vertreten, und der damit verbundene Aufruhr gegen die römische Herrschaft hat dieser Erklärung zufolge zum Kreuzestod geführt. Doch mit dem, was wir von Jesu Leben wissen, lässt sich diese Auffassung nicht zur Deckung bringen. Denn ein politischer Aufrührer, jedenfalls im unmittelbaren Sinn des Wortes, war Jesus nicht. Die politische Wirkung seiner Botschaft war anderer Art; er zielte nicht darauf, sich selbst zum König aufzuschwingen.

Das führt zu einem religiös-politischen Ansatz. Jesu radikale Kritik am Tempel, die Ankündigung des Gerichts über Jerusalem und die prophetische Zeichenhandlung der Tempelreinigung (Markus 11,15–19 und Parallelen) weisen auf einen Konflikt mit den Hohenpriestern und dem sadduzäischen Tempelpersonal.

Das Drama der Erlösung. In der Verurteilung Jesu – wie auch deren Gründe im einzelnen zu rekonstruieren sind – kommt ein menschheitsgeschichtliches Drama zu einem exemplarischen Ausdruck. René Girard hat dieses Drama darauf zurückgeführt, dass Menschen eine äußere Verunsicherung immer wieder dadurch beantworten, dass sie Opfer suchen. Von diesem Mechanismus der Opfersuche zeugen die antiken Mythen, die Sündenbockriten aller Zeiten, Hexenjagden und Judenpogrome bis hin zu Hitlers Holocaust; davon zeugen aber auch Völkermorde, Terrorhandlungen und ähnliche Ereignisse unserer Zeit. Mit der Ausstoßung und Tötung eines Opfers reinigt und befriedet sich eine Gemeinschaft: sie ist heil, das Opfer nichtswürdig. Die Passion Jesu, so Girard, folgt genau diesem Muster. Mit der Hinrichtung Jesu wird der Friede zwischen Kaiphas und Pilatus hergestellt, das Volk findet seine Ruhe. Aber die Bewertung ist in den Evangelien eine völlig andere als in der antiken Welt: die Täter werden verurteilt, das Opfer gerechtfertigt.

Vorbereitet durch alttestamentliche Erzählungen wie die Josephsgeschichte oder die Prophetenverfolgungen, bekräftigt durch die Praxis Jesu von Nazareth, erwächst aus dieser Erzählung die Kultur einer Sorge um das Opfer. Sie hat die Grenzen der christlichen Welt längst überschritten und ist moralisches Allgemeingut geworden. Sie steht aber nach wie vor im Wettbewerb mit der archaischen Form der Selbsterlösung durch das Opfer. Das zeigt sich heute beispielsweise, wenn unter jungen Leuten »Loser« oder »Du Opfer!« gängige Schimpfworte sind, und wenn gerade Menschen, die bereits Opfer sind wie Asylsuchende, Behinderte oder Obdachlose, noch einmal zu Opfern von Angriffen werden.

Ob die Barmherzigkeit und damit die Sorge um die Opfer in einer Gesellschaft lebendig ist, hängt, so können wir folgern, davon ab, wie kraftvoll die Erzählung präsent ist, auf der sie beruht. Die Vergegenwärtigung dieser Erzählung und ihrer Bilder – im Gottesdienst, in der Meditation, im betrachtenden Gebet – hat für die Erneuerung einer Kultur der Barmherzigkeit große Bedeutung.

Weil der Kreuzestod Jesu aus der Perspektive des Opfers zu betrachten ist, kann es keinen Zweifel daran geben, dass dieses Opfer »ein für allemal« erbracht wurde (Hebräer 10,10). Das Opfer Jesu am Kreuz bedeutet das Ende jedes Opferkults; in diesem Sinn kann von einem stellvertretenden Opfer gesprochen werden.

Die stellvertretende Kraft des Kreuzestodes Jesu wird durch das Bekenntnis zur Auferweckung Jesu von den Toten bekräftigt, das in allen Schichten der neutestamentlichen Überlieferung einhellig vertreten wird. Dass Jesus den Menschen Gott bringt, ist an der Todesgrenze nicht zu Ende. Aber nicht nur seine Botschaft wirkt fort. Sondern als Gekreuzigter und Auferstandener ist er selbst der Bürge für Gottes Zuwendung zu den Menschen; indem er selbst sein Leben dafür einsetzt, bürgt er für Gottes Gnade. In ihm selbst vollzieht sich der Umschlag vom Tod zum Leben, von der Herrschaft des Bösen zur Herrschaft Gottes, von der Verschattung der Welt durch die Sünde zum Kommen des Glanzes Gottes in die Welt.

Hinabgestiegen in das Reich des Todes. Das christliche Glaubensbekenntnis hat zwischen die Kreuzigung Jesu und seine Auferweckung die Niederfahrt zur Hölle, den *descensus ad inferos* eingefügt; und die frühe Christenheit hat dieses Element der Heilsgeschichte am Karsamstag begangen. Das geschah nicht deshalb, weil man angesichts des Bekenntnisses zur Auferstehung am dritten Tag dem zweiten Tag eine Füllung geben musste. Dieser Weg ins äußerste Dunkel des Todes wurde vielmehr deshalb eigens bedacht, weil der Triumph über den Tod, zu dem man sich mit dem ersten Licht des Ostertages bekannte, so umfassend wie irgend möglich verstanden werden sollte. Nicht nur die Lebenden und die, noch die ins Leben treten, werden einbezogen in den Sieg über den Tod, sondern auch diejenigen, die bereits in das Dunkel des Todes eingegangen sind; auch sie erreicht das Licht des neuen Lebens. Der Welt des Todes ist die Macht genommen. Das wird in der Erhöhung Christi zu Gott bekräftigt.

Die Wiedergutmachung der Sünden. In der späteren Entwicklung der christlichen Lehre wurde diese dramatische Auffassung vom Erlösungswerk Jesu Christi stärker durch rechtsförmige Auffassungen überdeckt. Dem lag zu Grunde, dass man die Sünde nicht mehr als eine Macht ansah, in deren Bereich der Mensch hineingezogen wird, sondern als eine Verfehlung, deren er sich im Bann der alle verbindenden Erbsünde schuldig macht. Das Erlösungswerk Jesu Christi wurde nun ganz und gar unter dem Leitgedanken der Sühne gedeutet; Sühne aber wurde nicht als

Versöhnung, sondern als Wiedergutmachung, als »Satisfaktion« verstanden.

Anselm von Canterbury (1033–1109) gab der Menschwerdung, dem Kreuzestod und der Auferstehung Jesu Christi eine Deutung, die ganz von diesem Satisfaktionsgedanken bestimmt war. Ihr Ausgangspunkt besteht darin, dass die Sünde bestraft werden muss. Denn Gott hat sich selbst an die moralische Ordnung des von ihm geschaffenen Kosmos gebunden; er kann sich nicht in einem Willkürakt von dieser Ordnung lösen. Wer kann dann die menschliche Sünde wieder gutmachen? Der Mensch, der ohne Zweifel dazu verpflichtet ist, kann es nicht, weil er durch seine eigene Sünde die Fähigkeit dazu eingebüßt hat. Gott, der ohne Zweifel die Fähigkeit dazu hat, kann es nicht, weil er sich gar keine Sünde hat zu Schulden kommen lassen. Wenn der Mensch zur Wiedergutmachung verpflichtet, aber nicht im Stande, Gott aber zur Wiedergutmachung im Stande, aber nicht verpflichtet ist, dann kann die Satisfaktion nur von einem Wesen kommen, das zugleich wahrer Gott und wahrer Mensch ist.

So beantwortet Anselm die Frage, »warum Gott Mensch wurde« *(Cur deus homo)*. Freilich hat sein durch und durch rechtsförmig gedachtes und mit zwingender Logik durchgeführtes Argument Folgen für das Verständnis Gottes, die mit dem Gottesbild, für das Jesus einstand, nicht zur Deckung gebracht werden können. Denn der Gedanke, dass Gott den sündigen Menschen aus reinem Erbarmen annimmt, wird durch eine Vorstellung von Gott überlagert, der auf die notwendige Satisfaktion besteht. An die Stelle des Gottesbildes, das Jesus uns im Gleichnis vom verlorenen Sohn vor Augen stellt, tritt ein Gottesbild, dem zufolge Gottes Zorn nur durch ein Opfer besänftigt werden kann. Das Erbarmen Gottes trägt gerade nicht den Charakter ungeschuldeter Gnade; sondern die Lossprechung der Menschen von der Sünde ist die Folge einer entsprechenden Wiedergutmachung. Die »Absolution« folgt auf die »Satisfaktion«.

Rechfertigung als Versöhnung. Die Vorstellung einer »Wiedergutmachung« der menschlichen Sünde hat weitreichende Folgen. So drängt sich die Frage auf, ob der Mensch selbst etwas zu dieser Wiedergutmachung beisteuern kann. Wenn Gottes Zorn nur durch eine entsprechende Satisfaktion besänftigt werden kann, dann liegt für den Menschen der Wunsch nahe, zu dieser Besänftigung etwas beizutragen: durch das Bereuen der eigenen Sünde, durch gute Werke, die die Sündenstrafen lindern, durch den Erwerb eines Ablasses, der die Sündenfolgen schmälert. Der methodische Einbau der Buße in ein solches Satisfaktionsgeschehen ist dann ebenso folgerichtig wie die kirchliche Regulierung der Beichte oder die Erfindung des Ablasses.

Genau diese Vorgänge nötigten zu der kritischen Revision der kirchlichen Praxis, zu der die Reformation den Anstoß gab. Ihr kam es nicht einfach darauf an, den Ablass zu verwerfen, den Beitrag von guten Werken zur Rechtfertigung des Menschen zu bestreiten oder ein neues Verständnis von Buße und Beichte zu vertreten. Im Kern ging es vielmehr darum, die Versöhnung des Menschen mit Gott durch Christus neu zu verstehen. Das wurde bisweilen dadurch verdunkelt, dass auch die Reformation sich einer rechtsförmigen Sprache bediente, wenn sie die Rechtfertigung des Menschen durch Gott auslegte. Entscheidend war jedoch die Wende dazu, die Rechtfertigung wieder als ein Geschehen der Versöhnung, des Machtwechsels, des Neubeginns zu deuten. Diese Wende wird dadurch möglich, dass Jesus Christus, der Gekreuzigte und Auferweckte, für Gottes Gnade bürgt und uns Menschen in den Machtbereich der Gerechtigkeit hineinholt, die allein Gott zu bewirken vermag.

Jesu Tod als Opfer. In der Vorstellung von Jesu Heilswerk als Wiedergutmachung kommt dem Begriff des Opfers eine Schlüsselstellung zu. Darin liegt eine der größten Herausforderungen für die Deutung von Tod und Auferweckung Jesu.

Gewiss wird Jesu Tod von der frühen Christenheit schon bald als Opfer gedeutet. Metaphern werden dafür verwendet, die aus der Opfersprache Israels vertraut sind. Er wird als »Lamm Gottes« bezeichnet, »das der Welt Sünde trägt« (Johannes 1,29); ja, er wird als Opferlamm verehrt: »Das Lamm, das geschlachtet ist, ist würdig, zu nehmen Kraft und Reichtum und Weisheit und Stärke und Ehre und Preis und Lob« (Offenbarung 5,12). Damit verbindet sich die schon aus der Zeit des babylonischen Exils, in der es keinen Opferkult am Tempel geben konnte, vertraute Vorstellung, dass ein besonders angesehener Mensch stellvertretend für das Volk stirbt und damit Israels Sünden sühnt.

Der Gedanke des stellvertretenden Todes gewinnt in der frühen Christenheit auch dadurch große Bedeutung, dass Christen, die zu ihrem Glauben stehen, in den Verfolgungen durch das römische Reich ihr Leben verlieren. Ihrem Tod kann dadurch ein Sinn gegeben werden, dass er den Charakter des Glaubenszeugnisses trägt und stellvertretend für die anderen Glaubenden erlitten wird.

Als Opfer wird aber vor allem der Tod Jesu selbst dargestellt – und zwar in kultisch-ritueller Ausgestaltung. Die Darbringung von Brot und Wein im Gottesdienst wird nun unmittelbar mit dem Opfertod Jesu verbunden; die Elemente von Brot und Wein werden dabei als Zeichen des getöteten Leibes und des vergossenen Blutes Jesu gedeutet. In der Folgezeit wird dieser liturgische Vollzug sogar als »unblutige Wiederholung« des Opfertodes Jesu aufgefasst. Es kommt zu einer festen Zuordnung von Priester und Opfer; in dieser Zuordnung wird über Jahrhunderte hin der Kern des christlichen Rituals gesehen.

Doch diese Deutung des Opfergedankens ist von Anfang an von Kritik begleitet. Gerade der Hebräerbrief, der von der Opfervorstellung reichlichen Gebrauch macht, indem er Jesus als Hohenpriester und Opfer zugleich bezeichnet, sieht im Kreuzestod Jesu das letzte mögliche Opfer; »ein für allemal« sei der Opfertod Jesu geschehen (Hebräer 10,10). Um dies zu unterstreichen, übernimmt der Hebräerbrief die Opferkritik der Prophetie und der Psalmen; er wehrt jede Vorstellung von einem wiederholbaren Opfer mit aller Eindeutigkeit ab.

In dieselbe Richtung weist ein Spruch Jesu, der in dem Evangelium der Ebionäer überliefert ist. Dabei handelt es sich um einen

Text, der in den weiteren Entstehungsprozess der Bibel gehört, aber nicht in den biblischen Kanon aufgenommen wurde. Danach sagt Jesus: »Ich bin gekommen, die Opfer abzuschaffen, und wenn ihr nicht ablasst zu opfern, wird der Zorn Gottes von euch nicht ablassen.« Gerade gegen die Vorstellung, dass das wiederholte Opfer den Zorn Gottes besänftigen soll, wird hier hervorgehoben: Eine Fortsetzung des Opferkults ruft geradezu Gottes Zorn hervor.

Gegen die Verselbstständigung des Opfergedankens in einem breiten Strom der christlichen Überlieferung muss man daran festhalten, dass »Opfer« eine unter mehreren Metaphern ist, in denen die frühe Christenheit den Tod Jesu deutete. Es war eine Metapher, die ihr aus Tradition und Umwelt vertraut war. In einer durch Opfervorstellungen geprägten Welt lag das Verständnis des Todes Jesu als Opfer nahe. Doch im Lauf der Entwicklung verbanden sich damit Deutungen, die über alles, was das Neue Testament über den Weg Jesu zu erkennen gibt, weit hinausgehen. Zu diesen Deutungen gehört die Vorstellung, der Tod Jesu sei das eigentliche Ziel seines eigenen Handelns und seiner eigenen Verkündigung; zu ihnen gehört ebenso der Gedanke, Jesus habe dieses Leiden auf sich genommen, um dadurch den Zorn Gottes zu besänftigen, und Gott selbst habe das Opfer Jesu gefordert, weil sein Zorn anders nicht zu stillen war.

Weil der Opferbegriff sich mit solchen Deutungen verknüpfte, hatte dies für das Verständnis des christlichen Glaubens höchst problematische Folgen. So lange er als Metapher zur Deutung von Tod und Auferstehung Jesu mit einem derartigen Vorrang verbunden ist, wie dies in der Auffassung des eucharistischen Gottesdienstes als »Messopfer« zum Ausdruck kommt, werden solche problematischen Folgen nicht zu vermeiden sein. Will man sie hinter sich lassen, ist eine theologische Neuorientierung an zwei zentralen Punkten notwendig: dem Verständnis von Tod und Auferstehung Jesu wie dem Verständnis des Abendmahls.

Dabei ist insbesondere mit dem Begriff des Opfers differenzierter umzugehen, als es bis in die theologische Literatur hinein oft geschieht. Denn häufig wird dabei eine Unterscheidung übergangen, die in anderen Sprachen als dem Deutschen deutlich erkennbar ist, die aber auch bei einer Überlegung in deutscher Sprache berücksichtigt werden sollte. Es ist die Unterscheidung zwischen dem Opfer, das ich selbst bringe, und dem Opfer, das ich von einem anderen fordere oder zu dem ich ihn mache. Das Opfer, das ich selbst bringe, heißt im Englischen *sacrifice;* das Opfer, zu dem ich einen anderen mache, heißt *victim.*

Der katholische Theologe Bernhard Lang hat die Typen des Opfers nach der Gliederung archaischer Gesellschaften unterschieden. In ihr ist, um einen eingängigen Sprachgebrauch aufzugreifen, der Dienst des einzelnen für die Gemeinschaft danach unterschieden, ob er dem Nährstand, dem Wehrstand oder dem Lehrstand angehört. Der Nährstand bringt Lebensmittel als Opfer – sei es in Gestalt von Früchten des Feldes oder von Tieren. Der Wehrstand setzt sein eigenes Leben zur Verteidigung der Gemeinschaft ein. Der Lehrstand verzichtet auf andere Formen des Lebens, um sich der geistigen Arbeit zu widmen.

Man kann diese Unterscheidung auch auf die Opfer beziehen, die man von anderen fordert. Dann handelt es sich im Blick auf den Nährstand um Kontributionen, die man einem unterworfenen Land abverlangt. Im Blick auf den Wehrstand handelt es sich um den Verfügungsanspruch über das Leben des Gegners, um die Hinrichtung eines Feindes. Im Blick auf den Lehrstand aber handelt es sich um die geistige Unterwerfung, die ich einem anderen abverlange, um das *sacrificium intellectus.*

In welchem Sinn kann man den Tod Jesu als ein Opfer bezeichnen? Ganz gewiss am ehesten im Sinn der Selbsthingabe, der freiwilligen, aus einem tiefen Gehorsam Gott gegenüber geborenen Preisgabe des eigenen Lebens. Für eine solche Deutung des Todes Jesu bietet der Christushymnus im 2. Kapitel des Philipperbriefs einen wichtigen Anknüpfungspunkt; als Schlüssel für eine solche Deutung aber erweist sich Jesu einsamer Kampf im Garten Gethsemane. Jesu Widerstand gegen den Weg, der vor ihm liegt, tritt in dieser Szene genauso hervor wie die Bereitschaft, sich dem Geschick zu fügen, das Gott ihm zugedacht hat. Dass es sich dabei um eine von ihm selbst – wenn auch gegen Widerstreben – übernommene Selbsthingabe handelt, zeigt sich in Jesu Aussage: »Der Geist ist willig, aber das Fleisch ist schwach« (Markus 14,38). Es zeigt sich aber ebenso in der Feststellung, mit der Jesus aus dem Garten aufbricht, seinen Häschern entgegen: »Es ist genug; die Stunde ist gekommen. Siehe, der Menschensohn wird überantwortet in die Hände der Sünder. Steht auf, lasst uns gehen! Siehe, der mich verrät, ist nahe« (V.41f). Es ist diese dem eigenen Widerstreben abgerungene freiwillige Selbsthingabe, die auch dem Verständnis des Kreuzestodes Jesu als Opfer einen guten theologischen Sinn gibt.

Von ihr aus lassen sich Kreuzestod und Auferstehung als Akte der Versöhnung begreifen – einer Versöhnung der Welt und des Menschen mit Gott (2. Korinther 5,19f.). Es geht in ihr um die Erneuerung einer – zerbrochenen – Beziehung zwischen Mensch und Gott. Jesu Kreuzestod ist also nicht eine zwangsläufig geschuldete Sühneleistung zur Besänftigung eines zornigen Gottes, sondern eine aus Freiheit um der Liebe Gottes willen vollzogene Selbsthingabe. Aus deren Bestätigung durch Gott in der Auferweckung Jesu von den Toten empfängt der Glaube die Gewissheit der Versöhnung mit Gott. Das ist der umfassende Sinn von Kreuz und Auferstehung, der nicht auf eine rechtsförmige Satisfaktionsvorstellung reduziert werden darf.

Dieser umfassende Sinn muss auch Verständnis und Praxis des Abendmahls leiten. Ein Verständnis des Abendmahls als »Messopfer« ist damit nicht vereinbar. Darüber ist ein ökumenisches Einverständnis möglich; denn auch in der katholischen Theologie wird heute die Überzeugung vertreten, dass das einmalige Kreuzesopfer Jesu »weder fortgesetzt noch wiederholt, noch ersetzt, noch ergänzt werden« kann. Da der Kreuzestod Jesu ein für allemal geschehen ist, kann dieser Tod im Abendmahl nur erinnert, aber nicht wiederholt werden.

Das ist auch dann ausgeschlossen, wenn man vom Verständnis des Todes Jesu als Sühnopfer für die menschliche Sünde ausgeht. Denn dabei kann nicht gemeint sein, dass eine menschliche Sühneleistung erbracht wird; vielmehr geht nach biblischer Auffassung die Sühne immer von Gott selbst aus. Deshalb kommt es auch im Abendmahl ganz und gar darauf an, was Gott an uns Menschen tut – und nicht darauf, was wir Menschen Gott gegenüber tun. Dass Gott die freiwillige Selbsthingabe Jesu am Kreuz annimmt und so die Macht menschlicher Sünde überwindet, wird im Abendmahl vergegenwärtigt; dadurch wird die Gemeinschaft mit Gott und untereinander erneuert. Dabei handelt es sich nicht nur um eine geistige Zusammengehörigkeit; sondern das ganze irdische Leben wird in diese neue Gemeinschaft hineingenommen, so wie Jesus sein ganzes Leben um dieser Gemeinschaft willen dahingab.

Jesus als Vorbild. Ebenso wie eine verengte Opfervorstellung muss auch eine andere Engführung vermieden werden. Es handelt sich um die moralische Deutung der Versöhnung durch Jesus Christus. In ihr wird Jesus als exemplarischer Mensch verstanden. Er hat ein Leben gelebt, wie es vor Gott sein soll; deshalb kann Gott in ihm, der von keiner Sünde wusste, auch die sündige Menschheit annehmen. Zugleich weist er den Menschen die Richtung zu Gott; denn an seinem Beispiel können Menschen erkennen, welchen Weg sie gehen sollen.

Immer dann, wenn der Protestantismus sich von der Klarheit seiner reformatorischen Ursprünge entfernt und die Botschaft von der Rechtfertigung allein aus Gnade aus dem Zentrum seiner Verkündigung rückt, wird er für eine derartige moralische Deutung Jesu anfällig. In dieser Deutung aber verliert der Kreuzestod Jesu jede Bedeutung für das Heil der Menschen; auch Jesu Auferstehung von den Toten hat für den Glauben keine zentrale Bedeutung mehr. Das mag für einen Zeitgeist, der Leiden nur als Scheitern ansieht und von der Auferstehung nichts wissen will, weil sie sich mit der Verdrängung des Todes nicht verträgt, angenehm sein. Dem christlichen Glauben aber nimmt es die Tiefe.

Um diese Tiefe ging es Paulus wie Luther, wenn sie das »Wort vom Kreuz« zum Dreh- und Angelpunkt des christlichen Glaubens erklärten. Um diese Tiefe ging es ihnen auch, wenn sie Kreuz und Auferstehung unlöslich miteinander verbanden: »Ist aber

Christus nicht auferstanden, so ist unsre Predigt vergeblich, so ist auch euer Glaube vergeblich. Hoffen wir allein in diesem Leben auf Christus, so sind wir die elendesten unter allen Menschen. Nun aber ist Christus auferstanden von den Toten als Erstling unter denen, die entschlafen sind« (1. Korinther 15,14.19f.).

Jesus im interreligiösen Gespräch

Was bedeutet Jesus für das interreligiöse Gespräch? So fragten wir am Beginn dieses Kapitels. Diese Frage ist abschließend noch einmal aufzunehmen.

Nur selten lotet man die Möglichkeiten des interreligiösen Gesprächs im Blick auf die Gestalt Jesu und ihre Bedeutung für den christlichen Glauben aus. Dabei ist ein interreligiöser Dialog an der Gestalt Jesu vorbei ausgeschlossen. Denn wenn diesem Dialog wirklich am Wesentlichen gelegen ist, dann muss er auch den Kern der jeweiligen Glaubensweise in den Blick nehmen: die messianische Erwartung im Judentum, das Bekenntnis zu Jesus als dem Messias im Christentum, die zentrale Stellung Mohammeds im Islam.

Man pflegt einer solchen Konzentration auf zwei Wegen auszuweichen. Der eine Weg besteht darin, dass man einen Allgemeinbegriff der Religion entwickelt und ihm die verschiedenen Glaubensweisen zuordnet. Doch ein solcher Allgemeinbegriff der Religion ist ein spätes und problematisches Phänomen. Er setzt voraus, dass man der Religion unabhängig von ihrem Inhalt habhaft werden kann. Er erweckt den Anschein, als seien die unterschiedlichen Glaubensweisen nur Spielarten der einen, in sich selbst unbestimmten Religion. Gotthold Ephraim Lessings Ringparabel weist in eine solche Richtung. Sie rückt die Wahrheitsfrage ins zweite Glied. Sie meint, es genüge, eine Religion von ihren Wirkungen her zu beurteilen; auf ihren Inhalt komme es demgegenüber gar nicht an. Doch eine Betrachtungsweise, die die Religion von der Frage nach der Wahrheit trennt, tritt jedenfalls zum Wesen des Christentums in einen unauflösbaren Widerspruch. Denn ihm geht es gerade um die Wahrheit.

Der andere Weg, einen interreligiösen Weg an den möglicherweise kontroversen Wahrheitsfragen vorbei in Gang zu bringen, konzentriert sich auf die drei monotheistischen Religionen. Diese Vorgehensweise macht von der Beobachtung Gebrauch, dass sich Judentum, Christentum und Islam jeweils auf Abraham als den Stammvater des Glaubens berufen. Deshalb bezeichnet man diese drei Glaubensweisen als abrahamitische Religionen und schließt daran die Aussage an, das, was diese drei Religionen verbinde, sei wichtiger als das Trennende.

Es liegt nahe, diese Verbundenheit von Judentum, Christentum und Islam in einer absteigenden oder in einer aufsteigenden Linie zu interpretieren. In einer absteigenden Linie betrachtet, verweisen Christentum und Islam zurück auf ihren Ursprung im jüdischen Glauben. In einer aufsteigenden Linie wird die jeweils ältere durch die jeweils jüngere Religion überboten. Die religiöse Wahrheit schlechthin ist dann im Islam zu sehen, wie er vom Propheten Mohammed offenbart wurde. Da diese Offenbarung letztgültig ist, enthält der Koran in sich selbst, unabhängig von jeder Interpretation, die abschließende religiöse Wahrheit.

Die Spannung, die sich aus solchen Vorstellungen ergibt, wird durch die Bezeichnung der drei monotheistischen Glaubensweisen als abrahamitische Religionen keineswegs aufgehoben. Das wird noch deutlicher, wenn man sich klar macht, dass nach der Vorstellung des Korans Abraham-Ibrahim zu der vergessenen reinen Lehre zurückgefunden hat und deshalb der erste Zeuge des Islam ist, einer unveränderten und unveränderlichen Botschaft.

Für den jüdischen Glauben ist Abraham der Mensch, der auf Gottes Ruf antwortet, seiner Segensverheißung folgt und sein Vertrauen auf ihn setzt (vgl. 1. Mose 12). Deshalb konnte das frühe Christentum in Abraham das Urbild der Glaubenden sehen, die – sei es als Juden, sei es als Heiden – ihr Vertrauen auf Gott setzen und allein aus seiner Gnade zum Heil kommen (vgl. Römer 4). In der umfassenden Segensverheißung für Abraham sieht der Apostel

Paulus deshalb ein Vorzeichen für die Zusage der göttlichen Gnade, die den Heiden genauso gilt wie den Juden (vgl. Galater 3).

Diese Deutung der Gestalt Abrahams im Neuen Testament ist unlöslich mit der Heilsbedeutung Jesu Christi verknüpft, in dem Juden wie Heiden der Zugang zu Gott eröffnet ist (vgl. Epheser 2). Diese Heilsbedeutung Jesu Christi anerkennt der Koran nicht. Er bezeichnet Jesus als »Sohn der Maria« und sieht in ihm einen Propheten. Mohammed, das »Siegel der Propheten« (Sure 33:40), steht in klarer Weise über Jesus.

Einen eigenen Weg geht der Koran auch im Umgang mit Kreuzigung und Auferstehung Jesu. Die Kreuzigung Jesu wird im Koran geleugnet; denn sie wäre eine schmachvolle Niederlage gewesen, aus der sich niemals eine Erlösung hätte ergeben können. Deshalb wurde Jesus nach islamischer Vorstellung durch Gott vor seinen Feinden entrückt; ein anderer – am häufigsten werden Judas Ischarioth und Simon von Kyrene genannt – sei an seiner Stelle gekreuzigt worden. Viele Muslime nehmen deshalb an, dass Jesus am Ende der Zeit auf die Erde zurückkehren und sich als gläubiger Muslim bekennen wird.

Der Widerspruch gegen die Heilsbedeutung Jesu hat auch mit einem Unterschied im Heilsverständnis selbst zu tun. »Muslime glauben«, so fasst der katholische Theologe Christian W. Troll diesen Unterschied zusammen, »dass der Mensch stets in der Lage ist, das Gute zu tun, und dass er durch das Einhalten der Gebote die Gunst und Belohnung Gottes erwirbt. Die Sünde des Menschen kann Gott nichts anhaben, ›berührt‹ ihn persönlich nicht.« Im christlichen Verständnis dagegen reißt die Vorstellung, der Mensch könne aus eigener Kraft seine Stellung vor Gott sichern und seine Schuld selbst wieder gut machen, nur umso tiefer in die Sünde hinein. Die Befreiung aus der Macht der Sünde erfolgt kraft der Gnade Gottes, die in Christus offenbar ist, nicht kraft der eigenen Leistung des Menschen. Im Zentrum des christlichen Glaubens steht die rechtfertigende Gnade Gottes.

Auch der Muslim, der seine Sünde bereut, hofft auf Gottes Gnade und Barmherzigkeit. Er kann aber darüber in seinem Leben keine letzte Gewissheit erlangen. Eine solche Gewissheit gibt es nur für die Muslime, die im Kampf für die Sache Gottes ihr Leben geopfert haben; daraus erklärt sich die besondere Stellung der Märtyrer im muslimischen Verständnis.

Auch im Islam selbst ist umstritten, ob Selbstmordattentäter als »Märtyrer« zu betrachten sind, die kraft ihrer Tat von Gott ins Paradies aufgenommen werden. Doch offenkundig besteht ein innerer Zusammenhang zwischen dieser Frage und der Haltung, die der Islam zur Person Jesu Christi einnimmt. Der christliche Glaube hält daran fest, dass der Opfertod Jesu Christi ein für allemal geschehen ist. Der Tod von Märtyrern kann deshalb nur die Bedeutung eines Zeugnisses haben; eine unmittelbare Heilsbedeutung kommt ihm dagegen nicht zu. Dafür bürgt die Stellung Jesu Christi als Gottessohn, der sich für die Menschen dahingegeben hat; er ist der eine Mittler zwischen Gott und den Menschen.

Der evangelische Theologe Martin Stöhr stellt (in dem von Britta Hübener und Gottfried Orth herausgegebenen Buch »Wörter des Lebens«) zusammenfassend fest: »Wer aus dem gemeinsamen Bezug auf Abraham auf eine Unterschiedslosigkeit der drei ›abrahamitischen‹ Religionen schließt, übersieht, dass der Eine Gott, zu dem alle drei auf verschiedene Weise beten, sich unterschiedlich in der Welt profiliert: durch Mose, den Führer aus der Sklaverei, den ›Gesetz‹geber und Propheten; durch Jesus, dessen Leben, Botschaft und Geist die messianische Zeit eröffnen; durch Mohammed, den Propheten und Leiter auf dem Weg der Gerechtigkeit und Barmherzigkeit.«

III. Der Heilige Geist – ein Geist der Freiheit

Komm, Heil'ger Geist, o Schöpfer du,
sprich den bedrängten Seelen zu:
erfüll mit Gnaden, süßer Gast,
das Herz, das du geschaffen hast.

Der du der Tröster bist genannt,
des allerhöchsten Gottes Pfand,
du Liebesglut, du Lebensbronn,
du Herzenslabung, Gnadensonn.

Du siebenfaches Gnadengut,
du Hand des Herrn, die Wunder tut;
du lösest aller Zungen Band,
gibst frei das Wort in alle Land.

Zünd unsern Sinnen an dein Licht,
erfüll uns mit der Liebe Pflicht,
stärk unser schwaches Fleisch und Blut
mit deiner Gottheit Kraft und Glut.

Den Feind aus unsrer Mitte treib,
mit deinem Frieden bei uns bleib,
führ' uns auf deiner lichten Bahn,
wo uns kein Unheil schaden kann.

Lehr uns den Vater kennen wohl
und wie den Sohn man ehren soll;
im Glauben mache uns bekannt,
wie du von beiden bist gesandt.

Ehr sei dem Vater, unserm Herrn,
und seinem Sohn, dem Lebensstern,
dem Heilgen Geiste gleicherweis'
sei jetzt und ewig Lob und Preis.

Der lateinische Hymnus »Veni Creator Spiritus«
des Hrabanus Maurus aus dem Jahr 809,
übersetzt von Angelus Silesius 1668.

Komm, Schöpfer Geist. Der Text, der diesem Kapitel vorangestellt ist, führt uns in die Zeit Karls des Großen. Zu seinen theologischen Beratern gehörte der damalige Abt von Fulda, Hrabanus Maurus (783–856). Für eine Synode, die sich im Jahr 809 in Aachen versammelte, schrieb er den Hymnus »Veni Creator Spiritus: Komm, Schöpfer Geist«. Er gehört zu den berühmtesten Liedern der Christenheit.

Es handelt sich um eines der ganz wenigen Lieder, die zwischen dem 9. und dem 21. Jahrhundert ohne Unterbrechung in Gebrauch geblieben sind. Noch heute singen die Kardinäle der römisch-katholischen Kirche diesen Hymnus, wenn sie zur Papstwahl in die Sixtinische Kapelle einziehen. Und ebenso betrachten evangelische Christen diesen Hymnus in der Übersetzung Martin Luthers als ein Kernstück ihrer Frömmigkeitstradition (Evangelisches Gesangbuch Nr. 126). In viele Sprachen ist dieser Hymnus übersetzt; und in vielen Sprachen wird es ähnlich viele Übersetzungen geben wie im Deutschen.

Ich habe für dieses Kapitel die Übersetzung des Angelus Silesius (eigentlich Johannes Scheffler, 1624–1677) gewählt, eines schlesischen Arztes, der zugleich und vor allem ein streitbarer religiöser Schriftsteller und ein mystisch geprägter Dichter war. Von allen deutschen Übersetzungen, die ich kenne, gibt sie die zeitübergreifende Intensität dieses Hymnus am eindrucksvollsten wieder.

Der von dem Vater und dem Sohn ausgeht. Hrabanus Maurus wollte mit seinem Hymnus in eine zu seiner Zeit aktuelle theologische Auseinandersetzung eingreifen. Er wollte unterstreichen, dass der Heilige Geist nicht nur von Gott, dem Vater, sondern ebenso auch von Gott, dem Sohn, ausgeht: »Lehr uns den Vater kennen wohl / und wie den Sohn man ehren soll; / im Glauben mache uns bekannt, / wie du von beiden bist gesandt.« Für ihn war eindeutig, dass diese enge und unauflösbare Zusammengehörigkeit von Vater, Sohn und Geist bereits in der Bibel belegt ist. Denn nach dem Johannesevangelium sendet der auferstandene Christus seine Jünger, haucht sie an und sagt zu ihnen: »Empfangt den heiligen Geist« (Johannes 20,22).

Eines der gemeinsamen christlichen Bekenntnisse, das Bekenntnis der Konzilien von Nicaea (325 n. Chr.) und Konstantinopel (381 n. Chr.), enthielt allerdings seit alter Zeit die Aussage, dass der Heilige Geist (nur) vom Vater ausgeht. Diese Bindung an den Vater soll nicht nur sicherstellen, dass die Lehre von der Dreifaltigkeit Gottes nicht im Sinn einer Drei-Götter-Vorstellung missverstanden wird. Sie soll zugleich deutlich machen, dass der Heilige Geist unmittelbar an der schöpferischen Kraft und Wirksamkeit Gottes Anteil hat und deshalb keinesfalls dem Sohn Gottes untergeordnet ist.

Heute gilt der Unterschied in der Formulierung des Bekenntnisses zum Heiligen Geist als eine der wesentlichen Ursachen für die Trennung zwischen östlicher und westlicher Christenheit. Im westlichen Text des Bekenntnisses von Nicaea und Konstantinopel heißt es nun: »Wir glauben an den Heiligen Geist, der Herr ist und lebendig macht, der aus dem Vater und dem Sohn hervorgeht, der mit dem Vater und dem Sohn angebetet und verherrlicht wird, der gesprochen hat durch die Propheten.« Die im Osten geltende Fassung bekräftigt auch, dass der Heilige Geist »mit dem Vater und dem Sohn angebetet und verherrlicht wird«; doch in der vorangehenden Passage heißt es lediglich, dass der Geist »aus dem Vater hervorgeht«. Trotz immer wieder erneuerter Bemühungen hat sich die Differenz um die Worte »und dem Sohn« (lateinisch: *filioque*) noch nicht überwinden lassen.

Nicht nur das Zeugnis des Johannesevangeliums kann man heranziehen, um deutlich zu machen, dass im Neuen Testament die Verbindung zwischen Christus und dem Geist sehr eng ist. Aussagen des Apostels Paulus weisen in dieselbe Richtung. Besonders programmatisch heißt es im 2. Korintherbrief (3,17): »Der Herr ist der Geist; wo aber der Geist des Herrn ist, da ist Freiheit.« Wenn hier vom »Herrn« gesprochen wird, ist Christus gemeint. Er wird mit dem »Geist« geradezu gleichgesetzt. Damit wird gesagt: Der zu Gott erhöhte Jesus Christus ist als Geist gegenwärtig und bewirkt in den Glaubenden die Freiheit des Glaubens. Weil der erhöhte Christus mit Gott, dem Vater, in einer unauflösbaren Verbindung steht, wird auch Gott selbst mit diesem Geist gleichgesetzt; daran schließt sich die Aufforderung an, ihn im Geist und in der Wahrheit anzubeten (vgl. Johannes 4,24).

Vom Heiligen Geist kann demnach nur in der engsten Verbindung zwischen Vater, Sohn und Geist die Rede sein. Das war der tiefste Sinn für die Reflexionen, in denen sich in der Geschichte der christlichen Theologie die Lehre von der Dreieinigkeit Gottes – die sogenannte Trinitätslehre – entfaltete. Manches an ihr ist uns heute fremd geworden; die in ihr vorgenommene Unterscheidung zwischen der einen göttlichen Substanz und den drei göttlichen Personen wirkt für moderne Menschen spekulativ. Eher leuchtet es ein, dass die enge Verbindung zwischen Vater, Sohn und Geist uns dabei hilft, Gottes Sein als lebendige Beziehung zu verstehen. Der Abschied von einem statischen Gottesbild wird dadurch erleichtert.

Die Gewissheit, dass Gott in uns und unter uns gegenwärtig wirkt, wie er seine Schöpfung schon von Anfang an bestimmt hat und sie auch zu einem uns Menschen unverfügbaren Ziel führt, verbindet sich schier unlöslich mit der Erkenntnis, dass Gott Geist ist, an keine Grenzen des Raumes oder der Zeit gebunden. Sich zu Gott als Geist zu bekennen, heißt deshalb, die Freiheit Gottes zu ehren. Der Geist Gottes ist nicht nur darin ein Geist der Freiheit, dass er uns Menschen in die Freiheit ruft. Ein Geist der Freiheit ist er vor allem darin, dass er Gottes Freiheit bezeugt.

Ausgießung des Geistes. Die enge Verbindung zwischen Jesus Christus und dem Heiligen Geist bestimmt vor allem denjenigen biblischen Erzählzusammenhang, der das christliche Bekenntnis zum Heiligen Geist entscheidend geprägt hat. Der Bericht von der Ausgießung des Heiligen Geistes an Pfingsten ist in der Apostelgeschichte des Lukas aufs Engste mit dem Bericht von der Himmelfahrt Christi verknüpft. Die Himmelfahrtserzählung des Lukas hat ihren Gipfelpunkt in der Zusage des Auferstandenen: »Ihr werdet die Kraft des heiligen Geistes empfangen, der auf euch kommen wird, und werdet meine Zeugen sein in Jerusalem und in ganz Judäa und Samarien und bis an die Enden der Erde« (Apostelgeschichte 1,8). Diese Verheißung erfüllt sich am Pfingsttag: »Und es geschah plötzlich ein Brausen vom Himmel wie von einem gewaltigen Wind und erfüllte das ganze Haus, in dem sie saßen. Und es erschienen ihnen Zungen zerteilt, wie von Feuer; und er setzte sich auf einen jeden von ihnen, und sie wurden alle erfüllt von dem heiligen Geist und fingen an, zu predigen in anderen Sprachen, wie der Geist ihnen gab auszusprechen« (Apostelgeschichte 2,2–4).

Die Vorstellung von der Macht und dem Machterweis des göttlichen Geistes begegnet nicht erst im Neuen Testament. Vielmehr finden sich schon im Alten Testament Belege für die Vorstellung, dass der Geist Menschen überkommt und ihnen die Kraft verleiht, das Volk Israel von seinen Unterdrückern zu befreien (vgl. die Kapitel 3, 6 und 11 des Richterbuchs). Diese Beispiele wecken freilich die Rückfrage, für welche Handlungen man sich auf den Geist Gottes berufen darf und welche dem Geist Gottes in Wahrheit widersprechen. Von Anfang an verbindet sich deshalb mit der Rede vom Geist Gottes die Aufgabe, die Geister zu unterscheiden. Programmatisch fasst Paulus diese Aufgabe in die Worte: »Den Geist dämpft nicht. Prophetische Rede verachtet nicht. Prüft aber alles, und das Gute behaltet. Meidet das Böse in jeder Gestalt« (1. Thessalonicher 5,19–22).

Man muss zugeben, dass es vielfältig Berufungen auf den Geist Gottes gegeben hat, die mit dieser Aufforderung zur Unterscheidung der Geister nicht vereinbar waren. Das wird auch schon im Neuen Testament mit Klarheit wahrgenommen und mit der Aufforderung verbunden, die Geister zu prüfen. »Ihr Lieben, glaubt nicht einem jeden Geist, sondern prüft die Geister, ob sie von Gott sind; denn es sind viele falsche Propheten ausgegangen in die Welt« (1. Johannes 4,1). Die Geschichte des Christentums bietet viele Beispiele dafür, dass das Prüfen der Geister unterbleiben oder misslingen kann – und welche schrecklichen Folgen das hat. Kreuzzüge und Inquisitionen, das Verbrennen von Hexen und Häretikern, Judenfeindschaft und Judenpogrome bis hin zum Holocaust, die Inanspruchnahme Gottes für die eigene Seite in Krieg und Gewalttat – all das ist aufs Tiefste mit der Feststellung unvereinbar, dass von Gottes Geist bestimmte Menschen das Böse in jeder Gestalt meiden.

Ebenso ursprünglich wie die Vorstellung, dass Gottes Geist Menschen die Kraft zu befreiendem Handeln gibt, ist die Vorstellung von Gottes schöpferischem Geist. In klassischer Form finden wir sie gleich zu Beginn der biblischen Schöpfungserzählung: »Am Anfang schuf Gott Himmel und Erde. Und die Erde war wüst und leer, und es war finster in der Tiefe; und der Geist Gottes schwebte auf dem Wasser« (1. Mose 1,1f.). Das Nachdenken über die schöpferische Kraft des göttlichen Geistes lässt eigentlich keinen Raum für die verbreitete Vorstellung, der Geist habe es mit dem Ungeordneten zu tun; über ihn könne man deshalb so schwer reden, weil er sich nicht fassen lasse. Nein, die Schöpfungserzählung sieht im göttlichen Geist die Kraft, die das Tohuwabohu (das ist der hebräische Ausdruck, den Martin Luther mit »wüst und leer« übersetzt) überwindet und eine Ordnung entstehen lässt.

Diese Ordnung zeigt sich zuallererst durch das Entstehen von Unterscheidungen. Sie zeigt sich in der Unterscheidung zwischen Licht und Finsternis, zwischen dem Wasser und der Feste, zwischen Land und Meer. Man kann sich also durchaus an das anfängliche schöpferische Wirken des göttlichen Geistes erinnert fühlen, wenn der Apostel Paulus programmatisch feststellt: »Gott ist nicht ein Gott der Unordnung, sondern des Friedens« (1. Korinther 14,33).

Auch das Bild von einer Ausgießung des Heiligen Geistes begegnet bereits im Alten Testament. Der klassische Beleg dafür, der in der Pfingsterzählung der Apostelgeschichte ausdrücklich aufgegriffen wird, findet sich beim Propheten Joel (3,1–5): »Und nach diesem will ich meinen Geist ausgießen über alles Fleisch, und eure Söhne und Töchter sollen weissagen, eure Alten sollen Träume haben, und eure Jünglinge sollen Gesichte sehen. Auch will ich zur selben Zeit über Knechte und Mägde meinen Geist ausgießen. Und ich will Wunderzeichen geben am Himmel und auf Erden: Blut, Feuer und Rauchdampf. Die Sonne soll in Finsternis und der Mond in Blut verwandelt werden, ehe denn der große und schreckliche Tag des Herrn kommt. Und es soll geschehen: wer des Herrn Namen anrufen wird, der soll errettet werden. Denn auf dem Berge Zion und zu Jerusalem wird Errettung sein, wie der Herr verheißen hat, und bei den Entronnenen, die der Herr berufen wird.«

Gleichheit und Differenz. Zweierlei fällt an der dramatischen Schilderung einer Ausgießung des Heiligen Geistes beim Propheten Joel auf. Zum einen ist das Kommen des Geistes mit einer endzeitlichen Dramatik verbunden; Gottes Geist stellt die Menschen vor die letzten Fragen. Es geht darum, ob sie in dem »großen und schrecklichen Tag des Herrn« Bestand haben. Diejenigen, denen Gott durch seinen Geist zur Klarheit verhilft und die deshalb den Namen des Herrn anrufen, werden Rettung erfahren und dem Gericht entrinnen. Das ist die endzeitliche Verheißung, die mit dem Kommen des Geistes verbunden ist.

Zum andern ist die Differenziertheit bemerkenswert, in der die Menschen, auf die der Geist Gottes ausgegossen wird, betrachtet werden: Frauen und Männer, Freie und Unfreie, Junge und Alte. Die vorausgesetzte Gleichstellung von Frauen und Männern ist dabei besonders hervorzuheben; denn in patriarchal geprägten Gesellschaften – und davon muss man in der Antike durchweg ausgehen – ist das sehr ungewöhnlich. Aber ebenso sensationell ist, dass nicht nur Alte, sondern auch Junge, nicht nur Freie, sondern auch Sklavinnen und Sklaven den Geist Gottes empfangen.

Die Spannungen, die es zwischen diesen unterschiedlichen Gruppen gibt, treten vor unsere Augen; sie werden nicht dadurch überwunden, dass die Unterschiede zwischen den Menschen geleugnet werden. Überwunden werden sie vielmehr dadurch, dass der Geist Gottes die Menschen in ihrer Unterschiedlichkeit erreicht. Michael Welker hebt deshalb unter den Wirkungen des

Heiligen Geistes die Sensibilität für Differenzen ganz besonders hervor.

Hat man sich durch die Joel-Verheißung den Blick schärfen lassen, dann wird man auch für die Pointe empfänglich, die der Pfingsterzählung in der Apostelgeschichte des Lukas eignet. Auch hier werden die Unterschiede zwischen den Menschen nicht negiert; aber sie verlieren ihre trennende Wirkung. In diesem Fall ist es die Sprache, an der die Unterschiede verdeutlicht werden, von denen menschliches Leben geprägt ist. Lang, ja beinahe ermüdend ist die Liste der zum Pfingstfest in Jerusalem versammelten Nationalitäten (Apostelgeschichte 2,9–11). Das Erstaunliche ist, dass sie alle verstehen können, was die Apostel sagen, jeweils in ihrer eigenen Sprache.

Auf dieses Ereignis überraschender Kommunikation in der Kraft des Heiligen Geistes sind gegensätzliche Reaktionen möglich: Staunen oder Spott. Die Spötter vermuten, dass ein »geistiges Getränk« im Übermaß genossen wurde; die anderen staunen und gewinnen die Überzeugung, dass eine solche Erklärung zu kurz greift. Sie öffnen sich für die Frage, was das Erlebte zu bedeuten hat.

Die Unterschiede, die zwischen den Menschen bestehen, werden bewahrt, aber zugleich verwandelt. Das ist das Besondere des Pfingstereignisses. In ihrer Unterschiedlichkeit hören die in Jerusalem Versammelten gemeinsam die Botschaft von Kreuz und Auferstehung des Jesus von Nazareth. Diese Botschaft trifft sie mitten ins Herz; deshalb öffnen sie sich für das Evangelium. Das verbindet sie, auch wenn die Unterschiede bleiben.

Die Vielfalt der Geistesgaben. Man kann diese Überlegung weiter zuspitzen. Der Heilige Geist ist nicht nur die Kraft der Einheit, sondern auch die Kraft der Vielfalt. An Überlegungen des Apostels Paulus lässt sich das besonders gut erläutern. Er macht zwar auf der einen Seite deutlich, dass es der eine Geist ist, der die christliche Kirche zu einer Einheit, zu dem einen Leib zusammenfügt. Doch zugleich bezeichnet er die unterschiedlichen Fähigkeiten und Begabungen, die Menschen eignen, ausdrücklich als Gaben des Geistes (vgl. 1. Korinther 12,1ff.). Die Vielfalt denkbarer Funktionen in einer christlichen Gemeinde – Apostel, Propheten, Lehrer, Wundertäter, Heiler, Zungenredner und Interpreten der Zungenrede nennt Paulus in einer höchst eigentümlichen Liste – lässt sich überhaupt nur deshalb wahrnehmen, weil der Heilige Geist verschiedene Menschen mit unterschiedlichen Gaben ausstattet; keiner soll sich einbilden, dass alle notwendigen Gaben bei ihm zusammenträfen. Jeder ist vielmehr auf Menschen angewiesen, die andere Gaben haben als er selbst. Alle müssen beim Aufbau der Gemeinde zusammenwirken. Das Ganze ist nur dank solcher Unterschiede überhaupt lebensfähig.

Auch von der Gleichheit der Verschiedenen kann der Apostel in den höchsten Tönen reden. Er kann zu einer Sprache greifen, die den Anschein erweckt, als würden die elementarsten Unterschiede geradezu geleugnet: »Hier ist nicht Jude noch Grieche, hier ist nicht Sklave noch Freier, hier ist nicht Mann noch Frau; denn ihr seid allesamt einer in Christus Jesus« (Galater 3,28). Diese Aussage steht im Zusammenhang eines grandiosen Loblieds auf die Freiheit des Glaubens. In dieser Freiheit sind alle auf gleiche Weise, nämlich in Jesus Christus, dazu berufen, Gottes Kinder zu sein. Dieser einen Berufung gegenüber treten auch fundamentale Unterschiede ins zweite Glied zurück. Teilweise tauchen genau die Unterschiede wieder auf, die uns aus der Joel-Verheißung vertraut sind: die Unterschiede zwischen Sklaven und Freien sowie zwischen Frauen und Männern. Die Auseinandersetzungen in der jungen christlichen Gemeinde verschaffen sich darin Ausdruck, dass der Unterschied zwischen Juden und Griechen, also zwischen Judenchristen und Heidenchristen, hinzutritt. Aber auch im Blick auf diese Unterschiede gilt: Sie werden nicht aufgehoben; doch sie verlieren ihre letztgültige Bedeutung. Sie können nicht mehr trennend zwischen Menschen treten, die gemeinsam dazu berufen sind, Gottes Kinder zu sein.

Doch worin besteht dann der bleibende Sinn von Differenzen?

Differenz ist nicht gleich Differenz. Es gibt Differenzen, die als unerträglich empfunden werden, und andere, die dem Leben Reiz und Würze geben. Es gibt Unterschiede, die bei näherer Betrachtung mit der gleichen Würde der Menschen unvereinbar sind, und andere, die sich als kreativ erweisen.

Man kann sich dem Problem auch von der anderen Seite aus nähern: Es gibt eine Gleichheit unter den Menschen, die eine elementare Bedingung der Menschlichkeit ist – die Gleichheit menschlicher Würde und menschlichen Rechts. Und es gibt eine Gleichheit, die tötet, weil sie das Gespräch zum Ersterben bringt und die Unterschiedlichkeit menschlicher Begabungen unterdrückt.

Auch in dieser Hinsicht hilft der Heilige Geist dazu, in einem lebensförderlichen Sinn zu differenzieren. Ungerechte Unterscheidungen haben vor diesem Maßstab keinen Bestand; aber kreative Vielfalt erfährt Anerkennung und Förderung. Die Egalität des Kasernenhofs hat ausgedient; aber die Egalität der Würde findet Achtung.

Über geläufige politische Gleichheitsvorstellungen geht das Gleichheitsethos, das sich aus dem Glauben an den Heiligen Geist ergibt, weit hinaus. Denn es betrachtet die Menschen nicht nur unter dem Gesichtspunkt, unter dem sie gleich sind oder gleich sein sollen: gleich an Rechten oder an Einkommen, an Lebenschancen oder an Teilhabemöglichkeiten. Zu dieser Gleichheit gehört vielmehr, dass Menschen ihre unterschiedlichen Gaben zum gemeinsamen Besten einsetzen können. Das Gebot der Gerechtigkeit verlangt nicht nur Egalität; es verlangt auch den Respekt vor der schöpferischen Differenz.

Frauen und Männer als Beispiel. Man kann die Stufen, um die es hierbei geht, am Verhältnis von Frauen und Männern veranschaulichen. Eine männerdominierte Gesellschaft hat Frauen den Zugang zu gleichen Rechten über lange Zeit verweigert. Die Teilhabe am öffentlichen Raum war ihnen ebenso verwehrt wie das Wahlrecht; ihre Möglichkeiten zur Berufsausbildung waren ebenso eingeschränkt, wie das Prinzip des gleichen Lohns für gleiche Arbeit missachtet wurde. Sogar im häuslichen Bereich, der als Domäne der Frauen galt, gab es keine Gleichberechtigung. In strittigen Fragen der Erziehung oder der Haushaltsführung wurde den Männern der Stichentscheid zuerkannt.

»Gleichberechtigung von Mann und Frau« hieß die Losung, unter der solche Zustände überwunden werden sollten. Das Ziel rechtlicher Gleichheit stand im Vordergrund. Im Familienrecht, in den Bildungszugängen, im Arbeits- oder im Wahlrecht sollte die Benachteiligung von Frauen überwunden werden. Diese Schritte waren absolut notwendig; an ihnen führte kein Weg vorbei. Doch was am Ende dieses Prozesses stand, war Stückwerk. Denn zum einen blieb die gesellschaftliche Realität noch lange hinter den formal zuerkannten Gleichheiten zurück; man nehme nur die Beteiligung von Frauen an gesellschaftlichen, politischen oder kirchlichen Führungsaufgaben als Beispiel. Zum anderen aber richtete man sich mit einer Vorstellung von Gleichheit ein, in der die Bedeutung von Differenzen weithin unbeachtet blieb. Deshalb hatten viele Frauen auch noch nach der formalen Anerkennung ihrer Gleichberechtigung den Eindruck, dass sie als Frauen »nicht vorkamen«. Denn auch weiterhin fanden die Empfindungen und Einsichten von Frauen öffentlich nicht in einer Weise Beachtung, die mit der Resonanz auf die Perspektiven von Männern vergleichbar gewesen wäre. Das ändert sich nur in dem Maß, in dem nicht nur der familiäre oder der religiöse Lebensbereich, sondern auch die Bereiche von Wirtschaft, Wissenschaft und Politik, von Kultur und Medien den Erfahrungen und Erkenntnissen von Frauen einen gleichberechtigten Rang einräumen.

Das Gleichheitsethos aus der Kraft des Heiligen Geistes. Ähnliches gilt für den Umgang mit kulturellen oder religiösen Differenzen. Noch immer fällt es uns schwer, das Gespräch mit Menschen anderer Kulturen oder Religionen gleichberechtigt zu führen und uns davon selbst Gewinn und Bereicherung zu erhoffen. Unterschwellig messen wir die anderen an unseren eigenen Standards und machen die eigene Lebensform zu dem Maßstab, dem auch andere genügen sollen.

Davon gibt es freilich eine wichtige Ausnahme. Dass der Lebensstandard reicher Industrienationen nicht auf eine Weltbevölkerung von bald sieben Milliarden Menschen übertragen werden kann, ist den meisten Bewohnern der wohlhabenden Länder bewusst. Dennoch zweifeln sie nicht an ihrem Recht, vom eigenen Wohlstand einen ungehemmten Gebrauch zu machen. Dass jeden Tag auf dem Globus durchschnittlich 26.575 Kinder unter fünf Jahren, zumeist aus Mangel an Ernährung, gesundem Wasser und Hygiene, sterben, stört die wenigsten. Michael Welker beschreibt diesen Widerspruch so: »Wir alle [...] reden von der Gleichheit aller Menschen; und doch leben zahllose Menschen auf dieser Erde unter dem Niveau, auf dem wohlhabende Gesellschaften ihre Tiere halten. Sie müssen hungern und oft elendig sterben.«

An diesem Beispiel zeigt sich: Das in modernen Gesellschaften verbreitete Gleichheitsdenken trägt Züge der Unaufrichtigkeit. In die Forderung nach Gleichheit werden nicht alle Menschen einbezogen. Die Erfahrungen, Einstellungen und Lebensformen unterschiedlicher Gruppen von Menschen werden nicht gleich gewichtet und gewürdigt.

Dieser inkonsequenten Art, mit der Gleichheit aller Menschen umzugehen, tritt in der Perspektive des Heiligen Geistes ein Gleichheitsethos entgegen, das alle Menschen einbezieht, mit Differenzen sensibel umgeht und ungerechte von schöpferischen Differenzen unterscheidet. Der Übergang zu diesem Gleichheitsethos steht der Weltgesellschaft als Aufgabe noch bevor. Christliche Kirchen haben in dieser Aufgabe eine Vorreiterrolle. Das ergibt sich aus ihrem Bekenntnis zu Gott, dem Heiligen Geist.

Die Frage nach der Zukunft der Kirche. Die Zukunft hat schon begonnen. Sie ist ein Horizont, der mit uns mitwandert. Wir gestalten sie mit – auch durch die Erwartungen, die wir an sie haben. Aber sie kommt zugleich auf uns zu – und zwar immer anders, als wir sie erwarteten. Und sie bleibt uns im Letzten entzogen, denn eine letzte Zukunft liegt allein in Gottes Hand.

Das alles muss man auch dann erwägen, wenn man über die Zukunft der Kirche nachdenkt. Keiner von uns verfügt über die Kirche. Mit der Reformation bekennen wir uns dazu, dass immer eine Kirche sein wird, geprägt durch das Wort Gottes und durch den Glauben, der darauf antwortet. Dass wir diesem Wort und diesem Glauben nicht im Wege stehen, ist freilich unsere Verantwortung. Daran sollten wir uns orientieren, wenn wir versuchen, Kirche zu gestalten.

Die meisten Prognosen zur Zukunft der Kirche haben sich als falsch erwiesen. Otto Dibelius kündigte 1926 das »Jahrhundert der Kirche« an; ganz so ist es nicht gekommen. Günter Jacob rechnete in den sechziger Jahren des 20. Jahrhunderts mit einem »Ende des konstantinischen Zeitalters«, zu dessen Konsequenzen gehören werde, dass christliche Kirchen bereits 1985 kaum noch berufliche Mitarbeiterinnen und Mitarbeiter haben würden; auch das ist nicht eingetreten. Dennoch sind Prognosen nötig; denn sie zeigen mögliche Entwicklungen auf und wecken dadurch das Nachdenken darüber, wie die Zukunft gestaltet werden kann.

Unter den Prognosen, die heute vorgebracht werden, sind zwei besonders häufig zu hören: Hierzulande geht die Zahl der Menschen, die sich zum Glauben halten, zurück. Und die finanziellen Möglichkeiten der Kirche schwinden. Viele lassen sich von diesen beiden Prognosen in den Bann ziehen, ohne gegenläufige Entwicklungen wahrzunehmen. Diese gegenläufigen Entwicklungen haben damit zu tun, dass Menschen sich wieder für Glaubensfragen öffnen. Religion wird wichtig, freilich oft in diffuser Form. Auch in Europa nehmen sich die Menschen wieder wahr als die selbsttranszendenten Wesen, die sie sind. Religiöse Interessen werden lebendig. Nach der Kirche wird erneut gefragt. Nahezu drei Viertel der Deutschen rechnen gegenwärtig damit, dass Religion ein wichtiges Thema bleibt oder an Bedeutung gewinnt. Nur ein Viertel hat die Vorstellung, dass die Bedeutung der Religion schwindet.

Schon wird von einer Renaissance des Glaubens gesprochen. Aber die Religion ist nicht mehr nur die Angelegenheit der christlichen Kirchen, sondern begegnet in vielen individualisierten und privatisierten Formen. Viele Menschen sind fasziniert von der Esoterik mit ihrer bunten Mischung von Lebensbewältigungs- und Welterklärungsmodellen. Wer ein Auge dafür hat, kann leicht Vorgänge religiöser Hingabe in der Musikszene und der bildenden Kunst, in Film und Theater, aber auch im Sport und den Medien beobachten.

Es entsteht ein neues Gespür dafür, dass ein komplett diesseitiges, rein wirtschaftstaumeliges und radikal konsumzentriertes Leben zu banal, zu äußerlich und zu oberflächlich ist. Je unerbittlicher die europäische Welt auf die globalisierte Wirtschaft ausgerichtet wird, je strikter Markt und Finanzkraft, Lohnnebenkosten und Konkurrenzkampf das Leben aller bestimmen sollen, desto stärker wird nach Gegenkräften gefragt. Die meisten spüren, dass Konsum allein nicht Halt gibt, dass Wirtschaft allein nicht Sinn schenkt, dass Funktionieren allein nicht Bedeutung verleiht. Mit einer neuen Zuwendung zur Religion rebelliert die Seele der Menschen gegen ihre kommerzielle Reduktion.

Kritiklos kann diese neue Aufmerksamkeit für die Religion nicht hingenommen werden. Allzu triumphale Töne machen für die eigenen Fehler blind. Religion, die nur vertröstet, stellt den prophetischen Impuls der biblischen Botschaft still. Religion, die das Bündnis mit der Aufklärung aufkündigt, verweigert sich einem kritischen Wahrheitsanspruch. Fanatismus und Gewaltbereitschaft, die sich der Religion bedienen, fordern Widerspruch heraus.

Aber dazu, dass die Kirchen sich gerade in einer solchen Situation auf der Verliererstraße sehen, besteht kein Anlass. Die Umgestaltungsaufgaben, die viele Kirchen in Europa zu bewältigen haben, bieten keinen Grund zu Kleingeist und Kleinmut. Auch wenn die Finanzentwicklung dazu nötigt, von manchem Abschied zu nehmen, was über lange Zeit wichtig war, ändert das nichts an der neuen Aufmerksamkeit für die Religion, an der Rückkehr der Frömmigkeit, an dem Aufbruch zu neuen Ufern.

Unverkennbar ist die Spagatsituation, in welche die Kirchen dadurch geraten. Sie wird sich noch verstärken: Während die faktischen Handlungsmöglichkeiten der Kirchen zurückgehen, weil ihre finanziellen Spielräume enger werden, wächst zugleich die Nachfrage nach der geistlichen Orientierung, die von ihnen ausgeht. Kirchen und Gemeinden müssen darauf antworten mit der Konzentration auf die Wirklichkeit Gottes.

Die Kirchen haben die Aufgabe, geistesgegenwärtig auf die Zeichen des Aufbruchs zu achten und den suchenden Menschen einen Ort für ihre Hoffnungen und Fragen anzubieten. In ihnen wird beispielhaft vorgelebt, was es heißt, von Glaube, Hoffnung und Liebe getragen zu sein. Sie können die Freiheit ausstrahlen, die aus der Bindung an Jesus Christus entsteht. Dann kann die Scheu schwinden, die bisher viele daran hinderte, mit ihren offenen Fragen und ihrem tastenden Suchen die Schwellen der Kirchen zu überschreiten. Es liegt an der einladenden Haltung der Gemeinden wie an der Qualität von Gottesdiensten und anderen Veranstaltungen, ob diese Scheu überwunden wird. Es liegt an den Gemeinden in ihrer konkreten Gestalt, ob Menschen spüren können, dass der christlichen Kirche eine Sympathie mit den Zweifelnden eigen ist, mit denen, die ihrer Antwort noch nicht sicher sind, mit denen, die suchen.

Wenn nach der Zukunft der Kirche gefragt wird, geht es zuallererst nicht um Strukturen, die bewahrt oder verändert werden sollen. Wichtiger ist die Haltung, von der Christen sich bestimmen lassen, die Mentalität, die man ihnen abspürt, der Geist, der sie beflügelt: Dem Evangelium treu, den Menschen nah, der Zukunft zugewandt.

Was ist Gemeinde? Eine christliche Gemeinde entsteht dort, wo Menschen miteinander auf das schöpferische Ja Gottes mit ihrem Amen antworten. Mit dieser Auskunft folge ich einem Hinweis des Apostels Paulus, bei dem es heißt: »Denn der Sohn Gottes, Jesus Christus, der unter euch durch uns gepredigt worden ist, [...] der war nicht Ja und Nein, sondern es war Ja in ihm. Denn auf alle Gottesverheißungen ist in ihm das Ja; darum sprechen wir auch durch ihn das Amen, Gott zum Lobe« (2. Korinther 1,19f.). Diese Bewegung vom göttlichen Ja zum menschlichen Amen beschreibt Paulus auch als die Entsprechung zwischen dem Versöhnungswerk Gottes in Christus und dem Versöhnungsdienst der Gemeinde: »Gott war in Christus und versöhnte die Welt mit sich selber und rechnete ihnen ihre Sünden nicht zu und hat unter uns aufgerichtet das Wort von der Versöhnung. So sind wir nun Botschafter an Christi Statt, denn Gott ermahnt durch uns; so bitten wir nun an Christi Statt: Lasst euch versöhnen mit Gott« (2. Korinther 5,19f.).

Das schöpferische und versöhnende Ja Gottes weiterzusagen, ist der ganzen Gemeinde aufgetragen. Damit dies verlässlich und öffentlich geschieht, ist in ihr das Amt der öffentlichen Wortverkündigung und der Verwaltung der Sakramente auf besondere Weise geordnet. Auf dieses so geordnete Grundgeschehen der Gemeinde hat die Reformation sich in ihrer Bestimmung des Begriffs der Kirche konzentriert, die sie als Versammlung der Glaubenden versteht, in welcher das Evangelium recht verkündigt und die Sakramente dem Evangelium gemäß gefeiert werden. Die Reformation hat den Begriff der Kirche konsequent von der um Gottes Wort und Sakrament versammelten Gemeinde her entworfen. Luther hat in seiner Bibelübersetzung das neutestamentliche Wort für Kirche (*ekklesia*) durchgängig mit »Gemeinde« wiedergegeben.

Die Konzentration auf die um Wort und Sakrament versammelte Gemeinde bedeutet freilich nicht eine Beschränkung auf sie; und der Befund, dass der sonntägliche Gottesdienst der Ortsgemeinde das am besten entwickelte Kommunikationsinstrument der Kirche ist, bedeutet nicht, dass er das einzige Instrument dieser Art darstellt oder bleiben muss. Aber die Zusammengehörigkeit von Menschen innerhalb einer Wohnregion und die Auszeichnung des Sonntags werden ein Grundmodell von Gemeinde bleiben. Auch wenn unterschiedliche Profile sich verstärken, wird die Ortsgemeinde auch in Zukunft eine herausgehobene Bedeutung behalten. Bei allem Gewicht von Veranstaltungen während der Woche wird auch der Sonntagsgottesdienst das Ereignis bleiben, an dem man in erster Linie die Präsenz und Vitalität einer Gemeinde messen wird.

Aber hierum rankt sich ein Kranz wichtiger Aufgaben und Veranstaltungen. Ihre Anzahl und ihre Gestalt variieren von Gemeinde zu Gemeinde. Sie unterscheiden sich in Stadt und Land. Aber bestimmte Grundaufgaben lassen sich doch nennen: Unter einer Gemeinde verstehen wir nicht nur eine Gemeinschaft von Christinnen und Christen an einem Ort oder in einer Region, die miteinander Gottesdienst feiern; sondern wir sehen in ihr auch eine Gemeinschaft, in der Kinder und Jugendliche im Glauben heranwachsen, die sich in Diakonie und Seelsorge ihren Mitmenschen zuwendet und in ihrem Umfeld das Evangelium weitergibt. Wir verstehen die christliche Gemeinde also als eine Verantwortungsgemeinschaft, die in ihrem Bereich das Evangelium in Gottesdienst und Unterweisung, in Diakonie und Seelsorge sowie im missionarischen Dienst bezeugt.

Ob Gemeinden in ihrer Praxis einem solchen Leitbild entsprechen, ist nicht allein eine Frage der zahlenmäßigen Größe. Es entscheidet sich auch nicht allein an der Anzahl beruflicher Mitarbeiterinnen und Mitarbeiter. Aber in beiden Hinsichten gibt es eine kritische Grenze, unterhalb derer sich die genannten Aufgaben nicht mehr eigenständig wahrnehmen lassen. Es gibt auch eine kritische Grenze, die im Blick auf die Verwaltungs- und Leitungsaufgaben in einer Gemeinde nicht unterschritten werden sollte.

Auf solche Herausforderungen ist mit organisatorischen Maßnahmen zu antworten. Doch sie allein genügen nicht; sie können vielmehr zu Enttäuschungen führen, wenn sie nicht inhaltlich durch ein Bild der Gemeinde gefüllt sind, für das sich auch ein neues Engagement lohnt.

Ein solches Leitbild lässt sich am ehesten aus den Bildern gewinnen, mit denen das Neue Testament beschreibt, was eine Gemeinde Jesu Christi ausmacht. Vier derartige Bilder haben in meinen Augen eine vorrangige Bedeutung.

Die Gemeinde als Gemeinschaft. Das Urbild für die Gemeinschaft der Glaubenden ist die Tischgemeinschaft Jesu. Diejenigen, die mit ihm in Galiläa umherziehen, finden sich mit ihren Gastgebern und mit hinzukommenden Leuten zu einer improvisierten Tischgemeinschaft zusammen. Drei Gruppen charakterisieren diese Gemeinschaft: Jesu Jünger, seine Sympathisantinnen und Sympathisanten sowie die Ausgegrenzten und Verlassenen. Eine Gemeinschaft im Namen Jesu ist dadurch gekennzeichnet, dass sich hier alle zusammenfinden: diejenigen, die alles zurücklassen, um Jesus nachzufolgen, diejenigen, die Haus und Hof behalten und dadurch Jesus und die Seinen aufnehmen können, sowie die Ausgeschlossenen, die durch Jesus in eine Gemeinschaft finden.

Was in der Tischgemeinschaft Jesu begründet ist, wird durch sein letztes Mahl bekräftigt und in jedem Abendmahl erneuert. In der »Nacht des Verrats« wurde Jesu letztes Mahl gefeiert. Zeichenhaft wurde vorweggenommen – und zeichenhaft wird in jedem Abendmahl vergegenwärtigt –, dass Jesus sich nicht nur für einen inneren Kreis dahingegeben hat, sondern dass er sein Leben »für die vielen« gelassen hat. Die Gemeinschaft um den Tisch Jesu Christi ist deshalb eine Gemeinschaft, die sich nicht abschließt, sondern denen zuwendet, die solche Zuwendung besonders dringend brauchen.

Doch die Gemeinschaft, die durch das Abendmahl begründet wird, ist gerade nicht eine selbstgenügsame Zusammengehörigkeit einer Gruppe von Menschen. Vielmehr konstituiert sie sich als eine Gemeinschaft mit Jesus Christus selbst. Dieses Bild von der Gemeinschaft hat seinen Grund im Geschehen des Abendmahls: »Der gesegnete Kelch, den wir segnen, ist der nicht die Gemeinschaft des Blutes Christi? Das Brot, das wir brechen, ist das nicht die Gemeinschaft des Leibes Christi« (1. Korinther 10,16)? Die sakramentale Gemeinschaft bildet die Grundlage für den besonderen Charakter, den das Miteinander in der Gemeinde nach der Auffassung des Apostels tragen soll. Programmatisch heißt es gleich zu Beginn des 1. Korintherbriefs: »Gott ist treu, durch den ihr berufen seid zur Gemeinschaft seines Sohnes Jesus Christus, unseres Herrn. Ich ermahne euch aber [...] im Namen unseres Herrn Jesus Christus, dass ihr alle mit einer Stimme redet und lasst keine Spaltungen unter euch sein, sondern haltet aneinander fest in einem Sinn und in einer Meinung« (1. Korinther 1,9f.).

Es waren vor allem die Auseinandersetzungen mit den Vertretern der Jerusalemer Urgemeinde, die dem Apostel der Heiden Klarheit darüber verschafften, dass der christliche Glaube Gemeinschaft nicht nur in der einzelnen Gemeinde vor Ort, sondern auch zwischen den Gemeinden stiftet. Paulus ist auf diese Weise zum Urheber der These geworden, dass die Einzelgemeinde und die Gemeinschaft der Gemeinden gleich ursprünglich und von gleicher Bedeutung sind. Was wir heute Kirche einerseits, Gemeinde andererseits nennen, hat er deshalb mit dem gleichen Wort – *ekklesia* – bezeichnet.

Gerade in ihrem die verschiedenen Gemeinden verbindenden Charakter hat die Gemeinschaft der Kirche keineswegs nur einen spirituellen Charakter. Sie prägt sich vielmehr materiell aus. Das Wort »Gemeinschaft« kann Paulus deshalb auch unmittelbar für die Kollekte der von ihm gegründeten Gemeinden zu Gunsten der Gemeinde in Jerusalem verwenden: Die gemeinsame Gabe ist Ausdruck und Unterpfand der Gemeinschaft, in welcher die Christen an verschiedenen Orten miteinander verbunden sind (vgl. Römer 15,26f.). »Gemeinschaftsgabe« – das ist der ursprüngliche Sinn von gottesdienstlichen Sammlungen.

Was schon bei Paulus als Kennzeichen der Gemeinschaft zwischen den Gemeinden angesehen wird, kehrt in der Apostelgeschichte als Kennzeichen der einzelnen Gemeinde wieder. Die höchst weltliche und handfeste Bedeutung von »Gemeinschaft« zeigt sich in den zusammenfassenden Beschreibungen, die sich in der Apostelgeschichte über den Lebensstil der frühen christlichen Gemeinde finden: Die Gläubigen »blieben aber beständig in der Lehre der Apostel und in der Gemeinschaft und im Brotbrechen und im Gebet. [...] Alle aber, die gläubig geworden waren, waren beieinander und hatten alle Dinge gemeinsam. Sie verkauften Güter und Habe und teilten sie aus unter alle, je nachdem es einer nötig hatte« (Apostelgeschichte 2,42–45). »Die Menge der Gläubigen aber war ein Herz und eine Seele; auch nicht einer sagte von seinen Gütern, dass sie sein wären, sondern es war ihnen alles gemeinsam. [...] Es war auch keiner unter ihnen, der Mangel hatte« (Apostelgeschichte 4,32.34).

Dass eine solche Handlungsweise sich in einer christlichen Gemeinde, die in ihrem gesellschaftlichen Umfeld eine Minderheit dastellt, leichter ausbilden kann als in einer Mehrheitsgemeinde, braucht uns jetzt ebenso wenig zu beschäftigen wie die Frage, inwieweit die Schilderung des Lukas, nach welcher es soziale Probleme in der frühen christlichen Gemeinde nicht mehr gab, eine Idealisierung darstellt. Entscheidend ist die Bodenhaftung, die er dem Begriff der Gemeinschaft verleiht. Diese Bodenhaftung bleibt in der frühen Christenheit auch nach dem Ende der neutestamentlichen Ära erhalten. »Du sollst an allem deinem Nächsten Anteil geben und nicht sagen, dass es dein Eigentum sei« heißt es in einem frühen christlichen Text (Barnabas 19,8). Nahezu wörtlich taucht diese Wendung auch in einer anderen Quelle wieder auf, nun aber mit dem Zusatz: »Wenn ihr nämlich Gemeinschaft im Unsterblichen habt, um wie viel mehr im Sterblichen!« (Didache 4,8).

Gemeinsame Teilhabe am himmlischen Heil und deshalb Teilen der irdischen Güter: so lässt sich das Bild von der Gemeinde als Gemeinschaft zusammenfassen. Es ist uns, so vermute ich, unter den neutestamentlichen Bildern für die Gemeinde eher fern gerückt – so oft wir auch von Gemeinschaft sprechen. Allen Beteuerungen über die notwendige Glaubwürdigkeit der kirchlichen Gemeinschaftsgestalt zum Trotz ist unsere Vorstellung von Gemeinschaft, gemessen am Neuen Testament, in hohem Maß spiritualisiert. Auch die Impulse, die wir in den letzten Jahrzehnten aus Basisgemeinden in der Dritten Welt oder aus vereinzelten »Integrierten Gemeinden« in Europa empfangen haben, vermochten daran nichts Grundsätzliches zu ändern.

Neuerdings jedoch gewinnt der Leitbegriff der »Gemeinschaft« wieder an Bedeutung. Dann wird man freilich auch die materielle Seite daran wieder ebenso ernst nehmen müssen wie die Tatsache, die sich an der Tischgemeinschaft Jesu deutlich ablesen lässt: dass es sich um eine Gemeinschaft der Verschiedenen handelt, der Jüngerinnen und Jünger, der Sympathisantinnen und Sympathisanten, der Ausgeschlossenen und An-den-Rand-Geratenen.

Die Gemeinde als Leib Christi. Die christliche Gemeinde wird im Neuen Testament auch mit einem funktionierenden Organismus, mit einem Leib verglichen. Erneut ist der Apostel Paulus prägend. Er übernimmt dieses Bild aus der weltlichen Redeweise seiner Zeit. Das politische Gemeinwesen und andere Gemeinschaften hat man sich in der Antike als »Organismus« und deshalb als »Leib« vorgestellt. Paulus aber redet vom »Leib Christi« und betont dadurch auch in diesem Zusammenhang, dass die Glaubenden nicht nur untereinander, sondern vor allem anderen mit Christus, ihrem gekreuzigten und auferstandenen Herrn, verbunden sind.

Die Stärke des Bildes vom Leib Christi liegt in einer Doppelaussage: Die einzelnen Glieder können ihre Funktion nur ausüben, so lange sie Teil des Ganzen bleiben. Und: Als Teil des Ganzen haben sie eine jeweils spezifische, aber grundsätzlich gleichrangige Bedeutung. Mit ungewöhnlicher Radikalität hat Paulus diese Gleichrangigkeit mit dem schon zitierten Satz zum Ausdruck gebracht. »Hier ist nicht Jude noch Grieche, hier ist nicht Sklave noch Freier, hier ist nicht Mann noch Frau; denn ihr seid allesamt einer in Christus Jesus« (Galater 3,28). Und ebenso radikal hat er die Verschiedenheit der Gaben und Funktionen beschrieben, die den einzelnen Gliedern zukommen. Dabei hat er fest umrissene Daueraufgaben – also »Ämter« – genauso im Blick gehabt wie spontane Handlungen, die sich aller Reglementierung entziehen, beispielsweise das Reden in Zungen oder die

Heilung von Kranken. Die einen wie die andern haben ihren einzigen Maßstab daran, ob sie die Gemeinde aufbauen. Sie alle sind deshalb daran zu messen, ob sie sich vom Geist Gottes in seinen Dienst nehmen lassen (vgl. Römer 12 und 1.Korinther 12).

Das paulinische Bild von der Gemeinde als dem Leib Christi ist in der Geschichte der Kirche immer wieder gegen Verkrustungen der kirchlichen Strukturen mobilisiert worden. Im reformatorischen Kirchenverständnis ist es vor allem in der Vorstellung vom allgemeinen Priestertum der Getauften aufgenommen worden – in der Vorstellung also, dass die Getauften durch eine gemeinsame Verantwortung für das Leben der Gemeinde miteinander verbunden sind. Deshalb kann nach reformatorischer Vorstellung die Ordination zum Amt der öffentlichen Verkündigung und zur Verwaltung der Sakramente die Vielfalt der Begabungen in der Gemeinde (die man mit Paulus gern als Charismen bezeichnet) nicht einschränken. Das Amt in der Kirche soll vielmehr diesen Charismen zur Entfaltung verhelfen; es soll dazu beitragen, dass sie dem Aufbau der Gemeinde zugute kommen. Deshalb hat das ordinierte Amt in der Kirche über seinen Verkündigungsauftrag hinaus einen leitenden, auf die Entfaltung der Gaben in der Gemeinde gerichteten Auftrag.

So gern der Apostel Paulus in den Kirchen der Reformation zitiert wird: mit seinem Bild von der Gemeinde tun sie sich immer wieder schwer. Aber in der Anknüpfung an ihn liegt auch in dieser Hinsicht die besondere Chance, ja die unverwechselbare Möglichkeit der evangelischen Kirche. Freilich hat das zur Voraussetzung, dass die Gemeinden sich nicht in einer bloßen Betreuungsmentalität einrichten, sondern den Gaben ihrer Glieder auf der Spur bleiben.

Die Gemeinde als Volk Gottes. Dieses Bild verdeutlicht auf besondere Weise den Zusammenhang der Gemeinde Christi mit dem Volk Israel, mit Gottes Bundesvolk. Davon, dass Gott das Volk der Abrahamsverheißung »heimgesucht« habe, ist im Lukasevangelium mehrfach im Zusammenhang der Jesusgeschichte die

Rede (vgl. Lukas 1,68.78; 7,16). Der Vorstellung, Gott habe das Volk seiner ursprünglichen Erwählung verworfen, widerspricht Paulus ausdrücklich (vgl. Römer 11,1). Aber für ihn gewinnt das Gottesvolk zugleich dadurch neue Konturen, dass auch die Heiden in die Verheißung des göttlichen Bundes hineingenommen werden. Die göttliche Erwählung ist nicht mehr an eine bestimmte Nationalität gebunden, sondern erstreckt sich auf alle, die durch Glaube und Taufe in »das heilige Volk, das Volk des Eigentums« (1. Petrus 2,9) einbezogen sind.

Die Vorstellung von der Gemeinde als Volk verbindet sich – auch in der Erinnerung an den Auszug des Volkes Israel aus Ägypten – mit der Symbolik der Wanderschaft. Die Gemeinde Jesu Christi ist als sein Volk unterwegs; sie hat hier »keine bleibende Statt« (Hebräer 13,14); die endgültige Ruhe ist ihr erst verheißen (Hebräer 4,9). Anfechtungen auf dieser Wanderschaft sind zu ertragen, denn sie haben keine letzte Bedeutung.

Vor allem aber hat die Gemeinde als Volk Gottes einen missionarischen Auftrag. Denn »alle Völker« sollen zu Jüngern gemacht werden (Matthäus 28,19ff.). Schon im Alten Testament begegnet die Vorstellung, dass alle Völker zum Tempel Gottes laufen (Micha 4,1ff). Dieser Gedanke wird darin aufgenommen, dass das eine Volk Gottes gerade nicht auf eine Nationalität beschränkt ist, sondern ein Volk aus allen Völkern darstellt. Kein anderes neutestamentliches Bild für die Gemeinde hat deshalb auch das ökumenische Denken so stark angeregt wie diese Vorstellung vom »wandernden Gottesvolk«.

Insbesondere ist die Bedeutung des II. Vatikanischen Konzils der römisch-katholischen Kirche (1962–1965) für unser Thema in allererster Linie darin zu sehen, dass es das Verständnis der Kirche vom Gedanken des Volkes Gottes aus erneuert hat. Das hat entscheidend dazu beigetragen, ein zentralistisches Kirchenbild zu korrigieren und auch im katholischen Denken über die Kirche die Vorstellung zu verankern, dass in jeder Gemeinde das Ganze der Kirche präsent ist. Aber zugleich muss man sagen: Über die jeweilige gemeindliche Wirklichkeit weist das Bild vom Volk Gottes deutlich hinaus. Zu unseren gemeindlichen Gewohnheiten, die ganz besonders an der Sesshaftigkeit der Gemeinde hängen, bildet die Vorstellung vom wandernden Gottesvolk ein unbequemes Gegenbild.

Die Gemeinde als Haus der lebendigen Steine. Räumliche Vorstellungen legen sich als Bild für die Gemeinde nahe; das Bild vom »Tempel« drängt sich auf (vgl. 1. Korinther 3,16f.; 2. Korinther 6,16ff.). Es erfährt allerdings in der frühen Christenheit eine wichtige, ja eine spannende Verwandlung. Der 1. Petrusbrief spricht von der Gemeinde als einem »geistlichen Haus«, das aus den Gläubigen aufgebaut wird, die »lebendige Steine« genannt werden. Dieses Bild ist mit dem vom Leib Christi nahe verwandt. Auch jeder einzelne der »lebendigen Steine« ist für das Haus im Ganzen, für seinen Aufbau und für seine Statik unentbehrlich.

Auch der 1. Petrusbrief hat eine plastische Vorstellung von der Vielfalt dieser Gaben; ausdrücklich fordert er dazu auf, sie in den Dienst am Nächsten zu stellen: »Dient einander, ein jeder mit der Gabe, die er empfangen hat, als die guten Haushalter der mancherlei – wörtlich: der bunten – Gnade Gottes« (1. Petrus 4,10). Spannenderweise führt der Verfasser dieses Briefes die Vielfalt der Gaben, der Ausdrucksformen für Gottes bunte Gnade auf zwei grundlegende, aber gleichberechtigte Aufgaben zurück: auf das Reden und das Dienen, auf die Predigt und die Nächstenliebe – mit Dietrich Bonhoeffer könnte man auch sagen: auf das Beten und das Tun des Gerechten unter den Menschen.

Muss man zwischen diesen Bildern wählen? Welches dieser vier Bilder spricht uns heute besonders an – die Vorstellung von der Gemeinde als Gemeinschaft, in der spirituelle Nahrung genauso geteilt wird wie das tägliche Brot, das Bild vom Leib Christi, in dem die Zugehörigkeit zu Christus eine radikale Gleichberechtigung der verschiedenen Begabungen begründet, das Bild vom Volk Gottes, das in besonderer Weise mit Israel verbunden und zugleich missionarisch an alles Volk und an alle Völker gewiesen ist, oder schließlich das Bild vom dem geistlichen Haus, das aus lebendigen Steinen erbaut wird – durch Reden und Dienen, durch das Beten und das Tun des Gerechten? Es ist nicht leicht, sich zwischen diesen vier Bildern zu entscheiden. Sie werden im Neuen Testament auch nicht alternativ gegeneinander gestellt. Ich gebe zu, dass das am wenigsten vertraute dieser vier Bilder auf mich eine wachsende Anziehungskraft ausübt: Die Gemeinde als ein geistliches Haus trägt einen anderen Charakter als alle anderen Gemeinschaften, so ähnlich sie ihnen auch in vielem sein mag. Dass wir durch unsere Lebendigkeit – so, wie wir sind, mit dem, was wir können – zum Bau dieses geistlichen Hauses, zum Aufbau wie zur Erbauung der Gemeinde beitragen können, ist ein notwendiges Gegengewicht gegen den mutlosen Einspruch: Ich kann das nicht, mir fehlt die Zeit.

Überhaupt ist allen neutestamentlichen Bildern von der Gemeinde gemeinsam, dass sie das besonders wertschätzen, was wir heute das Ehrenamt nennen. Zwar kann das Neue Testament von der Verkündigung der Christusbotschaft gar nicht hoch genug reden; das Amt, das die Versöhnung predigt, wird mit starken Worten gewürdigt. Aber auch die vielfältigen Charismen, die unterschiedlichen Gaben, in denen sich Gottes bunte Gnade Ausdruck verschafft, werden wieder und wieder mit besonderer Liebe hervorgehoben. Wir sind damit beim Kern dessen, was auch heute ansteht: dass wir das Amt, das die Versöhnung predigt, in besonderer Weise schätzen und der Vielfalt der Begabungen, die in eine Gemeinde eingebracht werden, zugleich mit besonderer Liebe begegnen.

Natürlich gibt es auch andere Bilder für die Gemeinde als die vier neutestamentlichen, an denen ich mich gerade orientiert habe. Auch schon ein Kind von sieben Jahren, so hat Luther in den Schmalkaldischen Artikeln behauptet, kenne diese Bilder:

»Es weiss gottlob ein Kind von sieben Jahren, was die Kirche sei, nämlich die heiligen Gläubigen und die ›Schäflin, die ihres Hirten Stimme hören‹; denn also beten die Kinder: ›Ich gläube (an die) eine heilige christliche Kirche‹. Diese Heiligkeit stehet […] im Wort Gottes und rechtem Glauben.«

Luther selbst kam dabei vor allem das Bild von den Schafen, die ihres Hirten Stimme hören, in den Sinn. Freilich hatte er bei dem Hirten weniger den Pastor, sondern stärker den Herrn im Blick, von dem der 23. Psalm sagt, er sei »mein Hirte«.

In der jüngeren Vergangenheit orientierten sich viele an den Bildern der Bergpredigt – dem Bild von der Stadt auf dem Berg, vom Licht der Welt, vom Salz der Erde (Matthäus 5,13–16) –, um daran den Öffentlichkeitsauftrag der Gemeinde zu verdeutlichen. Doch wenn wir nach der inneren Verfassung der Gemeinde fragen, die als Stadt auf dem Berg, als Licht der Welt, als Salz der Erde wirksam werden soll, dann stoßen wir im Neuen Testament vor allem auf die vier Bilder, die ich gerade erläutert habe.

Sie sind ermutigend und inspirierend; sie sind aber auch geeignet, gewohnte und eingelebte Vorstellungen von der Gemeinde in Frage zu stellen. Aus keinem dieser Bilder lässt sich einfach ablesen und ableiten, wie nun Gemeinden umgestaltet, Schwierigkeiten der Gemeindeorganisation in Stadt und Land bewältigt oder beispielsweise Gemeindefusionen theologisch beurteilt werden sollen.

Um solche Fragen zu beantworten, müssen wir die biblische Inspiration und die tägliche Erfahrung zusammendenken; wir müssen die Wirklichkeit der biblischen Verheißung und die Wirklichkeit unserer kirchlichen Tatsachen miteinander verknüpfen. Dafür will ich einige zusätzliche Orientierungshilfen geben.

Gemeinde und Kirche. Die Frage nach dem Verhältnis von Kirche und Gemeinde ist eine besondere Herausforderung des evangelischen Kirchenverständnisses. Das Neue Testament fasst beide unter dem Begriff der *ekklesia* zusammen. Luther hat, wie schon erwähnt, dieses biblische Wort immer mit »Gemeinde« übersetzt und das »blinde, undeutliche Wort ›Kirche‹« dahinter zurücktreten lassen. Heute nehmen wir wahr, dass die Kirche Jesu Christi in vielen Gestalten existiert; nicht für alle erweist sich das Wort »Gemeinde« als passend. Wir haben es mit Ortsgemeinden und Profilgemeinden, mit geistlichen Gemeinschaften, diakonischen

Dienstgemeinschaften und Gemeinden, die sich aus besonderen Anlässen zusammenfinden, zu tun. Wir stellen fest, dass der Zusammenschluss von Gemeinden in einer Region an Bedeutung gewinnt; auch das Handeln der Kirche wird in Sozialräumen gestaltet und erlebt. Neue Aufgaben stellen sich aber auch auf den Ebenen von Landeskirchen und ihren Zusammenschlüssen wie im Bereich der ökumenischen Zusammenarbeit, sei es im eigenen Land, im europäischen Rahmen oder in der weltweiten Ökumene. Die vielfältigen Aspekte des christlichen Zeugnisses in unserer Zeit lassen sich allein mit dem Begriff der Gemeinde nicht erfassen. Damit sie in ihrer Zusammengehörigkeit erkannt werden, müssen sie kirchlich miteinander verbunden werden. Der innere Zusammenhang von Kirche und Gemeinde ist deshalb gerade heute von großer Bedeutung.

In der Geschichte der Christenheit begegnet immer wieder die Neigung, diese Zusammengehörigkeit von Gemeinde und Kirche nach der einen oder der anderen Seite hin aufzulösen. Die vermeintliche Selbständigkeit der Einzelgemeinde auf der einen, die Neigung zum Zentralismus auf der anderen Seite zeigen die damit verbundenen Gefahren. Doch christliche Gemeinden, die selbstbewusst von sich sagen: »Wir sind an unserem Teil das Ganze«, sollten zugleich bekennen: »Wir sind das Ganze nur für unser Teil.«

Die Kirche als Institution. Die geschilderte Verhältnisbestimmung zwischen dem Teil und dem Ganzen ist Anlass genug dazu, die abfällige Weise zu überwinden, in welcher unter Evangelischen oft von der Kirche als Institution die Rede ist. Die Vorstellung »Glaube ja – Kirche nein« lässt sich sogar bei manchen kirchlichen Mitarbeiterinnen und Mitarbeitern beobachten – obwohl sie ihre persönliche Existenz durch ihre Berufswahl keineswegs nur an das Ja zum Glauben, sondern auch an das Ja zur Kirche gebunden haben. Doch die Bejahung der Kirche als Institution kann natürlich nicht nur von pragmatischen Gründen abhängig gemacht werden. Die Gründe müssen tiefer liegen.

Die Antwort der Reformation ist eindeutig: In der Beziehung zwischen Gottes Wort und dem darauf antwortenden Glauben hat die Kirche ihren Ursprung; dieser Beziehung wegen ist sie »heilig«, zu Gott gehörig. Das Wort Gottes aber nimmt leibhafte Gestalt an, verbindet sich mit den zeichenhaften Handlungen von Taufe und Abendmahl, lässt sich auf die Elemente ein, die in diesen zeichenhaften Handlungen kommuniziert werden und Kommunikation stiften. Die richtige Verkündigung des Evangeliums und die evangeliumsgemäße Feier der Sakramente von Taufe und Abendmahl werden deshalb im Augsburgischen Bekenntnis von 1530, dem grundlegenden Bekenntnisdokument der Reformation, als das Geschehen hervorgehoben, das die Kirche zur Kirche macht. Zusammenfassend wird die Kirche deshalb als »die Versammlung aller Gläubigen« beschrieben, »bei welchen das Evangelium rein gepredigt und die heiligen Sakramente dem Evangelium gemäß gereicht werden«.

Woran aber bemisst sich, ob das Evangelium »rein«, also richtig verkündigt wird? Die Antwort der Reformation, die evangelische Antwort also, verweist immer wieder auf Jesus Christus als die Mitte der Heiligen Schrift. Wenn zum Ausdruck kommt, »was Christum treibet« (Martin Luther), kann man sich darauf verlassen, dass man es mit einer richtigen Verkündigung des Evangeliums zu tun hat. »Christum treibet« aber die Gerechtigkeit Gottes: »Der Gerechte wird aus Glauben leben« (Römer 1,17). Diese Botschaft von der Rechtfertigung ohne des Gesetzes Werke, allein aus Gnade, allein im Glauben bestimmt deshalb auch das Kirchesein der Kirche.

Wenn in dieser Entsprechung zwischen dem Wort Gottes und der Antwort des Glaubens, zwischen der Verkündigung des Evangeliums und seiner gläubigen Annahme der Ursprung der Kirche zu sehen ist, worin besteht dann ihr Wesen? Auch darauf antwortet schon das Augsburgische Bekenntnis mit wünschenswerter Deutlichkeit: Die Kirche ist »die Versammlung der Gläubigen«. Ihr Wesen hat sie darin, eine Gemeinschaft von Menschen zu sein, die zum Vertrauen auf Gottes Gnade berufen sind und aus ihm zu leben versuchen. Ihr Wesen hat sie darin, eine Gemeinschaft von Menschen zu sein, die miteinander nichts anderes wollen, als diese Gnade Gottes in ihrem Leben wirksam werden zu lassen.

Die Formen, in denen diese Gemeinschaft der Glaubenden Gestalt annimmt, sind unterschiedlich. Tradition und Situation tragen dazu das Ihre bei. Aber bei all dieser Unterschiedlichkeit kommt es darauf an, dass diese Gemeinschaft transparent, durchscheinend ist für das Geschehen, das die Kirche begründet: die Zuwendung Gottes zu seiner Welt, die im verkündigten Wort zur Sprache kommt und in den Sakramenten gefeiert wird. Um dieser Transparenz der Kirche für die Wirklichkeit der göttlichen Gnade willen sind die Evangeliumsverkündigung und die Feier der Sakramente von Taufe und Abendmahl die entscheidenden Kennzeichen der Kirche.

Luther beispielsweise konnte diesen beiden Kennzeichen bei Gelegenheit eine beträchtliche Zahl weiterer Kennzeichen zur Seite stellen, die von der Buße bis zum Martyrium reichten. Das ist ein deutlicher Hinweis darauf, dass der reformatorische Kirchenbegriff Bodenhaftung hat und braucht. Die Kirche ist nicht nur eine geistige Größe! Das evangelische Kirchenverständnis bahnt durchaus den Weg dazu, den Gemeinschaftscharakter der Kirche in seiner Fülle und Vielgestaltigkeit wahrzunehmen. Aber es beharrt darauf, dass die Kirche als Institution des gemeinsamen Lebens ihren Sinn nicht in sich selbst hat, sondern Hinweischarakter trägt. In der Fülle ihrer Gemeinschaftsgestalten soll sie transparent sein für die göttliche Gnade. Deshalb kommt der Institution der Kirche nicht für sich selbst der Charakter der Heiligkeit zu; deshalb kennt sie auch keine Institutionen »heiliger Herrschaft«, so die wörtliche Bedeutung von »Hierarchie«. Heilig wird sie allein durch Gottes Wort und durch die Gegenwart seines Geistes; der aber weht, wo und wann er will.

Aus diesen Gründen ist das reformatorische Kirchenverständnis weit von dem Gedanken entfernt, dass die Gestaltungsformen der Kirche sich als solche unmittelbar aus einem von Gott gesetzten Recht herleiten und deshalb unveränderlich sind. Sie sind – hoffentlich aus dem Gehorsam des Glaubens heraus! – von Menschen geschaffen; unter den jeweiligen Bedingungen muss geprüft werden, ob sie sich bewährt haben und ob sie dem Auftrag der Kirche gerecht werden. Dass die Kirche eine Institution ist, schließt nicht aus, dass sie ein nüchternes Verhältnis zu den organisatorischen Bedingungen ihrer Existenz entwickelt. Denn diese organisatorischen Bedingungen sind Menschenwerk und deshalb auch durch Menschen zu verändern.

Reform um des kirchlichen Auftrags willen. Dieses Verhältnis zwischen Institution und Organisation zu durchschauen, ist eine wichtige Voraussetzung für die Reform der Kirche. Diese Reform ist eine dauernde Aufgabe. Aber sie stellt sich unter bestimmten Bedingungen mit besonderer Dringlichkeit. Für den deutschen Protestantismus im 21. Jahrhundert haben zwei derartige Bedingungen eine besondere Bedeutung. Sie heißen Entkirchlichung und demographischer Wandel.

Die Entkirchlichung, die Deutschland vor allem in der zweiten Hälfte des 20. Jahrhunderts, also in der Zeit der deutschen Teilung, durchlaufen hat, fordert zu einem neuen missionarischen Aufbruch heraus. Und der demographische Wandel, in dem sich die deutsche Gesellschaft befindet, hat zur Folge, dass sich auch die organisatorische Gestalt der Kirche wandeln muss.

Diesen beiden Bedingungen leistet die Kirche aber nur Genüge, wenn sie sich bei allen Reformbemühungen konsequent an ihrem Auftrag orientiert. Diesen Auftrag hat der Magdeburger evangelische Bischof Axel Noack einmal in aller Kürze so beschrieben: »Die Aufgabe der Kirche: den Menschen zu helfen, christlich zu leben und getröstet zu sterben.« Etwas ausführlicher sagt es die VI. These der Barmer Theologischen Erklärung von 1934: »Der Auftrag der Kirche, in welchem ihre Freiheit gründet, besteht darin, an Christi Statt und also im Dienst seines eigenen Wortes und Werkes durch Predigt und Sakrament die Botschaft von der freien Gnade Gottes auszurichten an alles Volk.«

Inhalt und Adressat des kirchlichen Auftrags sind damit klar benannt. Der Inhalt ist die Botschaft von Gottes freier Gnade. Der Inhalt ist das, »was Christum treibet«: Gott sieht den Menschen in Liebe an, unabhängig von Verdienst und Würdigkeit; durch dieses Ansehen bei Gott empfängt der Mensch seine Würde. Und der Adressat des kirchlichen Auftrags ist »alles Volk«. Dieser Ausdruck ist in keiner Weise nationalistisch getönt. Er ist ähnlich umfassend wie »alle Völker« in dem Sendungsauftrag des auferstandenen Christus am Ende des Matthäusevangeliums: »Mir ist gegeben alle Gewalt im Himmel und auf Erden. Darum gehet hin und machet zu Jüngern alle Völker: Taufet sie auf den Namen des Vaters und des Sohnes und des Heiligen Geistes und lehret sie halten alles, was ich euch befohlen habe. Und siehe, ich bin bei euch alle Tage bis an der Welt Ende« (Matthäus 28,18–20).

Man pflegt diese Stelle am Ende des Matthäusevangeliums (»Matthäi am Letzten«) als den »Missionsbefehl« Jesu zu bezeichnen, in dem sein »Taufbefehl« eingeschlossen ist. Für heutige Ohren ist es irritierend, in einem solchen Zusammenhang von »Befehl« zu sprechen; diese Redeweise hat dazu beigetragen, dass auch das Wort »Mission« mit der Vorstellung von Zwang und Überwältigung verbunden wurde. Das hat es in der Geschichte der Mission tatsächlich gegeben. Heute ist uns bewusst, dass Mission auf die freie Einstimmung der Adressaten zielt; Zwang ist kein Weg, um Menschen für den christlichen Glauben zu gewinnen. Deshalb erscheint es als angemessener, vom Missionsauftrag statt vom Missionsbefehl und vom Taufauftrag statt vom Taufbefehl zu sprechen.

Wie das Abendmahl, so geht auch die Taufe auf einen Auftrag Jesu Christi selbst zurück. Deshalb werden nur diese beiden Handlungen im evangelischen Verständnis als Sakramente betrachtet. Unter ihnen ist die Taufe die Eingangstür in die christliche Gemeinschaft. Sie steht in der Tradition eines Reinigungsritus und vergewissert den Täufling, dass er der Macht der Sünde entnommen ist. Sie gibt teil an dem Heilsgeschehen von Kreuz und Auferstehung Jesu Christi. Sie begabt den Täufling mit dem Heiligen Geist. In all dem ist die Taufe eine Gnadengabe, deren Wirksamkeit nicht durch menschliches Handeln, sondern durch Gott verbürgt wird.

Aus diesem Grund hat die Taufe von Säuglingen und Kindern eine innere Rechtfertigung; diese Taufe ist darauf angelegt, dass sie von den Getauften im Lauf ihres Lebens aufgenommen und durch ihr Ja in der Konfirmation bekräftigt wird. Aber die Taufe von Jugendlichen und Erwachsenen hat daneben einen theologisch gleichwertigen Rang. Sie gewinnt in missionarischen Situationen, in denen sich die Kindertaufe nicht oder nicht mehr von selbst versteht, an Bedeutung. Der Wandel von einer traditionell-volkskirchlichen Situation zu einer missionarischen Situation lässt sich an Veränderungen in der Taufpraxis besonders deutlich ablesen. Eine wichtige Aufgabe für kirchliches Handeln besteht darin, diesen Wandel rechtzeitig wahrzunehmen und mit Angeboten zur Taufvorbereitung und mit der Einladung zur Taufe auf ihn zu reagieren. Verfehlt ist es dagegen, sich auch in einer missionarischen Situation ausschließlich an der Kindertaufe zu orientieren; denn dann versäumt man es, geeignete Orte und Zeiten für die Taufe von Jugendlichen und Erwachsenen anzubieten. Damit wird aber der umfassende Auftrag der Kirche verfehlt.

Denn mit dem Taufauftrag Jesu sind alle Menschen in einem denkbar umfassenden Sinn gemeint. Alle Menschen in der Reichweite der jeweiligen Kirche sind deren Adressaten; die Glieder der verschiedenen Generationen sind im Blick. Das Handeln der Kirche ihnen gegenüber zielt auf die Taufe, auf die Eingliederung in den Leib Christi, auf die Zugehörigkeit zur Kirche. Aber gerade weil die Taufe und die Kirchenzugehörigkeit so wichtig genommen werden, ist der Auftrag der Kirche nicht auf die Mitglieder der Kirche beschränkt. Er hat vielmehr aus sich heraus einen missionarischen Zug über die jeweiligen Grenzen der Kirche hinaus. Ob eine Kirche missionarisch ist, gehört nicht zu den Entscheidungen, die zu ihrer Wahl stehen. Es ist mit ihrem Auftrag mitgegeben.

Auf diesem Hintergrund ist es erstaunlich, dass der Ausdruck »Volkskirche« vorzugsweise für kirchliche Verhältnisse verwendet wird, in denen alle oder doch die meisten Glieder einer Gesellschaft der vorherrschenden christlichen Kirche oder einer von mehreren christlichen Kirchen angehören. Dass die Kirche sich nur denjenigen zuwendet, denen das Evangelium schon von Kindesbeinen an vertraut ist, steht nicht im Einklang mit ihrem Auftrag. Dass sie sich darauf verlässt, dass ihre Glieder schon von Hause aus eine »christliche Sozialisation« mitbringen, versteht sich keineswegs von selbst. Wäre diese Vorstellung von Anfang an leitend gewesen, wäre es nie zur Bildung einer christlichen Kirche gekommen.

Heute ist es an der Zeit, sich dem theologisch sachgemäßen Sinn der Rede von der Volkskirche zuzuwenden. Die Kirche ist zu »allen Völkern« gesandt; ihr Auftrag ist es, »die Botschaft von der freien Gnade Gottes auszurichten an alles Volk«. Dafür ist zweierlei zugleich notwendig: den Glaubensschatz und die Überlieferungen der Kirche zu bewahren und so zu nutzen, dass es den Zugang zu Gottes freier Gnade erleichtert; aber auch steril Gewordenes abzustreifen und neue Wege für die Verkündigung des Evangeliums und den Dienst am Mitmenschen zu suchen.

Bewahren und Verändern gehören zusammen; für deren Verbindung ist es hilfreich, dass die evangelische Kirche ihre Strukturen nicht als solche mit einer göttlichen Autorität versieht und den kirchlichen Ämtern nicht den Status einer »heiligen Herrschaft« verleiht. Daraus spricht, recht verstanden, keine Gleichgültigkeit gegenüber der institutionellen Gestalt der Kirche, der besonderen Verantwortung des geistlichen Amts, der Bedeutung von klar geregelten Zuständigkeiten oder der liturgischen Disziplin im Gottesdienst. Worum es geht, ist etwas anderes: Auch solche Zuständigkeiten und Verantwortlichkeiten sind daran zu messen, ob sie der Transparenz der Kirche für die Wirklichkeit Gottes dienen oder ihr im Wege stehen.

Reform um der Ökumene willen. Auch die ökumenische Gemeinschaft der Kirchen gehört in den Zusammenhang ihres Auftrags zur Reform. Man kann in der ökumenischen Bewegung sogar die wichtigste kirchliche Reformbewegung der jüngeren Kirchengeschichte sehen. Sie nahm zu Beginn des 20. Jahrhunderts in den evangelischen Kirchen ihren Anfang, bezog immer stärker auch die orthodoxen Kirchen ein und wurde im II. Vatikanischen Konzil (1962–1965) von der römisch-katholischen Kirche offiziell bejaht. Sie hat eine große Bedeutung in der Wahrnehmung der Herausforderungen, vor denen die Christenheit in der Einen Welt steht. Denn die ökumenische Bewegung repräsentiert – mehr oder minder bruchstückhaft – die eine weltweite Christenheit.

Zu ihren Aufgaben gehört es zugleich, dem gemeinsamen Zeugnis der christlichen Kirchen ein Fundament zu geben. Gründliche theologische Arbeit half dabei, traditionelle Lehrgegensätze in einem neuen Licht zu sehen; eine herausgehobene Bedeutung für diesen Prozess hat die Gemeinsame Erklärung zur Rechtfertigungslehre, die am Reformationstag 1999 feierlich in Augsburg unterzeichnet wurde.

In diesem Zusammenhang wurde auch die Bedeutung der Taufe als »Band der Einheit« neu wahrgenommen. Die wechselseitige Anerkennung der Taufe, die sich zwischen evangelischer und römisch-katholischer Kirche seit dem II. Vatikanischen Konzil durchgesetzt hatte, wurde für den deutschen Bereich durch eine Vereinbarung bekräftigt, die 2007 im Magdeburger Dom feierlich unterzeichnet wurde. In dieser Erklärung heißt es: »Deshalb erkennen wir jede nach dem Auftrag Jesu im Namen des Vaters und des Sohnes und des Heiligen Geistes mit der Zeichenhandlung des Untertauchens im Wasser bzw. des Übergießens mit Wasser vollzogene Taufe an und freuen uns über jeden Menschen, der getauft wird. Diese wechselseitige Anerkennung der Taufe ist Ausdruck des in Jesus Christus gründenden Bandes der Einheit (Epheser 4,4–6). Die so vollzogene Taufe ist einmalig und unwiederholbar.«

Während hinsichtlich der Taufe dem Auftrag Jesu deutlich der Vorrang vor der Frage nach der kirchlichen Beauftragung der Taufenden zuerkannt wird, machen die Differenzen im Amtsverständnis eine vergleichbare Übereinkunft hinsichtlich des Abendmahls bisher unmöglich. Daraus ergibt sich eine ökumenisch belastende Ungleichzeitigkeit. Denn in den evangelischen Kirchen sind römisch-katholische Christen wie alle Getauften zum Abendmahl eingeladen, weil Christus selbst dazu einlädt. Man spricht in diesem Zusammenhang von »eucharistischer Gastfreundschaft«, weil Christen, die im Gottesdienst einer anderen Konfession am Abendmahl teilnehmen, dabei Glieder der eigenen Kirche bleiben.

Diese eucharistische Gastfreundschaft wird dagegen von der römisch-katholischen Kirche abgelehnt, weil sie die volle Kirchengemeinschaft als Voraussetzung für die Gemeinschaft im Herrenmahl ansieht. Diese Kirchengemeinschaft ist jedoch an die Zustimmung zum Amtsverständnis und zum kirchlichen Amt der römisch-katholischen Kirche gebunden. An der Messe der römisch-katholischen Kirche kann nur teilnehmen, wer in der Einheit mit dem Papst steht. Damit wird die Folgerung verbunden, dass römisch-katholischen Christen die Mitfeier des Abendmahls in evangelischen Kirchen kirchenrechtlich nicht erlaubt ist. Dass diesen strikten Regeln seelsorgerlich begründete Ausnahmen zur Seite treten, ändert an ihrem Inhalt nichts.

Die Differenzen im Amtsverständnis erweisen sich somit als der Kern der fortbestehenden ökumenischen Schwierigkeiten. Das römisch-katholische Amtsverständnis bindet die Treue zur apostolischen Botschaft an die »apostolische Sukzession« der Bischöfe, die in einer als lückenlos vorgestellten Weihetradition mit den Aposteln verbunden sind. Das evangelische Verständnis bindet die »apostolische Sukzession« an die Treue der christlichen Gemeinde zur apostolischen Botschaft im Zeugnis der Verkündigung wie im Dienst in der Welt. Weil sie somit von der Verantwortung der ganzen christlichen Gemeinde ausgeht, fügt sie auch das ordinierte Amt, dem die öffentliche Verkündigung des Evangeliums und die Verwaltung der Sakramente übertragen ist, in die Vielfalt der Ämter und Aufgaben ein, die im allgemeinen Priestertum aller Getauften zusammengeschlossen sind.

Zu fragen ist, ob ökumenische Fortschritte erzielt werden können, auch wenn sich eine Lösung der Amtsfrage einstweilen nicht abzeichnet. Viele Gemeinden, Kommunitäten und Gruppen zeigen durch die von ihnen gelebte Ökumene, dass das möglich ist. Ökumenische Fortschritte ergeben sich dort, wo den Gemeinsamkeiten im christlichen Glauben der Vorrang vor den Differenzen zuerkannt und mit diesen Differenzen respektvoll umgegangen wird. Solche Fortschritte sind dort erkennbar, wo Unterschiede nicht nur als Vertiefungen der Spaltung, sondern als Bereicherungen des gemeinsamen Zeugnisses und als Anstöße zu wechselseitigem Lernen wahrgenommen werden. Ökumenisches Zusammenwirken setzt voraus, dass die ökumenischen Partner im Respekt vor ihrem jeweiligen Kirchesein miteinander verbunden sind. Wie auch immer Aussagen, die den Begriff der Kirche nur für eine Seite reklamieren, dogmatisch begründet sein mögen: ökumenisch werden sie stets Rückschritte bewirken. So sehr ökumenisches Zusammenwirken auf der Treue der Beteiligten zur eigenen Kirche beruht, so sehr beruht es auch auf dem Respekt vor dem kirchlichen Selbstverständnis des ökumenischen Partners.

Vor allem aber beruht ökumenisches Zusammenwirken auf der Freude an dem gemeinsamen Schatz, der allen Kirchen gemeinsam anvertraut ist. Der Epheserbrief beschreibt diesen Schatz so: »Seid darauf bedacht, zu wahren die Einigkeit im Geist durch das Band des Friedens: ein Leib und ein Geist, wie ihr auch berufen seid zu einer Hoffnung eurer Berufung; ein Herr, ein Glaube, eine Taufe; ein Gott und Vater aller, der da ist über allen und durch alle und in allen« (Epheser 4, 3–6).

Die Gemeinde und die Grenzen ihrer Kräfte. Die ökumenische Zusammenarbeit der Kirchen wird auch damit begründet, dass sie in der Gesellschaft mehr bewirken können, wenn sie sich zusammen tun. Gemeinden am Ort können bestimmte Ereignisse gemeinsam überzeugender gestalten. Gewiss reicht eine solche pragmatische Begründung der ökumenischen Aufgabe nicht zu. Aber sie enthält einen berechtigten Hinweis darauf, dass die Kräfte der Kirchen in der Gesellschaft insgesamt wie auch die Kräfte der Gemeinden am Ort begrenzt sind.

»Wir haben diesen Schatz in irdenen Gefäßen, damit die überschwängliche Kraft von Gott sei und nicht von uns«, sagt der Apostel Paulus in einem treffenden Bildwort dazu (2. Korinther 4,7). Auch in einer reichen und wohlhabenden Kirche, wie es die evangelische Kirche in Deutschland ist, nimmt diese Schwäche immer wieder höchst konkrete Gestalt an.

Offenkundig ist, dass Gemeinden immer wieder auf die Grenzen ihrer Kräfte stoßen. Sie sind überaltert oder an Zahl zu gering; sie haben zu wenig Geld und fühlen sich ihren Bauaufgaben nicht gewachsen; sie haben zu wenig Mitarbeiterinnen und Mitarbeiter und können Aufgaben nicht wahrnehmen, die ihnen wichtig sind. Pfarrerinnen und Pfarrer sind für zu viele Gemeinden (so ist es oft auf dem Land) oder für zu viele Gemeindeglieder (so ist es oft in der Stadt) verantwortlich; sie sehen sich mit einer Fülle von Erwartungen aus der Gemeinde konfrontiert und wissen, dass auch darüber hinaus noch viel zu tun wäre. Die Pflichtaufgaben, die dann oft nur erledigt werden können, sind nicht einfach identisch mit den Kernaufgaben, um die Pfarrerinnen und Pfarrer sich in erster Linie kümmern sollten. Ich treffe manche Pfarrerinnen und Pfarrer, die darunter leiden, dass sie sich mehr um die Häuser aus Stein kümmern müssen, die ohne ihr Einschreiten Opfer von Regen oder Schwamm würden, als um das geistliche Haus aus lebendigen Steinen, das die Kirche sein soll. Aber ich weiß natürlich auch von den anderen, die Bauvorhaben oder Arbeitsbeschaffungsmaßnahmen gern zu einem Schwerpunkt machen, weil man bei diesen Projekten erkennen kann, was gelungen ist und geleistet wurde. Beim Bau des geistlichen Hauses aus lebendigen Steinen ist das viel schwieriger.

Im Umgang mit den begrenzten Kräften einer Gemeinde wird bewusst, dass die Botschaft von der Rechtfertigung allein aus Gnade nicht nur den einzelnen Christen, sondern auch der Kirche gilt. Wenn das Glaubensbekenntnis die Kirche »heilig« nennt, dann nicht, weil sie das von sich aus ist, sondern weil Gott sie so ansieht. Die Botschaft von der Rechtfertigung hat es mit diesem »Ansehen« Gottes zu tun. Gott sieht uns so an, dass er uns nicht auf unser Misslingen festlegt. Niemand von uns ist mit seinen Leistungen oder mit seinen Fehlleistungen gleichzusetzen. Wir sind mehr, als wir von uns aus können. Das gilt nicht nur für die einzelnen Christen, sondern auch für die Kirche. Keine Gemeinde ist deshalb gezwungen, alles zu können. Keine wird auf ihr Misslingen festgelegt. Wir scheitern nicht an unseren geringen Kräften.

Eine Gemeinde, die nicht alle ihre Aufgaben erfüllen kann, hört nicht auf, Gemeinde Jesu Christi zu sein.

Aber im Licht dieser Zusage liegt es an den Gemeinden zu tun, was ihnen möglich ist. Und wo sie es nicht allein können, tun sie sich zusammen. In welcher Form das geschieht, ist eine Frage der Zweckmäßigkeit, nicht des Bekenntnisses.

Die Gemeinde und die Grenzen der vertrauten Sprache. Keine Gemeinde wirkt nur nach innen; jede Gemeinde wirkt auch nach außen. Es gibt Situationen, in denen das besonders offenkundig wird. Beerdigungen gehören dazu, die herausgehobenen Anlässe des Jahreslaufs – Erntedank oder Weihnachten – ebenso. Öffentlich aufwühlende Ereignisse nötigen Gemeinden dazu, über ihre Grenzen hinaus zu sprechen und zu beten. Menschen leihen sich in solchen Situationen die Sprache des Glaubens. Sie legen sich, wie Fulbert Steffensky das genannt hat, »für eine Stunde Masken des Glaubens an im Beten der Psalmen und des Vaterunser«. So schwer die Anlässe auch sein mögen, aus denen das geschieht, sie bieten Grund zur Dankbarkeit für die Sprache, die den Glaubenden anvertraut ist und die andere sich aus solchen Anlässen borgen. Denn jeder Mensch braucht für die Trauer eine Sprache, die er nicht selbst erfinden muss; mit schweren Ereignissen können wir Menschen nur umgehen, wenn wir die Hilfe des Ritus annehmen.

Aber anderen borgen können wir nur, wenn wir selbst etwas haben. Frühere Generationen standen in der Gefahr, den Glauben und die religiöse Sprache als einen selbstverständlichen Besitz anzusehen. Unsere heutige Gefahr ist die Flucht aus dem, was uns anvertraut ist. Oder noch einmal mit Fulbert Steffensky gesagt: »Es gibt einen neuen Feind: dass wir uns selber nicht mehr deutlich sind und dass wir unsere eigene Deutlichkeit weder wollen noch schätzen.« Es ist wohlfeil geworden zu behaupten, die alte Sprache des Glaubens trage nicht mehr. Trotz gegenteiliger Erfahrungen halten viele an dieser Behauptung fest. Das geschieht aber nicht in dem Bemühen, die überlieferte Sprache mit der Situation der Gegenwart zusammenzusprechen. Sondern es geschieht eher in einer Fluchtbewegung, in einer Flucht vor sich selbst. Sie aber ist eine Form des Unglaubens.

Die Gemeinde und die Grenzen der Kirchenmitgliedschaft. Damit, dass Menschen sich die Sprache des Glaubens leihen, haben sie sich diese Sprache noch nicht zu Eigen gemacht. Für die allermeisten Christen gilt freilich, dass sie dieser Sprache und auch dem Ort, an dem sie gesprochen wird, in verschiedenen Phasen ihres Lebens unterschiedlich nahe sind. Aber das große Glück eines Lebens als Christ besteht in der Gewissheit, dass in dieser Sprache und in der Wirklichkeit des gnädigen Gottes, auf die sie hinweist, der wahre und einzige Trost im Leben und im Sterben liegt. Deshalb kann sich eine christliche Gemeinde nicht damit zufrieden geben, dass andere sich diese Sprache auf Zeit leihen. Und es muss sie erst recht beunruhigen, dass es Menschen gibt, denen diese Sprache und die Wirklichkeit Gottes vollständig fremd bleiben. Keine Gemeinde kann sich deshalb der missionarischen Aufgabe entziehen, vor der sie steht. So unterschiedlich die Bedingungen auch sind, unter denen christliche Gemeinden heute ihren Aufgaben nachkommen: der missionarische Auftrag ist ihnen gemeinsam.

Dieser Auftrag muss auf die jeweils aktuelle Situation bezogen werden. In vielen Teilen Deutschlands – keineswegs nur im Osten – ist diese Situation unter anderem dadurch bestimmt, dass die Menschen die Kirche zwar massenhaft verlassen haben, aber nur als einzelne zurückzugewinnen sind. Freiheit *aus* Glauben bedeutet auch, dass *zum* Glauben nur in Freiheit gefunden werden kann. Deshalb trägt zeitgemäße Mission die Form des Dialogs, der offenen Kommunikation, des einladenden Gesprächs. Von einem missionarischen Impuls muss das normale gemeindliche Leben ebenso geprägt sein wie die Gruppe derjenigen Veranstaltungen, mit denen die Kirche sich in einer größeren Öffentlichkeit als eine offene und öffentliche Kirche bemerkbar macht.

Auch die Kirchenräume sind nicht nur Versammlungsorte derer, denen die christliche Botschaft vertraut ist. Ihnen eignet vielmehr eine missionarische Ausstrahlung besonderer Art. Sie sind »Zeichen in der Zeit«. Sie sind – ganz im Sinn des mittelalterlichen »Gottesfriedens« – dem Frieden verpflichtete Räume, die dem Dauerkampf des Alltags Oasen des Friedens entgegensetzen und eine andere Dimension des Lebens gegenwärtig machen.

Kirchen sind eine Heimat für alle Seelen. Sie sind Räume der Ewigkeit, nicht nur, weil das Wort Gottes hier gesprochen wird, sondern auch, weil durch Gebet und Gesang, durch Dank und Fürbitte, durch Taufe, Trauung und Beerdigung Menschen ihre Seelen vor Gott öffnen und so diesen Raum mit einer unsichtbaren Patina des Glaubens überziehen. Kirchenräume haben eine starke spirituelle Kraft, sie legen einen heilenden Verband um die Seele des Menschen, damit sie sich erholen kann. Sie verhelfen zur Stille, damit die Stimme des barmherzigen Gottes deutlich zu hören ist. Sie sind die herausgehobenen Orte, an denen sich der Dialog zwischen Kirche und Kultur, zwischen dem Glauben und der Kunst vollzieht. Dieser Dialog ist unentbehrlich, damit der Glaube sprachfähig bleibt. Dieser Dialog trägt zugleich den Charakter einer »indirekten Mission«; denn er eröffnet Menschen, die in anderen Sprachwelten zu Hause sind, den Zugang zur Botschaft des Evangeliums. Es gehört zu den verheißungsvollen Entwicklungen im Protestantismus, dass diese Bedeutung von Kirchenräumen neu erkannt und wahrgenommen wird.

Diakonie und Bildung. Unter den Bedingungen der Moderne sind zwei Aufgabenbereiche der Kirche besonders ins Zentrum der Aufmerksamkeit gerückt: Diakonie und Bildung.

Wahrgenommen wird die Kirche heute vor allem als diakonische Kirche. Neugierig auf Kirche sind Menschen in unserer Gesellschaft, weil sie neugierig sind auf helfenden Glauben, weil sie Zutrauen haben zu einer helfenden Kirche. Die Hoffnung der Menschen auf helfenden Glauben richtet sich in der gleichen Intensität auf Diakonie wie auf Seelsorge und Beratung. Beides muss im Blick sein, wenn wir die diakonische Existenz als Grundbestimmung von Kirche betrachten.

Innerhalb der ökumenischen Gemeinschaft der Christenheit, deren Zusammengehörigkeit immer deutlicher zu spüren ist, liegt die besondere Rolle der evangelischen Kirche und der protestantischen Gestalt des christlichen Glaubens unter anderem darin, dass es um verstandenen Glauben geht. Auch wenn in der weltweiten Ökumene vor allem diejenigen pfingstlerischen oder evangelikalen Richtungen einen besonderen Zuwachs zu verzeichnen haben, für die dieses Bündnis von Glauben und Vernunft, von Glauben und Bildung in den Hintergrund tritt, setzen die Kirchen der Reformation in Europa – auch und gerade in einer missionarischen Situation – bewusst einen anderen Akzent. Auch wenn an vielen Orten – nicht nur in anderen Religionen, sondern auch im Christentum – fundamentalistische Antworten an die Stelle verstehenden Glaubens gesetzt werden, halten sie an dem Bild vom mündigen Christen fest, der sich um das Verstehen seines Glaubens bemüht. Denn dies ist für die Kirchen der Reformation eine unmittelbare Folge aus der Freiheit eines Christenmenschen.

Verantworteter Glaube. Das Priestertum aller Glaubenden, also die gemeinsame Verantwortung aller Getauften, gehört unaufgebbar zum evangelischen Selbstverständnis. Es betrachtet den christlichen Glauben als verantworteten und deshalb auch in die Verantwortungsbereitschaft führenden Glauben. Daraus folgt, dass in der evangelischen Kirche dem, was inzwischen Ehrenamt heißt, ein besonderer Rang und eine angemessene Würdigung zukommen. Freilich kann dabei nicht die Vorstellung herrschen, man könne berufliche Arbeit einfach durch ehrenamtliche Arbeit ersetzen.

Dass der christliche Glaube zur Verantwortungsbereitschaft ermutigt, gilt auch im Blick auf das öffentliche Leben. Christliche Gemeinden und Kirchen würden ihrem Auftrag untreu und sich in die Nische einer selbstgenügsamen Gemeinschaft zurückziehen. Die Kirche würde etwas Entscheidendes verfehlen, wenn sie sich aus der gesellschaftlichen Mitverantwortung verabschieden würde. Das Eintreten für Menschenwürde und Menschenrechte, die Mitverantwortung für Gerechtigkeit, Frieden und Nachhaltigkeit in ökologischer wie sozialer Hinsicht sind immer wieder auf neue Weise aktuell. Dafür ist eine innerkirchliche Verständigung über grundlegende Fragen der gesellschaftlichen Entwicklung ebenso nötig wie die Suche nach einem möglichst breiten ökumenischen Konsens. Der evangelische Beitrag dazu ist noch nicht zureichend definiert, wenn man die Pluralität der Stimmen zum entscheidenden Kennzeichen evangelischer Positionen erklärt. Zwar ist die Gleichberechtigung der Stimmen der Ausgangspunkt evangelischer Urteilsbildung; sie zielt aber auf die Gewichtung der Argumente, auf ihre Prüfung an biblischen Grundaussagen, auf die Verbindlichkeit christlicher Freiheit.

Ausblick. Alles Nachdenken über den Weg der Kirche steht unter einem entlastenden Vorbehalt, den Martin Luther folgendermaßen formuliert hat: »Wir sind es doch nicht, die da die Kirche erhalten könnten. Unsere Vorfahren sind es auch nicht gewesen. Unsere Nachkommen werden's auch nicht sein; sondern der ist's gewesen, ist's noch und wird's sein, der da sagt: Ich bin bei euch alle Tage bis an der Welt Ende.«

Die Zukunft der Kirche liegt in der Hand ihres Herrn. Die Reform der Kirche ist ein Werk des Heiligen Geistes. Aber dass diejenigen, die kirchliche Verantwortung tragen, bei diesem Werk nicht nutzlos daneben stehen, ist ihre Verpflichtung. Alles Bemühen um kirchliche Strukturen gehört in diesen Zusammenhang. Anstehende Strukturreformen auf ökumenischer Ebene, innerhalb der Evangelischen Kirche in Deutschland, in und zwischen ihren Gliedkirchen, auf der Ebene von Kirchenkreisen und Gemeinden haben an Wesen und Auftrag der Kirche ihren entscheidenden Maßstab. Wenn dieses Bemühen nicht zur Selbstbeschäftigung wird, sondern zielstrebig erfolgt und Wirkungen hervorbringt, bildet es einen Beitrag dazu, wichtige Voraussetzungen kirchlicher Arbeit trotz der schwierigen Bedingungen der Gegenwart für eine nächste Generation zu bewahren und zu erneuern. Denn Kirche heute bedeutet, für die Kirche von morgen Verantwortung zu übernehmen. Die Zuversicht zu dieser Verantwortung wächst aus der Zusage, dass die Kirche Jesu Christi sein und bleiben wird.

Evangelische Spiritualität

Wiederkehr der Spiritualität. Spiritualität ist heute ein Wort mit wachsender Resonanz, ein aufsteigender Stern. Es hat eine Aura, an die sich Hoffnung knüpft. Die Aufmerksamkeit für Spiritualität bildet ein wichtiges Gegengewicht gegen den verbreiteten Materialismus unserer Zeit. Sie ist Ausdruck des Protests gegen die Kommerzialisierung von allem und jedem, die dem Menschen zugemessene Lebenszeit eingeschlossen. In ihr meldet sich der Widerspruch gegen einen umfassenden Herrschaftsanspruch der Ökonomie, der auch vor der Ökonomisierung der Seele nicht Halt macht – es sei denn, wir gebieten ihm Einhalt.

Spiritualität gehört zu den wichtigen Quellen, aus denen heraus wir auf die neue Aufmerksamkeit für Religion, die unsere Zeit bestimmt, eine angemessene Antwort finden können. Denn zu den Kräften, die wir in dieser Zeit brauchen, gehört ein starker, persönlicher, inniger Glaube.

Im evangelischen Raum wurde diese Dimension lange Zeit vernachlässigt, weil der Glaube einseitig mit dem Handeln verknüpft wurde. Bestärkt wurde dies durch die öffentliche Meinung: Diakonische Werke finden mehr Anklang als Gottesdienste, soziales Engagement ist beliebter als Beten. Diese Verengung haben viele verinnerlicht; sie haben deshalb angenommen, dass sich am Handeln die »Glaubwürdigkeit« der Gottesbeziehung ablesen lasse. Darüber wurde bisweilen verlernt, in Gott zu ruhen, sich in seiner Liebe zu bergen und seine Gegenwart zu erahnen.

Nun aber fangen viele wieder an, dem Einkehren in Gottes Licht, dem Heimkehren in seinen Geist, dem Staunen vor seinem Geheimnis Raum zu geben. Angesichts eines solchen Wandels kommt es darauf an, dieser neuen Spiritualität eine klare biblische

Orientierung zu geben und christliche Existenz in ihrer Ganzheit zu sehen: in der Einheit von Beten und Tun des Gerechten, wie Dietrich Bonhoeffer auf unüberholte Weise gesagt hat.

Bonhoeffer knüpfte damit an eine alte Tradition an – nämlich an die Einheit von Aktion und Kontemplation, von Arbeiten und Beten. Diese Tradition hat – bis hin zu kommunitären Lebensformen – auch in der evangelischen Kirche Heimatrecht. Die reformatorische Frage nach dem guten Baum, der allein gute Früchte bringt, gewinnt neue Aktualität.

Bei einem guten Baum, so sollte diese Frage deutlich machen, sind zuerst nicht die Früchte des Handelns und Tuns gefragt, sondern die Wurzeln des Hörens, des Einfindens, des Schweigens, Betens, Staunens und Singens. Nach meiner Überzeugung sollte es nicht länger als »typisch protestantisch« gelten, das Innenleben des Glaubens, die spirituelle Landschaft im Herzen, die mit ganzer Seele gelebte Gottesbeziehung zu vernachlässigen. Vielmehr lassen sich gerade aus geistiger und geistlicher Tiefe heraus auch Maßstäbe für das Handeln entwickeln. Aus dem Miteinander von theologischer Klarheit und spiritueller Dichte heraus werden wir auch in unseren Taten, in unserem Sagen und in unserem Trösten Gewissheit finden und Überzeugungskraft entwickeln.

Denn dazu ist es notwendig zu erkennen, dass unser eigenes, vermeintlich großes Ich nicht der Mittelpunkt der Welt ist. Nur wenn wir Gott im Zentrum sehen, können wir all den bedrängten, weinenden, verzweifelten Menschen, die unsere Welt trotz aller sozialen und diakonischen Anstrengung weiter kennen wird, zusagen und verheißen, dass der Glanz Gottes dem Kummer, dem Dunkel, dem Abgründigen und Bösen nicht das letzte Wort lässt. Sollen denn die Bedrängten, Vernachlässigten, Einsamen und Gequälten nicht nur in dieser Welt verlieren, wie es ja leider oft genug geschieht, sondern auch noch in jener Welt, aus der wir kommen, zu der wir gehen, und deren Frieden die Herzen trösten kann?

Ich bin davon überzeugt, dass neben kritischer Aufklärung und dialogischer Toleranz, neben sozialem Engagement und diakonischem Tun auch eine gereifte Innerlichkeit, auch eine an Bibel und Bekenntnis orientierte Sehnsucht nach einem Ankommen bei Gott eines der kräftigsten Widerstandsnester gegen allen religiösen Terrorismus und Fundamentalismus bildet. Deshalb freue ich mich über die Wiederkehr der Spiritualität und will gern an ihr Anteil haben.

Vagabundierende Spiritualität. Ohne Zweifel beobachten wir bei der Suche nach Spiritualität mancherlei Vagabundieren. Auch aus Enttäuschung über einen in den etablierten Kirchen verspürten Mangel an lebendiger Spiritualität sind viele Menschen auf der Suche nach neuen Wegen. Vor Umwegen oder Irrwegen werden sie dabei nicht bewahrt.

Die neue Spiritualität, von der die nötige Widerstandskraft gegen die Verzweckung unseres Lebens und gegen die Instrumentalisierung unserer Seele erhofft wird, gerät selbst in den Sog des Konsumismus. Menschen auf der Suche nach Spiritualität werden als Kunden entdeckt. Ihre Zahlungsfähigkeit verführt dazu, Spiritualität als Ware anzubieten. Die Frage nach der Wahrheit wird dabei ausgeblendet; richtig ist, was nützt – und was sich verkauft.

Spiritualität vermischt sich mit Wellness und Kommerz. Es werden Tropfen heiligen Wassers aus der Quelle zu Lourdes verschickt, eingetrocknet auf Postkarten, damit man sich Flaschen davon bestellen möge. Oder es werden spirituelle Haarschnitte angeboten. Vermeintliche Experten bestimmen in Kirchen die Punkte, an denen sich Energieströme verstärken. »Entschleunigungstrainer« bieten ihre Dienste an; Fastenseminare sind bisweilen teurer als eine opulente Vollpension. Fernöstliche Meditationstechniken werden angeboten. Eine vagabundierende Spiritualität verbreitet sich über das Land, verspricht berufliche Erfolge, Gesundheit, Kräfte zur Lebensbewältigung und Gotteserfahrungen.

Aber auch noch diese vagabundierende Spiritualität enthält Hinweise auf eine Sehnsucht, die Menschen ohne kirchliche Bindung mit solchen verbindet, die kirchlich engagiert sind. Sie suchen nach Erfahrungen, die stärker sind als die verwirrenden und kräftezehrenden Eindrücke des Alltags; sie suchen nach einer Mitte für ihre Lebenspraxis, die zu klarer Orientierung verhilft. Sie halten Ausschau nach Hinweisen dafür, dass das Leben »mehr als alles« ist. Jede Spiritualität bezieht sich auf einen »Höchstwert«, auf etwas Absolutes, auf die Gottheit oder ihre Offenbarung, auf das Nichts oder die Leere, auf das, was die Welt im Innersten zusammenhält.

Spiritualität als Sinn für Transzendenz. Auch in der Gestaltung der Spiritualität besteht die Gefahr, in die »Diesseitsfalle« zu tappen, die zu den großen Gefährdungen unserer Zeit gehört. Die Reduktion der Wirklichkeit auf das Messbare wird zwar von vielen Menschen in Frage gestellt. Andererseits lässt die Lebensgestaltung zwischen beruflichen Anforderungen und selbst erhobenen Ansprüchen im Freizeitbereich für ein »Jenseits« kaum Raum.

Zudem gibt es manche Formen von Religiosität, die ohne den Bezug auf eine Transzendenz auskommen. Der Arzt Klaus Dörner spricht in diesem Zusammenhang von der »Diesseitsfalle, in der der Mensch vor lauter Entlastung vom Anderen, Fremden, Äußeren im Saft der reinen Immanenz schmort.« Prägnant gibt Woody Allen die ambivalente Haltung vieler Zeitgenossen wieder: »Natürlich gibt es eine jenseitige Welt. Die Frage ist nur: Wie weit ist sie von der Innenstadt entfernt, und wie lange hat sie geöffnet?«

Ob die verfügbare Wirklichkeit als geschlossenes System verstanden wird oder ob sie in eine umfassendere Wirklichkeit eingebettet ist, der sie sich verdankt und vor der wir verantwortlich sind, ob die Welt ihrer eigenen Logik überlassen bleibt oder ob die Horizonte des Universums offen sind, das bestimmt das Lebensgefühl der Menschen grundlegend. Davon hängt ab, wie sie ihr Leben wahrnehmen und gestalten, wie sie ihren Ort im Kosmos finden, wie sie mit der Endlichkeit des eigenen Lebens umgehen.

Die Möglichkeit dazu, einen solchen Ort in der Wirklichkeit zu finden, wird in den Erzählungen des Glaubens erschlossen.

Damit sie wirken können, müssen sie immer wieder erinnert, meditiert und neu gedeutet werden. Sie verbinden sich mit den Personen, mit denen zusammen wir uns an sie erinnern. Sie wollen nicht nur gewusst, sie wollen Teil der persönlichen Spiritualität werden. Der Zugang dazu, unseren Ort in dieser größeren, von Gott bestimmten Wirklichkeit zu finden, erschließt sich in der Feier des Glaubens. Aus ihr lebt auch die persönliche Spiritualität. Aber diese Teilhabe an der Wirklichkeit Gottes will verleiblicht werden und in unserem Alltag einen festen Ort erhalten. Deshalb brauchen wir eine Übung der Spiritualität, feste Formen der Frömmigkeit, die uns in guten wie in schweren Tagen tragen und zum Schwarzbrot unseres Glaubens werden können. Dass biblische Texte in unserem Leben einen festen Ort haben, ist dafür genauso wichtig wie der Raum für Zeiten der Stille, die Praxis der Meditation und die Übung des Gebets.

Christliche Spiritualität. Spiritualität ist kein spezifisch christliches Phänomen. Es gibt selbstverständlich eine muslimische Spiritualität, es gibt die Spiritualität buddhistischer Mönche oder indianischer Riten und vieles andere mehr.

Man sucht in fernöstlichen Traditionen, in esoterischen Praktiken, aber durchaus auch in christlichen Kirchen. Manchmal hat die Spiritualität unserer Tage weniger ein spirituelles Gegenüber im Auge als vielmehr die Methoden, die Zugang zu einem Absoluten versprechen. Atemübungen oder Phantasiereisen, Kerzen oder Klangschalen, Steinmeditationen oder Stilleübungen mögen Hilfen auf einem Weg sein, aber das Ziel sind sie nicht. Andererseits verbinden sich mit den gewählten Methoden auch unerkannte Inhalte, die dem Suchenden verborgen bleiben und ihn, weil nicht reflektiert, ungeprüft besetzen können.

Trotz der vielfältigen Gestalten, in denen Spiritualität heute begegnet, ist festzuhalten: Der Begriff »Spiritualität« ist christlichen Ursprungs. Er leitet sich vom *Spiritus Sanctus*, dem Heiligen Geist, her. Wo der Heilige Geist Fühlen, Denken und Handeln eines Menschen bestimmt, ist sein Leben spirituell. Frömmigkeitspraxis, Lebensgestaltung und Glaube sind in dem Wort »Spiritualität« zusammengefasst. »Ich glaube, dass ich nicht aus eigener Vernunft noch Kraft an Jesus Christus, meinen Herrn, glauben oder zu ihm kommen kann; sondern der Heilige Geist hat mich durch das Evangelium berufen, mit seinen Gaben erleuchtet, im rechten Glauben geheiligt und erhalten«, schreibt Martin Luther in seiner Erklärung zum Dritten Artikel des Apostolischen Glaubensbekenntnisses. Das Thema dieser Erklärung nennen wir heute »Spiritualität«.

Nehmen wir die Herkunft des Wortes ernst, dann bezeichnet Spiritualität ein Beziehungsgeschehen. Gottes Geist wirkt auf den Menschen ein; der Mensch nimmt diese Wirkung wahr, er nimmt sie auf und setzt sie in sein Leben um. Das Gegenüber, auf das Christinnen und Christen sich beziehen, ist nicht die Leere oder ein anonymes Absolutes, sondern der Gott, den Jesus Christus gezeigt und auf den hin er gelebt hat. Insofern ist christliche Spiritualität exklusiv. Aber weil dieser Gott lebendig und unverfügbar ist, ist sie nicht eng. Wie jede Beziehung gestaltet sie sich gemäß der persönlichen Lebenssituation der Beteiligten, sie bleibt ein Prozess.

Christliche Spiritualität meint also nicht nur einen Sektor des Lebens, sondern das Leben im Ganzen. Sie ist eine Frömmigkeitskultur, die authentisch gelebt wird; sie kennzeichnet einen christlichen Lebensstil. Sie ist Wahrnehmung Gottes im Glück der Menschen, in der Schönheit der Natur und im Gelingen des Lebens. Sie ist aber ebenso die Wahrnehmung der Augen Christi in den Augen eines hungernden Kindes (Elisabeth von Thüringen), die Erfahrung seiner Nacktheit in einem nackten Bettler (Martin von Tours). Christliche Spiritualität ist eine Spiritualität der Umkehr. Sie folgt dem großen Finger Johannes des Täufers auf Grünewalds Isenheimer Altar: »Er muss wachsen, ich aber muss abnehmen« (Johannes 3,30).

In der Spiritualität geht es nicht um meinen Geist, sondern um den Geist Gottes. Christliche Spiritualität ist deshalb nicht Vergeistigung, sondern Verleiblichung des Glaubens im gelebten Leben. Spirituelle Glaubenszugänge gründen auf der Zusage des

Heiligen Geistes. Um dieser Zusage willen geben sie dem Zweifel Raum und halten der Anfechtung stand. Gelebte Spiritualität schafft dem Glauben eine Heimat.

Rituale des Sonntags und des Alltags. Gewiss braucht man für diese gelebte Spiritualität außerordentliche Möglichkeiten. Der Rückzug in ein Kloster hat auch für evangelische Christen eine neue Anziehungskraft entwickelt. Für einige Tage am verlässlichen Tagesrhythmus einer Kommunität teilzunehmen, mit festen Gebetszeiten am Morgen, am Mittag und am Abend, mit Zeiten des Schweigens und mit gemeinsamen Mahlzeiten, die nach einer festen Ordnung verlaufen – all das tut der Seele wohl und tröstet über die Unruhe hinweg, die einen schon bald wieder ergreifen wird. Doch etwas davon brauchen wir auch für unseren Alltag, für den Rhythmus des Tages und der Woche.

Die Behauptung, der moderne Mensch lasse sich die Ritualisierung seines Lebens vom Fernsehen vorgeben, kann nicht das letzte Wort behalten. Schon deshalb geht das nicht, weil mit der digitalisierten Vervielfältigung von Fernseh-, Rundfunk- und Internetangeboten jeder Mensch ein eigenes Tagesgerüst und ein starkes persönliches Rückgrat braucht, wenn er nicht in der Flut umkommen will, mit der die elektronischen Medien ihn umspülen.

Aber auch die Behauptung, der Protestantismus habe nichts mit den Ritualen im Sinn, kann nicht das letzte Wort behalten. Gewiss hat die Reformation den äußeren Ritualen alle Heilsbedeutung abgesprochen. Sie hat auch die Wahl der Rituale freigegeben und dadurch eine Pluralität ermöglicht, die einen vollauf berechtigten Freiheitsgewinn mit sich brachte, in der aber auch die Gefahr der Überforderung schlummerte. Die Reformatoren sahen freilich zugleich, dass die Freiheit im Umgang mit dem Ritus die Gefahr von Formlosigkeit und Beliebigkeit in sich trug. Sie wirkten dem mit konkreten Vorschlägen zur Gestaltung des persönlichen Gebets, der Andacht in der Familie und des Gottesdienstes in der Gemeinde entgegen.

Trotzdem verbinden viele bis zum heutigen Tag die protestantische Tradition mit der Vorstellung, das Wesentliche des Glaubens spiele sich im Innern des Menschen ab. Innerlichkeit gilt als protestantische Errungenschaft wie als protestantische Gefahr. Es trifft zu, dass das Ritual in der Entwicklung evangelischer Frömmigkeit phasenweise sogar unter »Korruptionsverdacht« gestellt wurde. Das war eine Übertreibung, die der evangelischen Frömmigkeit zum Schaden gereichte. Formlosigkeit im liturgischen Handeln wie im persönlichen Auftreten mancher Pfarrerinnen und Pfarrer, Ratlosigkeit im Blick auf das persönliche wie das familiäre Gebet, Sprachlosigkeit im Blick auf die Rechenschaft vom eigenen Glauben sind verbreitete Folgen. Eine Kurskorrektur ist überfällig.

Dass es beim Glauben nicht auf die äußere Form, sondern auf die innere Aneignung ankommt, wird durch eine solche Kurskorrektur nicht in Frage gestellt. Auch eine erneuerte Aufmerksamkeit für die Disziplin liturgischer Gestaltung wird nichts daran ändern, dass die Predigt im Zentrum des evangelischen Gottesdienstes steht. Gleichwohl gilt es, der Einsicht Rechnung zu tragen, dass der Mensch nicht nur von innen nach außen, sondern auch von außen nach innen lebt. Allen Glaubensgemeinschaften ist das vertraut. Wenn das Verhältnis zu Gott, zur Welt und zu sich selbst, das sie vermitteln, als »Religion« bezeichnet wird, dann bestimmt dieses Leben von außen nach innen sogar die Wahl dieses Begriffs. Denn das Wort »Religion« leitet sich von dem lateinischen Verbum »religere« ab. Es bedeutet »wieder lesen« oder allgemeiner: etwas regelmäßig tun, etwas beständig wiederholen. Religion hat es mit der regelmäßigen Einübung der Gottesbeziehung zu tun. Zur Religion gehört, dass insbesondere das Gebet einen regelmäßigen Ort und eine regelmäßige Zeit, aber auch eine regelmäßige Form, ja sogar einen regelmäßigen Inhalt hat.

Im Blick auf den gemeinsamen Gottesdienst ist uns das vertraut. Die ersten Christen entschlossen sich sehr früh dazu, den Tag der Auferstehung Christi, also den Sonntag, zu ihrem Gottesdiensttag zu machen. Sie wählten dafür auch eine feste Zeit, nämlich die Zeit des Sonnenaufgangs, also den frühen Morgen.

Kaiser Konstantin der Große erklärte im Jahr 321 eben diesen Sonntag – den »verehrungswürdigen Tag der Sonne«, wie er in Anspielung an den zu seiner Zeit noch geläufigen Kult des Sonnengottes sagte – zum arbeitsfreien Tag für die Richter, die Stadtbevölkerung und alle Erwerbstätigen außer den Bauern. Daraus entwickelte sich im weiteren Verlauf des 4. Jahrhunderts eine Verbindung zwischen dem christlichen Gottesdiensttag und dem Tag der Arbeitsruhe.

Auch wenn die Pflicht, die Arbeitsruhe einzuhalten, erst mit der modernen Arbeitsgesetzgebung zum Allgemeingut wurde, war doch die Verbindung zwischen der »Auszeit« für die arbeitende Bevölkerung und dem gemeinsamen Gottesdiensttag schon lange zuvor von kulturprägender Bedeutung. Es war folgerichtig, dass die Christen das Gebot, den Sabbat zu heiligen, auf den Sonntag übertrugen; schließlich anerkannte auch der Staat den Auftrag, die Sonn- und Feiertage als »Tage der Arbeitsruhe und der seelischen Erhebung« (so das deutsche Grundgesetz im Anschluss an die Weimarer Reichsverfassung von 1919) unter seinen besonderen Schutz zu stellen.

In der ebenso pluralen wie mobilen Gesellschaft, in der wir leben, wird auch die Sonntagskultur plural und mobil. Dennoch bleibt der gemeinsame und verlässliche Gottesdiensttag für die religiöse Praxis wie für die Sozialkultur ein Gut von hohem Rang. Doch was für den gemeinsamen Gottesdienst, auf dessen Zeit und dessen Ort Verlass ist, gilt, das gilt ebenso für den Rhythmus der persönlichen Frömmigkeit.

Insbesondere im Zusammenleben mit Kindern zeigt sich die große Bedeutung fester Rituale. Die bergende Bedeutung des Abendgebets behält jeder im Herzen, der ein solches Abendgebet erlebt hat. Wer mit Paul Gerhardt einschlafen durfte, vergisst das ein Leben lang nicht, mitsamt den Rätseln, die dessen Abendlied aufgibt: »Breit aus die Flügel beide / o Jesu, meine Freude, / und nimm dein Küchlein ein. / Will Satan mich verschlingen, / so lass die Englein singen: / ›Dies Kind soll unverletzet sein.‹«

Wie das Lied oder das Gebet zum Abend einen festen Ort und eine feste Zeit haben, so ist es mit den wiederkehrenden Elementen der persönlichen Spiritualität. Für jeden Glaubenden – aber auch für jeden, der auf der Suche nach einer eigenen Glaubensgewissheit ist, also auch für jeden Zweifelnden – ist es eine Hilfe, wenn er für die eigene Spiritualität ein klares Vorhaben hat. Es mögen die zwei biblischen Sätze aus dem Alten und dem Neuen Testament sein, die das Herrnhuter Losungsbüchlein jedem einzelnen Tag beigesellt; oder es mag ein längerer biblischer Text sein, wie er dem Kirchenjahr zugeordnet ist oder sich aus einer fortlaufenden Bibellese ergibt. Es mag die Sprache der Psalmen oder der großen Kirchenlieder sein, in der wir uns bergen. Es mag ein Gebet aus der Geschichte christlicher Frömmigkeit oder ein persönlicher Gebetswunsch sein. Was auch immer es ist – die Spiritualität des Alltags enthält viele Möglichkeiten. Es kommt nur darauf an, nicht vor der möglichen Vielfalt zu kapitulieren, sondern etwas Bestimmtes zu ergreifen. Das ist keine Festlegung für alle Zeit; auch die eigene Glaubenspraxis kann sich wandeln. Aber jeweils auf Zeit braucht jeder etwas, woran er sich hält. Die eigene oder die gemeinsame Zeit für Hören und Beten darf nicht jedem Angriff des Kalenders oder eines unerwarteten familiären Ereignisses schutzlos ausgeliefert sein.

Das Vaterunser. Die »Einübung im Christentum« braucht feste Rituale. Ihr Kern ist gewiss das Gebet, das die Christenheit Jesus Christus selbst verdankt, das Vaterunser. In der Zahl seiner Bitten folgt es der Siebenzahl, die für die christliche Frömmigkeit insgesamt eine so außerordentliche Bedeutung hat: sieben Gaben des Geistes, sieben Werke der Barmherzigkeit, sieben Bitten des Vaterunsers.

Der Alltag wird in ihm genauso ins Gebet genommen – »Unser tägliches Brot gib uns heute« – wie die kühnsten Hoffnungen des Glaubens: »Dein Reich komme«. Die Anfechtung durch das Böse kommt genauso zur Sprache wie die Kraft der Vergebung. Der Trost wird laut, der sich einstellt, wenn wir Himmel wie Erde dem Willen Gottes anvertrauen; denn es ist ein Wille zum Guten. Doch gerahmt sind diese sieben Bitten durch einen Lobpreis der Erhabenheit Gottes am Ende und durch die zärtlich-nahe Anrede Gottes als Vater, zu der Glaubende in Jesu Namen den Mut fassen können. Deshalb ist das Vaterunser der Grundtext christlicher Spiritualität, eine Einübung ins Christentum schlechthin.

Ein Leben mit den Grundvollzügen und den Grundtexten christlicher Frömmigkeit stiftet Heimat. Mit ängstlicher Enge ist das nicht zu verwechseln. Vielmehr erwächst aus einer solchen Beheimatung ein weitherziger, weltoffener Glaube, der dem Dialog mit anderen Überzeugungen und Glaubensweisen zugetan ist und auch aus deren Traditionen zu lernen vermag.

Persönliche und öffentliche Dimensionen von Spiritualität. Seit den sechziger Jahren des 20. Jahrhunderts stand im Mittelpunkt der Wahrnehmung zumindest in der Evangelischen Kirche die politische und soziale Verantwortung. Dass die Kirche sich seelsorgerlich um die Sorgen und Probleme der Einzelnen kümmert, dass sie durch diakonische Initiativen darauf reagiert und dass sie die Zeichen der Zeit auch in ihrer Verkündigung deutet – das war der vorrangige Aufgabenkatalog der Kirche.

Zu Beginn des 21. Jahrhunderts haben sich die Prioritäten verschoben. Nun werden geistliche Kommunikationsmöglichkeiten gesucht. Ausdrücklich wird die Erwartung geäußert, dass die Kirche Raum für Gebet, Stille und innere Zwiesprache bietet; so soll sie Wege zur Begegnung mit dem Heiligen schaffen. Solcher geistlichen Kommunikation sollen Verkündigung, Gottesdienst und Seelsorge dienen. Die Kirche wird dafür in Anspruch genommen, durch Übergangsrituale biographische Umbruchsituationen zu deuten und zu gestalten. Großes Gewicht hat die Pflicht der Kirche, Menschen in Krisen beizustehen und ihnen Wege aus äußerer wie innerer Not zu zeigen.

Die Verschiebung ist evident. Die politisch-soziale Aktion ist nicht in den Hintergrund getreten; aber es ist sichtbar geworden, dass sie eine Basis braucht. Diese wurde vernachlässigt; man lebte von der Substanz.

Die Verschiebung der Wahrnehmung und der Bedürfnisse spiegelt sich nicht nur in der Suche von Menschen, denen die gewohnte kirchliche Frömmigkeit unvertraut ist. Sondern neue Suchbewegungen zeigen sich auch im Kernbereich der christlichen Gemeinden und in der kirchlichen Mitarbeiterschaft. Man sucht nach Gestaltungsmöglichkeiten im zerrissenen, oft fremdbestimmten Tageslauf, man meldet sich in den entsprechenden Häusern zu Zeiten der Meditation und Stille an, vor allem aber erhofft man eine heilende Wirkung der persönlichen Spiritualität auf das berufliche und private Leben. Es geht um »Futter für die Seele«, um die Zufuhr geistlicher Energie, die ebenso nötig ist wie die täglichen Mahlzeiten.

»Gott, lass dein Heil uns schauen, / auf nichts Vergänglichs trauen, / nicht Eitelkeit uns freun; / lass uns einfältig werden / und vor dir hier auf Erden / wie Kinder fromm und fröhlich sein.« Matthias Claudius hat Quelle und Perspektive evangelischer Spiritualität unnachahmlich beschrieben. Bischöfin Maria Jepsen zitiert diese Strophe und erinnert, gut protestantisch, daran, dass die Sorge für »den kranken Nachbarn« zur christlichen Spiritualität dazugehöre; mit ihm beendet Matthias Claudius sein Abendlied »Der Mond ist aufgegangen«, aus dem ich gerade zitierte: »Verschon uns, Gott, mit Strafen / und lass uns ruhig schlafen. / Und unsern kranken Nachbarn auch!«

Zu den Neuanfängen christlicher Spiritualität wird es gehören, von denen zu lernen, die mit den Formen christlicher Frömmigkeit vertraut geblieben sind. Das einfache Alphabet der Frömmigkeit lernen wir am leichtesten, indem wir uns den Erfahrungen derer anschließen, die in diesem Alphabet geübt sind. Fulbert Steffensky sagt dazu: »Es ist tröstlich zu wissen, dass das eigene Haus Schätze der Weisheit birgt und dass wir nicht völlig angewiesen sind auf die Spiritualitätskonzeptionen aus anderen religiösen Gegenden. Es ist schön, wenn man über den eigenen Tellerrand schauen kann und die Schätze der anderen nicht verachten und sich selber als einzigartig erklären muss. Komisch aber wirkt man, wenn man nur in den Vorgärten der Fremden grast und der eigenen Tradition nichts zutraut. Wenn man weiß, was die eigenen Schätze sind, dann kann man sich in Freiheit und Gelassenheit den fremden zuwenden.«

Erwachsen werden und Kind bleiben. Besorgte Kultursoziologen stellen fest: Es gibt in unserer Gesellschaft eine Weigerung, erwachsen zu werden. Das zeigt sich an dem Wunsch, so lange wie möglich in der elterlichen Wohnung zu bleiben; es zeigt sich an langen Ausbildungszeiten, an der Ausweitung der Jugendkultur bis in das dritte oder vierte Lebensjahrzehnt und an der späten, oft zu späten Bereitschaft, sich auf eigene Kinder einzulassen. Oder auch an der lebenslangen Erwartung, andere hätten für das Gelingen des Lebens zu sorgen, vor allem der Staat; der Staat als Vater oder Mutter, die man gelegentlich hintergeht, gegen die man pubertär rebelliert und von denen man doch alles erwartet. Erfüllt der Staat diese Erwartungen nicht, wendet man sich enttäuscht ab und resigniert.

So sehr man solche Haltungen kritisieren mag: Kind zu sein, sich anzuvertrauen, sich fallen zu lassen, andere in der Verantwortung zu wissen, bleibt eine tiefe Sehnsucht auch im Leben von Erwachsenen. Sie hat ihr Recht. Sie ist ein Kontrapunkt zu den Herausforderungen des Lebens, auf die man mit selbstständigen Entscheidungen und der Übernahme von Verantwortung für sich und für andere reagieren muss.

Die offene Frage heißt: Wo bin ich Kind, wo Erwachsener? Christliche Spiritualität ist eine Antwort: Versteh dich als Kind Gottes. Lass ihm die letzte Verantwortung. Versteh dich ihm gegenüber als der Nehmende. Von ihm empfängst du Impulse und Kraft für die andere Seite deines Seins, für das Erwachsensein.

Ein vergleichbares Phänomen wie die Flucht aus dem Erwachsensein ist die verbreitete Neigung, Öffentlichkeit zu suchen, nach Möglichkeit Fernsehöffentlichkeit. Man will gesehen werden. Manche sind süchtig danach.

Dass jemand mich wahrnimmt, sich zu mir verhält, sei es anerkennend, sei es kritisch, ist für mein Selbstverständnis und für mein Selbstbewusstsein wichtig. Wenn niemand mich sieht, wer bin ich dann? Das galt immer schon, das ist ein Aspekt des Menschen als »politisches Tier«, als soziales Wesen. Doch was schützt mich davor, von dieser Sehnsucht nach Anerkennung und deshalb auch von der Öffentlichkeit abhängig zu werden?

Es gibt einen solchen Schutz: das Bewusstsein, dass Gott mich sieht, mich ernst nimmt, sich zu mir verhält. Deshalb ist die Geborgenheit in Gott eine Bedingung gelebter Freiheit. Wer diesen Zusammenhang in sein Innerstes aufgenommen hat, für den wird der Glaube zum Teil der eigenen Vernunft, der eigenen Sinne, der eigenen Leiblichkeit, des eigenen Verhaltens. Er hat eine spirituelle Heimat gefunden.

Demgegenüber ist die Verweigerung des Erwachsenseins Ausdruck einer spirituellen Heimatlosigkeit. In der Sucht nach Öffentlichkeit drückt sich das Fehlen einer Anerkennungserfahrung in der Tiefe aus. Spiritualität dagegen ist zugelassenes Kindsein, das aus der Quelle des Lebens schöpft. Weil sie erwachsen werden lässt, kann sie das gesellschaftliche Leben prägen und öffentliche Bedeutung erhalten. Sie kann dabei helfen, in Gesellschaft und Öffentlichkeit Verantwortung zu übernehmen, ohne sich dabei von der Frage beherrschen zu lassen, ob man dabei selbst gut zur Geltung kommt.

Einatmen und Ausatmen. Der fromme Württemberger Christoph Blumhardt (1805–1880) sagte einmal: »Der Mensch muss sich zweimal bekehren, einmal vom natürlichen zum geistlichen Menschen und dann vom geistlichen zum natürlichen Menschen.« Evangelische Spiritualität hat es mit diesem Doppelschritt zu tun, mit diesem Einatmen und Ausatmen, mit dieser Zuwendung zur Mitte wie der Rückkehr zur Weite des Lebens. Sie verhilft uns dazu, in der Wirklichkeit Gottes Einkehr zu halten und dadurch in der Wirklichkeit unserer Welt anzukommen. Diese Spiritualität erfüllt sich nicht darin, dass wir uns selbst wohlfühlen, indem wir unserer religiösen Wellness einen Dienst tun. Sie ist nicht der Spiegel eines selbstverliebten Individualismus. Denn der Glaube, der uns mit Gott verbindet, weist uns auch aneinander. Für evangelische Spiritualität ist es kein Selbstzweck, sich fremde religiöse Formen auszuborgen. Sondern sie achtet die Schätze, die ihr im christlichen Glauben anvertraut sind, und gewinnt daraus die Weite, auch die Schätze anderer zu würdigen.

Worum es in evangelischer Spiritualität geht, lässt sich an einer Aussage des Apostels Paulus ablesen, die das Verhältnis zwischen Gottes Geist und unserem Geist zum Thema hat. »Welche der Geist Gottes treibt, die sind Gottes Kinder. Denn ihr habt nicht einen knechtischen Geist empfangen, dass ihr euch abermals fürchten müsstet; sondern ihr habt einen kindlichen Geist empfangen, durch den wir rufen: Abba, lieber Vater! Der Geist selbst gibt Zeugnis unserm Geist, dass wir Gottes Kinder sind. [...] Desgleichen hilft der Geist unserer Schwachheit auf. Denn wir wissen nicht, was wir beten sollen, wie sich's gebührt; sondern der Geist selbst vertritt uns mit unaussprechlichem Seufzen« (Römer 8,14–16.26).

Nicht um unseren Geist geht es also in evangelischer Spiritualität, sondern um den Geist Gottes.

Glaube und Vernunft

Ist der christliche Glaube irrational? Wer über den Heiligen Geist spricht, kann diese Frage nicht übergehen.

Auch die Vernunft gehört zu den Gaben des Geistes, so sagen die einen. Der christliche Glaube ist an die Vernunft gebunden und nimmt sie in Anspruch; denn andernfalls müsste Gott selbst, dem der Glaube gilt, als unvernünftig oder widervernünftig gelten. Glaube und Vernunft gehören zusammen, weil Gott und Vernunft zusammengehören.

»Der Geist hilft unserer Schwachheit auf« (Römer 8,26), so zitieren die anderen den Apostel Paulus. Schon er knüpfte in solchen Sätzen an die Haltung derjenigen Mitglieder der frühen christlichen Gemeinden an, die sich als »Pneumatiker«, also als

»Geistleute« bezeichneten. Sie ließen sich vom Geist Gottes weit über das hinaustreiben, was allgemein verständlich war. Sie redeten in Zungen, unabhängig davon, ob andere ihnen folgen konnten oder nicht.

Eine solche »charismatische« oder »pfingstlerische« Frömmigkeit findet heute weltweit große Resonanz. Mit etwa 500 Millionen Mitgliedern sind die Pfingstkirchen und die charismatischen Bewegungen nicht nur die größte Frömmigkeitsbewegung der Gegenwart, sondern der ganzen bisherigen Menschheitsgeschichte. Diese Bewegungen wachsen schnell. Die »Begeisterung«, von der sie geprägt sind, springt auf Menschen über, die auf der Suche nach Halt und Orientierung sind. In vielen Kirchen und Gruppen dieser Art tritt die »Taufe mit dem Heiligen Geist« neben die Wassertaufe. Die Geistbegabung, die Menschen dadurch empfangen, wird in einem sehr unmittelbaren Sinn verstanden. Neben die Bindung der Glaubenden an das Zeugnis der Heiligen Schrift tritt ihre Erleuchtung durch das innere Zeugnis des Heiligen Geistes.

Diese stark wachsenden Bewegungen machen auf ihre Weise deutlich, dass Glaube und Vernunft nicht einfach identisch sind. Der Glaube hat gegenüber der Vernunft ein überschießendes Moment. Aber tritt er deshalb in einen Gegensatz zur Vernunft? Oder stehen beide beziehungslos nebeneinander? Darüber geht der Streit. Dieser Streit ist nicht neu; er gehört vielmehr zu den klassischen Themen in der Geschichte der Christenheit.

Der Vernunft ihr Recht lassen. »Achtung, ihr Theologen: Wenn ihr Sätze über den fixen Stand von Sonne und Erde zu Glaubenssätzen machen wollt, lauft Ihr Gefahr, schließlich diejenigen als Ketzer verdammen zu müssen, die erklären, dass die Erde feststehe und die Sonne ihren Stand wechsle. Ich sage ›schließlich‹ und meine damit den Zeitpunkt, zu dem womöglich physikalisch oder logisch bewiesen werden kann, dass sich die Erde bewegt und die Sonne stillsteht.« Diese Bemerkung von Galileo Galilei (1564–1642), auf die Richard Schröder aufmerksam macht, gibt der Verhältnisbestimmung von Glauben und Vernunft eine besondere Wendung. Denn um des Glaubens willen fordert Galilei dazu auf, der Vernunft ihr Recht zu lassen. Um des Glaubens willen mahnt er die Theologen ähnlich zur Selbstbeschränkung, wie das kurz vor ihm ein anderer Italiener getan hatte, nämlich der Jurist Alberico Gentilis (1552–1608), der den Theologen zurief: »Schweigt, ihr Theologen, im fremden Geschäft – *Silete theologi in munere alieno*!«

Für Galilei war die Unterscheidung zwischen Glauben und Vernunft eine Bedingung dafür, dass beide vereinbar bleiben konnten. Auch seine Kritiker verfolgten dasselbe Ziel – in einer Zeit, in der über Fragen der Kosmologie keine Einigkeit zu erzielen war. Die weitere Entwicklung zeigte, wie falsch es sein kann, den christlichen Glauben mit einem bestimmten Bild des Kosmos gleichzusetzen, selbst wenn dieses naturwissenschaftlich so gut abgesichert ist, wie das unter den Bedingungen der jeweiligen Zeit nur möglich ist.

Im Fortschreiten der Wissenschaft wandeln sich die Weltbilder. Inzwischen gilt auch das heliozentrische Weltbild des Kopernikus nicht mehr ungebrochen; inzwischen sehen wir in unserer Galaxie eine Randerscheinung in der expandierenden Weite des Universums. Ein solcher Wandel des Weltbilds wird heute zumeist auch von denen mitvollzogen, die in anderer Hinsicht ein nach ihrer Auffassung wörtliches Verständnis der biblischen Schöpfungsberichte einfordern.

Achtung, ihr Theologen: Wenn ihr Sätze, die ihren Ort im Bereich menschlichen Erfahrungswissen haben, zu Glaubenssätzen macht, müsst ihr die Frage von Rechtgläubigkeit oder Irrlehre an der Deutung naturwissenschaftlicher Theorien austragen. So kann man Galileis Aussage abwandeln. Dergleichen aber geschieht, wie an einer früheren Stelle dieses Buchs gezeigt wird, in der neuerdings wieder aufgebrochenen Debatte über das Verhältnis zwischen Schöpfungsglauben und Evolutionstheorie. Wenn ein zur Weltanschauung missdeuteter Glaube an die Stelle der wissenschaftlichen Vernunft tritt, wird das Bündnis von Glauben und Vernunft nicht gefestigt, sondern gefährdet. Denn dieses

Bündnis lebt von beidem: von der Unterscheidung zwischen Glauben und Vernunft wie von der Bereitschaft, beide aufeinander zu beziehen und nicht gegeneinander auszuspielen.

Zwar bleibt der Glaube auf die Vernunft bezogen, ja angewiesen. Das gehört zu der Bewegung des Glaubens, der sich um Verstehen und Einsicht bemüht *(fides quaerens intellectum)*. Aber Glaube und Vernunft sind in dieser Bewegung bewusst voneinander zu unterscheiden; sie treten jedoch damit nicht beziehungslos auseinander, werden also nicht voneinander getrennt. Anders gesagt: Wer Gott allein mit den Mitteln der Naturwissenschaft zu erfassen sucht, bringt sich um die Möglichkeit einer Begegnung mit dem befreienden Wort Gottes. Glauben und Vernunft brauchen einander; ihr Verhältnis zueinander muss immer wieder neu bestimmt werden.

Den Glauben nicht von der Vernunft trennen. »Soll denn der Knoten der Geschichte so aufgehen, die Wissenschaft mit dem Unglauben und die Religion mit der Barbarei?« So fragte der Berliner Theologe Friedrich Schleiermacher (1768–1834) einen Freund. Dieser Kirchenvater des modernen Protestantismus suchte zu erweisen, dass Vernunft und Glaube grundsätzlich zusammengehören und deshalb auch im Leben zusammengehalten werden müssen.

Auch zu seiner Zeit nahm er hellsichtig wahr, dass die Verbindung zwischen Glauben und Vernunft von unterschiedlichen Seiten aus in Frage gestellt wird. Während auf der einen Seite die Religion sich den Ansprüchen der Vernunft zu entziehen sucht, wird auf der anderen Seite im Namen der Vernunft die Brücke zur Religion abgebrochen. Doch so soll der »Knoten der Geschichte« nicht aufgelöst werden. Dass der Gott der Philosophen und der Gott der Bibel auseinander treten könnten, hätte Schleiermacher, der Liebhaber Athens wie Jerusalems, schlicht als Katastrophe empfunden.

Die Verbindung von Glauben und Vernunft gehört von Anfang an zu den bestimmenden Merkmalen des Protestantismus. Für manchen Betrachter mag das dadurch verdunkelt sein, dass der Reformator Martin Luther sich unter Einsatz all seiner polemischen Kraft gegen einen Herrschaftsanspruch der Philosophie über die biblische Botschaft zur Wehr setzte und dabei auch vor der Rede von der »Hure Vernunft« nicht zurückscheute. Doch Luther war, ebenso wie die anderen Reformatoren, zugleich davon überzeugt, die Vernunft habe mit all ihrem Vermögen der Erkenntnis der biblischen Wahrheit zu dienen. Schon der junge Luther erklärte deshalb in seinem Kommentar zum Römerbrief, dass die Vernunft »für das Beste« eintrete und »gute Werke« tue. Und der höchste Titel, den er für sich selbst gelten ließ, war derjenige eines »Doctors der Heiligen Schrift«. Damit bahnte die Reformation der Ausbildung der Theologie zu einer kritischen Wissenschaft im modernen Sinn ebenso den Weg, wie sie die Verbindung von Glauben und Bildung in das Zentrum des kirchlichen Auftrags rückte.

In seiner evangelischen Gestalt konzentriert sich der christliche Glaube darauf, dass Jesus Christus die Wahrheit des Evangeliums in Person ist. Diese Wahrheit befreit den Menschen aus der Selbsttäuschung, er verdanke sein Leben sich selbst und könne ihm aus eigener Kraft einen bleibenden Sinn verleihen. Sie verankert die Würde des Menschen in der Wirklichkeit Gottes und somit in einer Macht, die größer ist als er selbst; nur deshalb kann diese Würde als unantastbar gelten. Deshalb konzentriert sich die evangelische Gestalt des christlichen Glaubens seit der Reformation bis zum heutigen Tag auf das Thema der christlichen Freiheit; die evangelische Kirche versteht sich als eine Kirche der Freiheit.

Diese Konzentration hat erhebliche Folgen. Wer sich einer Freiheit verdankt, die unverfügbar ist, weiß sich für die Gestaltung von Räumen verantwortlich, in denen diese Freiheit zur Erfahrung kommt. Deshalb interessiert sich der christliche Glaube für die Bedingungen, Voraussetzungen und Folgen der Freiheit im eigenen Handeln ebenso wie für die Bedingtheiten und Bestimmtheiten des gesellschaftlichen Zusammenlebens. Er setzt sich leidenschaftlich für Lebensverhältnisse ein, in denen Freiheit erfahrbar wird. Deshalb ist er als Religion der Freiheit eine Religion der

Aufklärung und der Vernunft, des freien Dienstes am Nächsten und der politischen Mitverantwortung.

Zwar hat auch das reformatorisch geprägte Christentum die Ambivalenz der Aufklärung erfahren und erlitten. Denn zu ihr gehörte, vor allem in Frankreich, ein philosophischer Materialismus, der den Glauben in den Bereich bloßer Irrationalität abschieben wollte. Darauf antworteten auf der Gegenseite Strömungen, die den Glauben gegen alle Infragestellungen mit den Mitteln der Vernunft zu immunisieren und damit auch gegen jeden Versuch der Auslegung durch eine kritische theologische Wissenschaft abzuschotten suchten.

Beiden Tendenzen gegenüber muss die Freiheit des christlichen Glaubens nicht nur verteidigt, sondern auch erneuert werden. Zur christlichen Freiheit gehört auch die Freiheit, sich seines Verstandes zu bedienen. Aber zu dieser Freiheit gehört auch die Einsicht, dass die menschliche Vernunft endlich ist, und dass es sich beim Kult der Vernunft um eine Form des Götzendienstes handelt. Es dient der christlich verstandenen Freiheit, wenn die Vernunft dem Glauben nachfolgt und in seinen Dienst tritt.

Deshalb ist das Verhältnis von Glauben und Vernunft im evangelischen Verständnis immer wieder in Anknüpfung an die berühmte und schon zitierte Formel des Anselm von Canterbury (1033–1109) zum Ausdruck gebracht worden, die in ihrer vollständigen Form folgendermaßen heißt: »Nicht suche ich nämlich einzusehen, um zu glauben. Sondern ich glaube, um einzusehen. Der Glaube auf der Suche nach Einsicht« *(Neque enim quaero intelligere ut credam sed credo ut intelligam. Fides quaerens intellectum).*

Die Einsicht des Glaubens hat beim Glauben selbst einzusetzen. Von ihm her erschließt sich, was die Vernunft im Kontext des Glaubens aufzuklären vermag. Deshalb hat der Tübinger Theologe Eberhard Jüngel vorgeschlagen, Anselms Rede von dem Glauben, der sich um Verstehen und Einsicht bemüht *(fides quaerens intellectum)*, zu ergänzen und der Klarheit halber davon zu sprechen, dass der Glaube auf der Suche nach Einsicht ist, die ihrerseits auf der Suche nach dem Glauben ist *(fides quaerens intellectum quaerentem fidem).*

Eine nicht durch den Glauben aufgeklärte Vernunft bleibt unerfahren und unaufgeklärt, weil sie sich keine Rechenschaft über ihre Grenzen ablegt. Sie verkennt ihren Charakter als endliche Vernunft, dem Menschen anvertraut, damit er mit seiner endlichen Freiheit umzugehen lerne. Ein nicht durch die Vernunft aufgehellter Glaube aber trägt die Gefahr in sich, barbarisch und gewalttätig zu werden. Stattdessen ist es nötig, die wechselseitige Verwiesenheit von Vernunft und Glauben immer wieder neu zu entfalten.

Den inneren Zusammenhang von Glauben und Vernunft aufklären. Der innere Zusammenhang von Glauben und Vernunft versteht sich keineswegs von selbst. Gegen ihn steht, wie es scheint, ganz besonders eine zweite kopernikanische Wende, nämlich die kopernikanische Wende Immanuel Kants (1724–1804) zum Subjekt als dem unhintergehbaren Ausgangspunkt alles Weltwissens. Besonders folgenreich war es, dass man diesen von Kant vollzogenen Schritt im Sinn einer definitiven Trennung zwischen Weltwissen und Gottesglauben gedeutet hat. Charakteristisch dafür sind die Missverständnisse, die Kants berühmte Aussage auf sich gezogen hat, er habe »das Wissen aufheben« müssen, »um zum Glauben Platz zu bekommen«. Es war durchaus ein Anklang an eine geläufige Fehldeutung dieses Diktums, als Papst Benedikt XVI. es in seiner Regensburger Rede vom September 2006 in der Fassung wiedergab, Kant »habe das Denken beiseite schaffen müssen, um dem Glauben Platz zu machen«.

Diese Veränderung des Wortlauts signalisiert jedoch ein weitreichendes Missverständnis. Denn Kant stellt mit seinen Worten den Gottesgedanken nicht außerhalb des Denkens; und er besetzt nicht einen dadurch entstehenden, vermeintlich vernunftlosen Raum durch den Glauben. Sondern er befreit den Gottesgedanken aus dem Einzugsbereich des Erfahrungswissens, das sich der Mittel der Beobachtung und des Beweises bedient. Er zeigt, dass Gott den Rahmen unserer raumzeitlich geprägten Weltzugänge prinzipiell übersteigt. Damit wird nicht die Idee Gottes, sondern die

Reichweite der Erfahrungswissenschaften eingeschränkt. Die Versuche, Gott als notwendige Ursache aus den Gesetzen der Welt abzuleiten, werden damit hinfällig. Stattdessen wird Gottes Überlegenheit über die Schöpfung neu zur Sprache gebracht. So reißt Kant Vernunft und Glauben nicht etwa auseinander, sondern bahnt einen Weg dazu, dass der Gottesgedanke auch vor dem Forum der philosophischen Vernunft Bestand haben kann. Man mag diesen Weg als problematisch ansehen; aber man sollte sich jedenfalls nicht auf die Aufklärung im kantischen Sinn des Wortes berufen, um die These zu begründen, die Aufklärung habe die Verbindung zwischen Vernunft und Glauben definitiv aufgelöst.

Das christliche Verständnis von Gott als Schöpfer und Erhalter der Welt fügt sich in einen solchen Zugang zum Gottesbegriff durchaus ein. Die verbreitete Rede vom bloßen »Postulatengott«, der nur noch eine vage innerphilosophische Funktion für die praktische Vernunft habe und als eine Art »Erfüllungsgehilfe der protestantischen Ethik« diene, unterschätzt die Bedeutung der Gottesidee für die Freiheit der Person. Im Sinne Kants ist Gott der umfassende Horizont für jegliches Tun, auch für das theoretische Nachdenken. Der einigende Grund der Welt, der allein eine Aussicht auf das Glücken des Lebens eröffnet, schließt so auch die Welt der Wissenschaft und der wissenschaftlich angeleiteten Erfahrung ein. Dem Glauben wird auf diese Weise keineswegs, wie Papst Benedikt XVI. befürchtet, »der Zugang zum Ganzen der Wirklichkeit abgesprochen«. Nein, er *ist* dieser Zugang zum Ganzen der Wirklichkeit. Indem er das Verhältnis zur Wirklichkeit im Gottesverhältnis verankert, eröffnet er einen Zugang zur inneren Einheit des Daseins, in welchem das Verhältnis des Menschen zu sich selbst, zu den anderen Menschen und zur Welt miteinander verbunden ist.

Der Glaube wird in einer solchen Überlegung als eine Einstellung zur Wirklichkeit verstanden, die allem Wissen vorausliegt. Es handelt sich um eine im Vertrauen zu Gott begründete Daseinsgewissheit, der, obwohl sie nicht im Wissen aufgeht, für den Umgang mit allem Wissen eine orientierende Bedeutung zukommt. Es ist ein gravierendes Missverständnis, den Glauben, weil er den Bereich des Wissens überschreitet, für irrational zu erklären oder in einer Kammer des bloßen Fühlens und Meinens einzusperren.

Dass er freilich mehr in sich schließt als die bloße Kenntnisnahme richtiger Lehrsätze, ist gerade im evangelischen Verständnis des Glaubens immer in starker Form herausgearbeitet worden. Denn der Glaube ist nicht nur eine im Wissen beheimatete Gewissheit, sondern er ist eine umfassende Daseinsgewissheit. Zu ihr gehört das Vertrauen in die Gegenwartsmächtigkeit Gottes ebenso wie die innere Zustimmung dazu, sich im eigenen Leben von Gott bestimmen zu lassen. In Gott erschließt sich für den Glaubenden der umfassende Sinn, auf den er für den Umgang mit der Endlichkeit seiner Existenz im Ganzen wie für alles Handeln unter den Bedingungen dieser Endlichkeit angewiesen ist. Damit eröffnet er die Einsicht, dass der Mensch auch als Vernunftwesen nur frei sein kann, wenn er sich von Gott her bestimmen lässt.

In dieser Einsicht findet die Freiheit eines Christenmenschen eine durchaus moderne Fassung. Das ist freilich nur so lange der Fall, wie die Einsicht in die Endlichkeit der menschlichen Vernunft gewahrt ist und der Glaube dem Menschen eine Form der Demut gegenüber Gott eröffnet, die auch die Kraft zur Demut im Blick auf das, was wir Menschen wissen können, einschließt.

Die Aufklärung war diejenige Epoche der Geistesgeschichte, der es darum ging, das menschliche Wissen in sein Recht einzusetzen und die Menschen zum »Ausgang aus der selbstverschuldeten Unmündigkeit« (I. Kant) zu ermutigen. Die Vernunftbegabung des Menschen stand hoch im Kurs; die Autonomie des Menschen sollte auch in Fragen der Religion und der Moral zur Geltung kommen. Von der nötigen Demut im Blick auf menschliches Wissen war die Aufklärung oft weit entfernt. Weil sie zur Überschätzung der mit der menschlichen Vernunft gegebenen Möglichkeiten neigte, muss man tatsächlich von einer »Dialektik der Aufklärung« sprechen.

Man muss diese Dialektik durchschauen; aber man kann zugleich nicht darüber hinwegsehen, dass grundlegende Einsichten der Aufklärung für den christlichen Glauben von unentbehrlicher

Bedeutung sind. Zu ihnen gehört die Unterscheidung zwischen Glaube und Vernunft ebenso wie die Unterscheidung zwischen Religion und Politik. Die christlichen Kirchen haben lange gebraucht, bis sie den säkularen Charakter des Staates und seiner Rechtsordnung nicht als Infragestellung des christlichen Bekenntnisses, sondern als Bedingung gelebter Freiheit und damit auch der Glaubensfreiheit zu achten lernten. Mit ihrem Bekenntnis zur Religionsfreiheit haben die christlichen Kirchen diese Einsicht der Aufklärung in ihr eigenes Glaubensverständnis aufgenommen; ja, sie haben sogar an andere Religionen die Erwartung gerichtet, diesen Schritt mit ihnen zu vollziehen.

Ganz in diesem Sinn hat Papst Benedikt XVI. auf die Notwendigkeit der Aufklärung hingewiesen; auch der Islam, so bemerkte er, müsse diesen Schritt vollziehen. Wörtlich sagte er am 22. Dezember 2006 in einer Ansprache an die Mitglieder der römischen Kurie: »Die muslimische Welt befindet sich heute mit großer Dringlichkeit vor einer ähnlichen Aufgabe, wie sie sich den Christen seit der Zeit der Aufklärung stellte und auf die das Zweite Vatikanische Konzil als Frucht einer langen, mühsamen Suche konkrete Lösungen für die katholische Kirche gefunden hat.«

Eine derartige Formulierung nötigt zu der Rückfrage: Wenn die Aufklärung im Zweiten Vatikanischen Konzil (1962 bis 1965) von der katholischen Kirche auf ihre Weise rezipiert wurde und wenn das Oberhaupt dieser Kirche eine solche Rezeption heute vom Islam fordert – sind dann die Vorwürfe gerechtfertigt, die Papst Benedikt XVI. selbst gegen die Aufklärung erhebt? Soll man dann wirklich den Philosophen, Theologen und auch den Kirchen, die sich im 18. und 19. Jahrhundert um die Verbindung zwischen Aufklärung und christlichem Glauben bemüht haben, durchgängig den Vorwurf machen, sie hätten durch eine »Enthellenisierung« die Verbindung zwischen Glauben und Vernunft aufgelöst? Diesen Vorwurf aber hat Papst Benedikt XVI. kurz vor der gerade zitierten Äußerung, nämlich in seiner Regensburger Rede vom September 2006, erhoben. Ich halte ein solches Pauschalurteil nicht für gerechtfertigt.

Protest gegen das Vernunftwidrige im Namen des Glaubens. Der christliche Glaube leitet dazu an, den Begriff Gottes von der Menschwerdung Gottes her zu denken; sein Kern liegt darin, dass Gott als Person begegnet, als die Person des Jesus von Nazareth. Aus dem darin begründeten Vertrauen in die Zugänglichkeit Gottes ergibt sich im christlichen Verständnis die unlösliche Verbindung zwischen Gott und der Vernunft. Die Aufgabe christlicher Theologie besteht darin, die Entsprechung zwischen Gott und Mensch, die Gott selbst in seiner Menschwerdung offenbart, im Gottesbegriff zu verankern und so die Zusammengehörigkeit zwischen Gott und Vernunft zur Geltung zu bringen.

Wo immer das Vernunftwidrige im Namen Gottes begründet oder gerechtfertigt wird, ist deshalb Widerspruch angesagt. Dieser Widerspruch trifft alle Rechtfertigungen einer Bekehrung durch Gewalt. Das ist heute insbesondere gegenüber der religiösen Legitimation von Gewalttaten im Islam zur Geltung zu bringen. Es nötigt aber auch zu christlicher Selbstkritik angesichts der Rechtfertigung von Gewaltanwendung und von gewaltsamer Bekehrung in der Geschichte des Christentums.

Denn auch die christlichen Kirchen haben der Versuchung durch die Gewalt keineswegs immer widerstanden. In der Auseinandersetzung damit formulierte die Reformation den Grundsatz, das Evangelium solle »ohne Zwang, allein durch das Wort« ausgebreitet werden. Die heutige Friedensethik der Kirchen lässt sich in der Zuwendung zu einer Lehre vom gerechten Frieden und in dem vorrangigen Eintreten für gewaltfreie Mittel von dieser selbstkritischen Einsicht leiten. Nur aus einer solchen selbstkritischen Haltung heraus können die Kirchen an den Islam mit der Erwartung herantreten, dass er der religiösen Legitimation von Gewalt und der Instrumentalisierung von religiösen Überzeugungen zu politischen Zwecken deutlich und wirksam entgegentritt.

Hoffnung

IV. Zur Hoffnung bestimmt

Jesus lebt, mit ihm auch ich.
Tod, wo sind nun deine Schrecken?
Er, er lebt, und wird auch mich
von den Toten auferwecken.
Er verklärt mich in sein Licht;
dies ist meine Zuversicht.

Jesus lebt, ihm ist das Reich
über alle Welt gegeben;
Mit ihm werd auch ich zugleich
ewig herrschen, ewig leben.
Gott erfüllt, was er verspricht;
dies ist meine Zuversicht.

Jesus lebt, wer nun verzagt,
lästert ihn und Gottes Ehre.
Gnade hat er zugesagt,
dass der Sünder sich bekehre.
Gott verstößt in Christo nicht;
dies ist meine Zuversicht.

Jesus lebt, sein Heil ist mein;
sein ist auch mein ganzes Leben.
Reines Herzens will ich sein
und den Lüsten widerstreben.
Er verlässt die Schwachen nicht;
dies ist meine Zuversicht.

Jesus lebt, ich bin gewiss,
nichts soll mich von Jesu scheiden,
keine Macht der Finsternis,

keine Herrlichkeit, kein Leiden.
Er gibt Kraft zu dieser Pflicht;
dies ist meine Zuversicht.

Jesus lebt, nun ist der Tod
mir der Eingang in das Leben.
Welchen Trost in Todesnot
wird er meiner Seele geben,
Wenn sie gläubig zu ihm spricht:
Herr, Herr, meine Zuversicht!

Osterlied
Christian Fürchtegott Gellert (1757)

Die Hoffnung ist der Ernstfall des Glaubens. Denn wie es mit dem Glauben steht, kommt dann heraus, wenn Hoffnung nötig ist. Das Hoffnungsthema wird immer dann brennend aktuell, wenn die Zukunft verstellt scheint.

Erwartung und Hoffnung

So lange die Zukunft mir offen steht, gehe ich voller Spannung auf das zu, was kommt. Die Erwartung des Kommenden speist sich sowohl aus der Erinnerung an Vergangenes als auch aus gegenwärtiger Erfahrung. Gutes, das mir in der Vergangenheit widerfahren ist, wird zur Grundlage der Erwartung, mit der ich auf die Zukunft zugehe. Die Erfahrung, die mich trägt, bürgt für die Gewissheit, mit der ich mich auf die Zukunft einlasse. Ich erhoffe mir Gutes von der Zukunft und vertraue darauf, dass Schwerem, das mir bevorsteht, ein Sinn innewohnt.

Die Zuversicht, die mit solchen Erwartungen an die Zukunft verbunden ist, ist eine Gottesgabe; sie hat mit dem Vertrauen darauf zu tun, dass Gott es gut mit mir meint, weil er es mit seiner Welt gut meint. In der Zuversicht, mit der ich mich dem Leben stelle, nehme ich die Segenskraft Gottes in Anspruch; wenn ich einem anderen Menschen Gottes Segen wünsche, dann verbindet sich damit die Hoffnung, dass er mit Zuversicht auf die Tage zugeht, die vor ihm liegen.

Aber was ist, wenn diese Zukunftsgewissheit schwindet? Das Entgleiten des Vertrauens in die Zukunft gehört zu den schwersten Anfechtungen des menschlichen Lebens. Niemand ist gegen diese Prüfung gefeit. Jedem widerfährt sie in der einen oder anderen Form. Ich kenne vor allem drei Formen, in denen Menschen die Zukunftsgewissheit verloren geht.

Die erste Form ist die ***Ausweglosigkeit***. Schwere *Krankheiten*, aus denen keine Rettung erkennbar ist, können diese Situation herbeiführen. Wenn ein Mensch nach der Diagnose einer lebensbedrohlichen Krankheit um sein Leben kämpft, ist die Lage für ihn nicht ausweglos. Auch wenn er die Krankheit annimmt und die verbleibende Lebenszeit als sinnvoll erlebt, bleibt ihm das Gefühl der Ausweglosigkeit erspart. Doch wenn beides nicht der Fall ist – wenn ihm der Kampf gegen die Krankheit als hoffnungslos erscheint, er aber die Krankheit doch nicht als Teil seines Lebens annehmen kann –, ergreift ihn das Gefühl einer Ausweglosigkeit, in der alles Vertrauen in die Zukunft erstirbt. Gibt es dann eine Hoffnung, die stärker ist als eine solche »Krankheit zum Tode«?

Es gibt auch andere Formen, in denen solche Ausweglosigkeit erfahren wird. *Not* ist unter ihnen besonders zu nennen – ein Zustand also, in dem Menschen der Zugang zum Lebensnotwendigsten versperrt ist. Wenn die elementaren Lebensbedürfnisse – Nahrung und Kleidung, Wohnung und Schlafen, Freude und Liebe – unbefriedigt bleiben, gibt es keinen Ausweg mehr. Wer in die stumpf gewordenen Augen von Kindern blickt, die in äußerster Not aufwachsen und keinen Lebensmut ausbilden können, erkennt: Das Erleben von Ausweglosigkeit ist an keine einzelne Phase des menschlichen Lebenslaufs gebunden. Von der frühesten Kindheit bis zum hohen Alter kann sie einen Menschen treffen.

Gewalt kann den, der sie erleidet, in eine ausweglose Lage stoßen. Die Gewalt gegen Kinder ist deshalb ein so schweres Verbrechen, weil die Angst sie ein ganzes Leben lang nicht loslässt. Die Gewalt, die intime Beziehungen zerstört, erstickt die Liebe, die das Leben trägt. Die Gewalt in öffentlichen Räumen – seien das Straßen, Schulhöfe oder öffentliche Verkehrsmittel – verletzt das Zutrauen dazu, sich in der Öffentlichkeit ohne Furcht bewegen zu können; wer auf solche Weise eingeschüchtert wird, ist nicht frei. Kriege und Bürgerkriege, diktatorische Unterdrückung und systematische Menschenrechtsverletzungen lösen die Erfahrung auswegloser Gewalt aus. Das weckt in uns nicht nur politische, sondern auch menschliche Empörung; wir spüren, dass Menschen das Leben genommen wird; aber selbst wenn sie am Leben bleiben, wird ihnen die Zukunftsgewissheit geraubt.

Als eine zweite Form, in der die Zuversicht stirbt, betrachte ich die ***Beziehungslosigkeit***. Menschliches Leben ist ein Leben in Beziehungen. Die Beziehung zu sich selbst, zu anderen Menschen, zur Welt und zu Gott sind die vier wichtigen Beziehungen, in denen ein menschliches Leben Halt und Gestalt gewinnt. Wo diese Beziehungen verkümmern, gewinnt der Tod mitten im Leben die Macht.

In der Begegnung mit manchen alt gewordenen Menschen erfahre ich, wie mit dem Absterben der Beziehung zu anderen auch die zu sich selbst brüchig wird. Wenn es niemanden mehr gibt, der einen alten Menschen besucht – in der Single-Gesellschaft nimmt das in Besorgnis erregender Weise zu –, kann der allein Zurückgebliebene auch mit sich selbst oft »nichts mehr anfangen«. Wenn jemand auch die engsten Angehörigen nicht mehr beim Namen nennen kann und sie schließlich gar nicht mehr erkennt, leidet auch die Beziehung zu sich selbst. Für einen Menschen, der die Beziehung zu Zeit und Raum einbüßt, schwindet die Orientierung in seiner Welt. Die Sprache, die dabei hilft, zu Gott in Beziehung zu treten und auf Gottes Zuspruch zu hören, kann verloren gehen und mit ihr der Halt, auf den ein Mensch sich sein Leben lang verlassen hat.

Dass der Mensch ein Beziehungswesen ist, wird mir immer wieder an der tiefen Krise deutlich, die mit dem Verlust eines nahen Menschen verbunden ist. Unvergesslich ist mir ein Freund, der als Theologe immer wieder von der Hoffnung über den Tod hinaus gesprochen hatte, die zum christlichen Glauben gehört. Als aber seine Frau starb, mit der er das Leben auf innige Weise geteilt hatte, geriet diese Hoffnung ins Wanken. Unausgesetzt grübelte er darüber, ob er nach dem eigenen Tod wieder mit seiner Frau vereinigt sein werde – und wie lange er darauf warten müsse. Die ihm geläufigen theologischen Spekulationen über das Jenseits und die Vorstellungen über die Unsterblichkeit der Seele oder die

Wiedergeburt, denen er oft genug widersprochen hatte, halfen nicht. Er haderte damit, dass der Tod die Beziehung zerbrochen hatte, auf die er sein Leben gebaut hatte. Bis zum Tod seiner Frau hatte er eine unbändige Zuversicht ausgestrahlt und mit ihr viele Menschen ermutigt. Nun brauchte er selber Zuversicht; er brauchte Hoffnung.

Eine dritte Form, in der sich die Zukunftsgewissheit auflöst, ist die ***Bedeutungslosigkeit***. Damit ist nicht gemeint, dass jemand die Vorstellung fahren lassen muss, dass er ein »bedeutender Mensch« sei. Es geht vielmehr um die grundlegende, jeden Menschen berührende Frage, ob das eigene Leben eine Bedeutung hat. Es liegt oft an äußeren Bedingungen, ob ein Mensch dieser Bedeutung des eigenen Lebens gewiss wird. Denn das menschliche Leben wird in vielen Hinsichten nicht von innen nach außen, sondern von außen nach innen gelebt. Ob ich Anerkennung erfahre, entscheidet darüber, ob ich meinem Leben selbst Bedeutung zuerkenne. Daran, ob ich Liebe erfahre, entscheidet sich, ob ich zur Liebe fähig werde.

Vertrauen in die Bedeutung des eigenen Lebens wächst dort, wo ein Mensch in dem Vertrauen, das er in andere setzt, nicht enttäuscht wird. So grundlegend ist dieser Lebenszusammenhang, dass man auch vom »Urvertrauen« oder vom »Grundvertrauen« gesprochen hat, das in der frühen Kindheit entstehen muss, damit ein Leben gelingt.

Vertrauen in die Bedeutung des eigenen Lebens kann sich dort bilden, wo ein Mensch die ihm anvertrauten Gaben entfalten kann und mit seinen Kräften gebraucht wird. Fair behandelt, gerecht beurteilt und im Maß des Möglichen gefördert zu werden, ist für Kinder und Jugendliche eine Erfahrung, von der sie ein Leben lang zehren. Die Frage, ob man einen Beruf erlernt, den man bejaht, und auf dieser Grundlage eine Tätigkeit ausüben kann, die einen erfüllt, ist für jeden Menschen wichtig. Denn »die Arbeit gehört zum Menschen wie zum Vogel das Fliegen« (Martin Luther). Die Krise der Arbeitsgesellschaft ist deshalb für viele Menschen mit der Erfahrung eines persönlichen Bedeutungsverlusts verbunden. Der Einsatz dafür, dass eine Gesellschaft all ihren Gliedern faire Chancen aktiver Beteiligung einräumt, sich also am Maßstab der Beteiligungsgerechtigkeit orientiert, ist nicht nur wegen des Funktionierens dieser Gesellschaft, sondern ebenso wegen des Selbstwertgefühls all ihrer Glieder wichtig.

Für viele Menschen hängt die Bedeutung des eigenen Lebens schließlich daran, ob sie tragfähige Beziehungen aufbauen, zu einer liebevollen Partnerschaft finden, Kinder bekommen und deren Aufwachsen miterleben können. Menschen wünschen sich, dass das eigene Leben auch über die eigene Lebenszeit hinaus Bedeutung hat. Ein Glied in der Kette der Generationen zu sein, ist ein wichtiges Unterpfand für die Bedeutsamkeit des eigenen Lebens. Damit verbinden sich allerdings konkrete Aufgaben. In bestimmten Phasen des Lebens stellen sie sich in bedrängender Fülle – vor allem, wenn die Kinder klein sind. In anderen Phasen werden derartige Aufgaben gern wahrgenommen, ja nahezu herbeigesehnt – bis hin zu dem klassischen Ausspruch einer Großmutter: »Wenn ich gewusst hätte, wie schön es mit Enkeln ist, hätte ich gleich mit ihnen angefangen.«

Diese Erfahrung mit der Bedeutung des eigenen Lebens ist in unserer Zeit besonders zerbrechlich geworden. Die Suche nach der Partnerin und oder dem Partner verläuft oft ergebnislos, gerade weil vom Gelingen der Partnerschaft zu viel erwartet wird. Der Wunsch nach Kindern wird oft hinausgeschoben – bis es unter Umständen zu spät ist. Das eigene Leben in die Kette der Generationen einzufügen, gelingt oft nur noch im Blick auf die Vorfahren. Die Weitergabe des Lebens an die nächste Generation bleibt vielen versagt; dass sie auch noch mit Enkeln oder Urenkeln verbunden sind, wird von denen, die es erleben, als außergewöhnliches Glück empfunden.

Dass an diesem Glück die Bedeutung des eigenen Lebens bewusst wird, ist deshalb keineswegs mehr selbstverständlich. Dennoch dämmert inzwischen vielen, gerade auch jungen Menschen, dass aus eben diesem Grund die Familie, oft als »Auslaufmodell«

totgesagt, eine höchst vitale Bedeutung hat. Doch wenn man gegen gesellschaftliche Trends zu dieser Lebensform Ja sagen will, braucht man starke Gründe: eine Hoffnung, die trägt.

Hoffnung über den Tod hinaus

Zwischen Erwartung und Hoffnung habe ich gerade unterschieden. Zukunftsgewissheit erwächst daraus, dass die Zukunft offen vor mir liegt und mein Leben von Segen getragen ist. Die Frage nach der Hoffnung stellt sich, wenn die Zukunft durch Ausweglosigkeit, Beziehungslosigkeit und Bedeutungslosigkeit versperrt ist. Mit Gewissheit gehe ich auf die Zukunft zu, wenn ich gute Erfahrungen in die Zukunft hinein verlängern kann. Hoffnung ist dort gefragt, wo sich aus der Verlängerung der Gegenwart keine Zukunft ergibt. Der Tod ist die Grenze, die Gegenwart und Zukunft voneinander trennt; er ist die Macht, die uns die Zukunftsgewissheit raubt.

Der Tod als Grenze – der Tod als Macht. Immer wieder ist der Tod als der entscheidende Prüfstein der Hoffnung angesehen worden. Hoffnung verdient dann ihren Namen, wenn es sich um eine Hoffnung über den Tod hinaus handelt.

Eine solche Betrachtungsweise ist vielen Menschen plausibel. Denn die Befristung des menschlichen Lebens erscheint immer wieder als das klarste Indiz für dessen Vergeblichkeit. Die Endlichkeit des Lebens wird mit seiner Nichtigkeit gleichgesetzt. Von anderen Lebewesen unterscheidet sich der Mensch dadurch, dass ihm die Endlichkeit seines Lebens bewusst ist; deshalb ist sein Leben ein »Sein zum Tode«. Der Mangel an Dauer gibt dem menschlichen Leben den Charakter der »Geworfenheit«. Friedrich Hölderlin hat das so ausgedrückt: »Doch uns ist gegeben, / Auf keiner Stätte zu ruhn, / Es schwinden, es fallen / Die leidenden

Menschen / Blindlings von einer / Stunde zur andern, / Wie Wasser von Klippe / zu Klippe geworfen, / Jahr lang ins Ungewisse hinab.«

Die Begrenztheit des menschlichen Lebens muss nicht notwendigerweise als »Geworfensein«, also als die Erfahrung des Nichtigen verstanden werden. Sie kann auch als Chance erlebt werden, eine begrenzte Zeit zu nutzen und sich in ihr auf das jeweils Entscheidende zu besinnen: »Mensch, werde wesentlich« (Angelus Silesius). Diese Haltung prägt ein Leben, das ein Mensch am Ende dankbar in Gottes Hände zurückgibt.

Ist das Verhältnis zum Tod von der Erfahrung der »Geworfenheit« bestimmt, so wird der Tod als bedrängende Macht empfunden. Wird das Verhältnis zum Tod von der Annahme des begrenzten Lebens als Geschenk her verstanden, erscheint er als heilsame Grenze.

Der Tod ist als Grenze im Leben allgegenwärtig. Der Mensch muss sie schließlich akzeptieren. Es gibt Situationen, in denen Menschen den Tod herbeizuführen wünschen; sie sehnen sich nach dem Tod, der für sie gar nichts Bedrohliches mehr an sich hat, sondern als Erlösung von lang dauerndem und peinigendem Leiden herbeigewünscht wird. Deshalb wird die Forderung erhoben, dass der Mensch auch an der Todesgrenze über sein Leben selbst bestimmen, ja sogar über es verfügen kann. Für den Gedanken der Selbstbestimmung – sogar im Fall nicht mehr gegebener Äußerungsfähigkeit – ist das Instrument der Patientenverfügung ein illustratives Beispiel. Vom Gedanken der Selbstverfügung her wird die Zulassung der »aktiven Sterbehilfe« – also der Tötung auf Verlangen sowie der Beihilfe zur Selbsttötung – gefordert. Doch in Wahrheit geht es darum, diese Grenze mitsamt ihrer Unverfügbarkeit anzunehmen; darin liegt ein entscheidender Maßstab menschlicher Lebenskunst, die eben die Kunst des Sterbens einschließt. »Leise hat unser Vater die Welten gewechselt«, las ich in einer Todesanzeige, die in deutlicher Weise an das Bild der Grenze anknüpfte.

Aber neben das Annehmen des Todes tritt der Kampf mit dem Tod. Nicht nur als heilsame Grenze wird er erfahren, sondern ebenso als bedrohliche Macht. Er greift zur Unzeit nach dem Leben; sein Kommen ist mit Qualen verbunden; und dass er naht, ängstigt uns. Unvermeidlich steht er vor jedem Einzelnen; denn niemand kann ihm entrinnen. Martin Luther hat das 1522, also im Alter von 38 Jahren, folgendermaßen beschrieben: »Wir sind allesamt zum Tode gefordert, und da wird keiner für den anderen sterben, sondern ein jeder in eigener Person für sich mit dem Tod kämpfen. In die Ohren können wir wohl schreien, aber ein jeder muss für sich selbst geschickt sein in der Zeit des Todes: Ich werde dann nicht bei dir sein noch du bei mir.«

Keiner kann dem Tod entrinnen; auf diesen Kern lässt sich die Vorstellung vom Tod als Macht bringen. Das weckt die Suche nach Gegenkräften. Der Mensch sinnt nach Mitteln gegen die drohende Überwältigung durch den Tod. Die Verdrängung des Todes ist ein häufig gewähltes oder auch nur unbewusst befolgtes Vorgehen. Doch es wirkt nur in glücklichen Zeiten, in denen der Tod ohnehin weit genug vom eigenen Leben entfernt ist. Deshalb wird nach weiter reichenden Mitteln gesucht: Der Macht des Todes will der Mensch die eigene Macht entgegensetzen.

Wie kann man dem Tod entrinnen? Nachdem die metaphysische Vorstellung von der Unsterblichkeit der Seele ihre Kraft für viele eingebüßt hat, soll die Unsterblichkeit des Selbst an ihre Stelle treten. Das Bemühen, dem eigenen Selbst unbegrenzte Dauer zu verschaffen, begegnet heute in unterschiedlichen Formen.

Zum einen knüpft dieses Bemühen an den Gedanken der Reinkarnation oder der Seelenwanderung an. Mein Selbst wird sich nach meinem Tod in einer anderen Person inkarnieren, so wie es schon vor meiner Geburt andere Inkarnationen durchlaufen hat; durch meinen Tod wird meine Seele frei dazu, sich mit einem anderen Körper zu verbinden. Dieser Gedanke ist, wie Rüdiger Sachau gezeigt hat, seit geraumer Zeit auch in den westlichen, vom Christentum geprägten Kulturen sehr verbreitet und hat in ihnen eigene Gestalten angenommen. Er hat sogar in die Alltagssprache Eingang gefunden, wie sich an leicht dahingesagten Bemerkungen darüber, was man im vorigen Leben gewesen sei oder im nächsten Leben machen wolle, zeigt. Seine Alltagstauglichkeit erweist sich insbesondere auch in der Werbung. Dabei ist es besonders plausibel, dass er für die Stärkung des ökologischen Bewusstseins eingesetzt wird. Eine Anzeige der deutschen Weißblechindustrie zeigt beispielsweise eine Dose auf einer Couch, die der Therapeut mit Hilfe eines Pendels hypnotisiert. Der Werbetext gibt das Geheimnis preis: »Unter Hypnose erinnern sich 81 % aller Dosen an ein früheres Leben.«

Der Gedanke der Reinkarnation oder der Seelenwanderung ist für moderne westliche Gesellschaften nicht nur deshalb so anziehend, weil er dem Tod seine Schärfe zu nehmen scheint. Er eröffnet darüber hinaus den Zugang zu einem Zeitverständnis, das sich nicht einfach der linearen Vorstellung fügt, nach welcher etwas Früheres jeweils durch etwas Späteres verdrängt wird. Er setzt an dessen Stelle nicht einfach ein kreisförmiges Zeitmodell, das von der mythischen Vorstellung einer ewigen Wiederkehr des Gleichen geprägt ist. Vielmehr werden beide Zeitkonzepte miteinander in einem spiralförmigen Modell verknüpft: Es gibt einen Fortschritt in der Geschichte, in dem sich jedoch bestimmte Konstellationen, freilich jeweils auf einer höheren Ebene, wiederholen.

Damit wird der Zugang zu einer Zukunftshoffnung erschlossen, für welche die Vorstellung von einem persönlichen Gott, ja, wie es scheint, jeglicher Rückgriff auf Glaubensvorstellungen entbehrlich ist. Darüber hinaus passt der Gedanke der Reinkarnation und der Seelenwanderung zu der hohen Wertschätzung des Individuums, die unsere westlichen Gesellschaften prägt. Zu Grunde liegt das Konzept einer Verlängerung des eigenen Lebens nach vorn über die eigene Geburt und nach hinten über den eigenen Tod hinaus. Dass ich als Individuum eine Vorgeschichte habe, die weit über meine Geburt zurückweist, und zugleich über meinen Tod hinaus fortlebe, gibt meinem Leben eine Bedeutung, die nicht an die Frist zwischen Geburt und Tod gebunden ist. Diese Bedeutung wird erreicht, ohne dass ich über den Umgang mit meiner befristeten Lebenszeit eine letzte Rechenschaft ablegen muss. Eine solche Vorstellung entspricht einem durch die

Vorherrschaft des Individualismus geprägten Zeitgeist besonders gut.

Ebenso wie durch den Individualismus ist unsere Gegenwart durch den Glauben an Wissenschaft und Technik bestimmt. Beide Sichtweisen haben sich in der Suche nach Gegenmächten gegen die Macht des Todes auch miteinander verbunden. Deshalb gewinnt – teilweise gewiss in abseitiger Form – der Gedanke einer technisch herstellbaren Unsterblichkeit an Boden. Menschen akzeptieren den – einstweilen noch unvermeidlichen – Tod dann nur als vorläufiges Ereignis und lassen sich einfrieren, um auf den Tag zu warten, an dem Wissenschaft und Technik über die Mittel verfügen, sie wiederzubeleben. Andere verknüpfen mit der Möglichkeit des reproduktiven Klonens die Vorstellung, in einem Klon ihrer selbst weiterleben zu können. Und diejenigen, die auf Nanotechnologie und Computertechnologie setzen, entwickeln eine »Immortalitäts-Technosophie«, der zu Folge noch im 21. Jahrhundert die klare Unterscheidung von Mensch und Computer aufgehoben und zugleich damit die menschliche Sterblichkeit überwunden werden soll.

Der Techniker und Schriftsteller Ray Kurzweil vertritt solche Perspektiven mit besonderem Nachdruck. Im Jahr 1948 geboren, rechnet er nach einer Aussage aus dem Jahr 2008 damit, selbst noch zu erleben, wie dem menschlichen Leben mit technischen Mitteln Ewigkeit verliehen wird. Nach seiner Überzeugung werden die Mittel, die schreckenerregende Macht des Todes zu brechen, rechtzeitig zur Verfügung stehen. »Auch wenn wir die nötigen Mittel noch nicht zur Hand haben, besitzen wir doch das Wissen, wie wir bis zu dem Zeitpunkt leben können, an dem sie zur Verfügung stehen werden. Mit dem heutigen Wissen können selbst Angehörige meiner Generation in fünfzehn Jahren noch bei guter Verfassung sein. Dann wird es möglich sein, unser biologisches Programm durch Biotechnologie zu modifizieren, was uns lange genug leben lassen wird, bis uns die Nanotechnologie befähigt, ewig zu leben.«

Kühn sind solche Aussagen nicht nur wegen des Zutrauens zur Entwicklung der Technik, die aus ihnen spricht. Kühn sind sie auch, weil sie die Möglichkeit eines Todesgeschicks, dem technisch nicht vorzubeugen ist, gar nicht ins Kalkül ziehen. Kühn sind sie aber vor allem durch die Vorstellung, dass die Selbstverewigung des Menschen mit seiner Individualität vereinbar sei. Denn obwohl Ray Kurzweil den Zeitpunkt, zu dem die künstliche Intelligenz die menschliche überholen wird, als »Singularität« bezeichnet, kann doch kein Zweifel daran bestehen: Wenn der Mensch sich in seinem Selbstbewusstsein von der künstlichen Intelligenz abhängig machen und den Versuch unternehmen wird, seine Sterblichkeit durch die Vernetzung seines Gehirns mit künstlicher Intelligenz zu überlisten, dann wird vielleicht die Todesgrenze undeutlich; eindeutig aber wird sein, dass in einem solchen Fall von einem menschlichen Individuum oder von einem individuellen Menschen nicht mehr die Rede sein kann. Das Datum, zu dem all das nach der Auffassung von Ray Kurzweil eintreten wird, ist übrigens das Jahr 2045.

Doch solche Überlegungen sagen mehr über die Macht des Todes, in deren Bann auch eine solche »Immortalitäts-Technosophie« steht, als über die Wahrscheinlichkeit, dass der Mensch aus eigener Kraft sein zeitliches in ein ewiges Leben verwandeln kann. Aber nicht nur in dem Bestreben, die Macht des Todes mit technischen Mitteln zu brechen, sondern auch im Leiden unter dem Tod begegnet die Erfahrung des Todes als Macht. Der Schmerz über den Tod eines andern wie die Furcht vor dem eigenen Tod zeigen, dass und wie der Tod eine Macht ist.

Deshalb kann es auch nicht überraschen, dass tötende Gewalt nach wie vor als Mittel eingesetzt wird – weit über alles rationale Begreifen hinaus. Der Mord aus Rache, die Vorstellung von der Unentbehrlichkeit der Todesstrafe, terroristische Gewalt und die Wiederkehr des Krieges als Mittel der Politik – sie alle sind unterschiedliche Schattierungen des Versuchs, sich der Macht des Todes zu bemächtigen, um über andere Macht zu gewinnen. Die Erfahrung des Todes als Macht und der Umgang mit der Macht des Todes sind alles andere als überholt.

Der Tod als Wohltat – der Tod als der Sünde Sold. So sind der Tod als Grenze wie der Tod als Macht offenbar zwei wichtige Formen, in welchen der Tod im Leben gegenwärtig ist. Beide Aspekte begegnen auch in der biblischen Botschaft.

Zum einen sind die biblischen Aussagen über den Tod davon geprägt, wie Eberhard Jüngel es ausgedrückt hat, dass die Befristung des menschlichen Lebens »eine dem Menschen zugute kommende göttliche Wohltat« ist. Denn nur das durch Anfang und Ende begrenzte menschliche Leben ist einmalig und unverwechselbar. Nur die endliche Freiheit des Menschen trägt die Herausforderung zu verantwortlichem Handeln in sich. Nur unter der Voraussetzung unseres begrenzten Lebens kann von einer Rechenschaftspflicht gegenüber Gott die Rede sein.

Die biblische Botschaft sieht in diesem Zusammenhang das Leben aller Lebewesen als zeitlich befristet an. Die Sterblichkeit unterscheidet den Menschen nicht von anderen Lebewesen; dass er zum eigenen Sterben wie zum eigenen Tod ein Verhältnis hat, zeichnet ihn aus. Dieses Verhältnis kann den Charakter der Erfüllung, ja der Vollendung tragen. In vielfältigen Wendungen wird diese Art des Sterbens in der Bibel beschrieben. So wird von Menschen gesagt, dass sie »in Frieden« sterben; ihr Tod wird als »Tod der Gerechten« beschrieben; und besonders häufig wird – wie in den Fällen von Abraham, Isaak, David und auch Hiob – gesagt, dass sie »alt und lebenssatt« sterben.

Dass der Tod als Grenze des Lebens eine Wohltat darstellt, ist nicht nur eine abstrakte Wunschvorstellung, sondern eine erfahrbare Wirklichkeit – übrigens nicht nur in biblischen Zeiten, sondern auch in unseren Tagen. Aber ebenso wirklich ist, dass der Tod das Bruchstückhafte unseres Lebens an den Tag bringt, dass er durch seine Gewalt ein Leben, das auf Ganzheit hin angelegt war, zum Fragment macht. Er ist uns ein Rätsel, eine Anfechtung, ein Ärgernis. Empörend ist der Tod in seinem vernichtenden Charakter. Seine Macht zeigt er darin, dass er uns mit der Nichtigkeit unseres Daseins konfrontiert.

Diese Seite des Todes bringt die biblische Botschaft mit der Vorstellung in Verbindung, der Tod sei »der Sünde Sold« (Römer

6,23). Der Apostel Paulus sagt damit: Nicht die Endlichkeit des menschlichen Lebens als solche, sondern die Bedrohlichkeit dieses Endes hängt mit der Selbstverkrümmung des Menschen zusammen, die er Sünde nennt, jener Abkehr von Glaube, Liebe und Hoffnung, die dem menschlichen Leben eine klare Orientierung und eine Verheißung verleihen, welche am Tod nicht zerbricht.

An die Aussage, der Tod sei der Sünde Sold, hat sich die irrige Vorstellung angeschlossen, dass aus den Umständen, unter denen ein menschliches Leben zu Ende geht, auf die besondere Sündhaftigkeit dieses Lebens geschlossen werden kann.

Vor der Konstruktion eines solchen Tun-Ergehens-Zusammenhangs warne ich sehr. Zwar drängt sich immer wieder das Urteil auf, dass ein bestimmter Tod zu einem bestimmten Leben »passt« – und zwar nicht nur in den Fällen, in denen jemand »alt und lebenssatt« stirbt, sondern auch in Fällen, in denen sich das Unglück eines Lebens auch noch in einem unglücklichen Tod spiegelt. Doch die Aussage, der Tod – als Macht – sei der Sünde Sold, lässt sich gerade nicht auf das individuelle Schicksal Einzelner verrechnen. Die Rede ist vielmehr von einem Verhängniszusammenhang, an dem jedes menschliche Leben Anteil hat. Dass wir alle im Bann der Sünde stehen, wird daran anschaulich, dass wir alle sterben müssen. Der Bann der Sünde und der Bann des Todes sind zwillingshaft miteinander verbunden. Der eine Bann kann nur gelöst werden, wenn auch der andere gelöst ist. Die Befreiung von der Macht des Todes und die Befreiung von der Macht der Sünde gehören unmittelbar zusammen.

Was darf ich hoffen? Eine Überlegung zur Hoffnung habe ich angekündigt – und doch so lange über den Tod gesprochen. Das war notwendig, um zu verdeutlichen, wie sich die Frage nach der Hoffnung in ihrem letzten Ernst stellt.

Ich habe zunächst zwischen Erwartung und Hoffnung unterschieden, um deutlich zu machen: Die Frage nach der Hoffnung stellt sich noch nicht, so lange ich aus den Erfahrungen der Gegenwart Zuversicht für die Zukunft schöpfe; sie stellt sich angesichts von Ausweglosigkeit, Beziehungslosigkeit oder Bedeutungslosigkeit.

Ich habe sodann zwischen dem Tod als Grenze und als Macht unterschieden, um daran zu zeigen: Die Frage nach der Hoffnung stellt sich noch nicht, so lange ich den mein Leben begrenzenden Tod als eine göttliche Wohltat empfinde und gern annehme; sie stellt sich, wenn der Tod mich in seiner Macht bedrängt und mich mit der Nichtigkeit meines Lebens konfrontiert.

Was führt über die Erfahrungen von Ausweglosigkeit, Beziehungslosigkeit oder Bedeutungslosigkeit hinaus? Was überwindet die Macht des Todes, die mich mit der Nichtigkeit meines Lebens konfrontiert? In diesen Fragen meldet sich das Thema der Hoffnung an. Von Hoffnung in diesem ernsthaften Sinn kann nur die Rede sein, wenn sie weder an den Erfahrungen von Ausweglosigkeit, Beziehungslosigkeit oder Bedeutungslosigkeit noch an der Macht des Todes zerschellt. Gibt es eine solche Hoffnung? Hält der christliche Glaube eine solche Hoffnung bereit? Und worin ist sie begründet?

»Mitten wir im Leben sind mit dem Tod umfangen.« So heißt der Anfang eines mittelalterlichen Hymnus, den Martin Luther ins Deutsche übertragen hat. Der Hymnus beschreibt die Grunderfahrung, in der sich die Frage nach der Hoffnung stellt. Deshalb hat Luther dem vorgefundenen Hymnus zwei Strophen hinzugefügt. In einer dieser Strophen fragt er: »Wo soll'n wir denn fliehen hin, da wir mögen bleiben?« Das Gefühl der Bedrohtheit kommt zur Sprache. »Wo bleiben?« ist noch existenznäher gefragt als »Was bleibt?« Der Tod ist hier die härteste Probe. Wer auf die eine Frage antwortet: »Nichts bleibt«, und erst recht, wer auf die andere Frage antwortet: »Nirgendwo«, spielt mit unabsehbaren Konsequenzen, kokettiert am Rande des Abgrunds mit eben diesem Abgrund. Aber hart am Abgrund gefragt werden muss schon, wenn tragender Grund gefunden werden soll, auf dem der Macht des Todes Paroli geboten werden kann. Luther antwortet so: »Wo solln wir denn fliehen hin, da wir mögen bleiben? – Zu dir, Herr Christ, alleine.« Er beruft sich auf das Grunddatum des Glaubens: auf das Bekenntnis zum Tod des Todes.

»Durch seinen Tod wird der Tod getötet«, sagt Luther wiederholt vom Tod Jesu von Nazareth. Der Tod Christi wird als »Tod des Todes« verstanden. Von der Überwindung der Macht des Todes wird nicht allgemein, sondern konkret, nicht abstrakt, sondern in einer unüberbietbaren Bestimmtheit geredet. Am Tod eines bestimmten Menschen wird abgelesen, was vom Tod überhaupt zu sagen ist. Am Tod dieses einen Menschen wird klar, wie Gott zum Tod des Menschen überhaupt steht. Im Tod Jesu ist die Macht des Todes gebrochen; der Zusammenhang zwischen dem Bann des Todes und dem Bann der Sünde ist aufgelöst. Die Furcht vor dem Tod, so kreatürlich sie uns auch überkommen mag, hat nicht das letzte Wort. Und wenn sie uns überkommt, brauchen wir uns ihrer nicht zu schämen; denn sogar zum Sterben Jesu gehört die Furcht vor dem Tod hinzu. »Mein Gott, mein Gott, warum hast du mich verlassen?« fragt er am Kreuz mit Worten des 22. Psalms.

Aber so wenig wie diese Furcht im Sterben Jesu das letzte Wort behält, so wenig kommt ihr für unser Sterben das letzte Wort zu. Denn Gott identifiziert sich mit dem, der so kläglich am Kreuz stirbt; er ist »sein lieber Sohn, an dem er Wohlgefallen hat« (Matthäus 17,5); ihn nimmt er zu sich auf in seine Herrlichkeit. Das ist die überwältigende Wendung, die das Geschick Jesu in seiner Auferweckung von den Toten nimmt. Die Auferstehungsbotschaft bekräftigt, dass dieser eine Tod, der Tod Jesu am Kreuz, der Tod des Todes ist.

Darin liegt das Zentrum der christlichen Botschaft. Sie ist so eng mit der Person Jesu Christi verbunden, dass sich das Bekenntnis der Christenheit ganz auf ihn konzentriert hat: »Herr ist Jesus« sagten schon die frühen Christen – oder: »Christus ist mein Leben«. Um seiner zentralen Bedeutung willen räumen die frühen christlichen Glaubensbekenntnisse diesem Zusammenhang einen denkbar breiten Raum ein, einen im Verhältnis zur Kärglichkeit ihrer Aussagen über das Leben Jesu geradezu üppigen Raum: Von Jesus Christus sagen sie – beispielsweise in den Worten des Apostolischen Glaubensbekenntnisses –, er sei »empfangen vom Heiligen Geist, geboren von der Jungfrau Maria, gelitten unter Pontius Pilatus, gekreuzigt, gestorben und begraben, hinabgestiegen in das Reich des Todes, am dritten Tage auferstanden von den Toten, aufgefahren in den Himmel.« Alles Geschehen zwischen der Geburt im Stall von Bethlehem zur Zeit des römischen Statthalters Quirinius und dem Prozess vor seinem Nachfolger Pontius Pilatus tritt angesichts dieser Konzentration auf Kreuz und Auferweckung zurück. Das Bekenntnis konzentriert sich offenbar ganz auf die Frage, was denn am Christusgeschehen Grund zur Hoffnung über den Tod hinaus gibt. Und die Antwort heißt: sein Tod am Kreuz, der Tod des Todes.

Der Karfreitagstod ist auf der einen Seite ein Tod wie jeder andere; das Todesgeschehen selbst ins Unermessliche zu steigern – wie Mel Gibsons Film »Die Passion Christi« das tut –, führt von daher in die Irre. Aber gerade in seiner Verwechselbarkeit – zur gleichen Zeit starben auch zwei andere am Kreuz, rechts und links von Jesus – gewinnt dieser Tod etwas Einmaliges, weil Gott sich mit dem toten Jesus identifiziert. An diesem einen Menschen nimmt er dem Tod die Macht; an diesem einen Menschen durchbricht er den Zusammenhang von Sünde und Tod, von Selbstverkrümmung des Menschen und Todverfallenheit. Und dies geschieht, so bekennt es die Christenheit seitdem, allen Menschen zu Gute. Der Tod hat nicht mehr das letzte Wort und darum kreist sowhl das christliche Bekenntnis zur Auferstehung Christi wie auch die Hoffnung auf eine allgemeine Auferstehung.

Auferstehung der Toten und ewiges Leben

Auferstehung der Toten. Würdigen kann man die Hoffnung auf eine allgemeine Auferstehung nur, wenn man sie nicht als selbstverständlich nimmt. Deshalb ist es gut, sich zu vergegenwärtigen, dass die Auferstehungshoffnung in der biblischen Überlieferung keineswegs durchgängig begegnet.

Im Alten Testament ist die Vorstellung einer Auferstehung der Toten keineswegs von Anfang an geläufig. In frühen Texten wie beispielsweise dem 88. Psalm kommt deutlich zum Ausdruck, dass man davon ausging, mit dem Tode sei alles aus. Dort heißt es: »Ich liege unter den Toten verlassen, wie die Erschlagenen, die im Grabe liegen, derer du nicht mehr gedenkst und die von deiner Hand geschieden sind. Du hast mich hinunter in die Grube gelegt, in die Finsternis und in die Tiefe. Dein Grimm drückt mich nieder, du bedrängst mich mit allen deinen Fluten.« Und ungläubig heißt es dann als Frage: » Wirst du an den Toten Wunder tun, oder werden die Verstorbenen aufstehen und dir danken?« Der Beter rechnet damit offensichtlich nicht; vielmehr macht der Tod mit allem ein Ende – auch mit der Beziehung zu Gott. Leben ist Beziehung, Tod Beziehungslosigkeit, das Ende aller Beziehungen, auch der Gottesbeziehung.

Erst allmählich kommt in den alttestamentlichen Texten die Überzeugung zum Durchbruch, dass die Macht Gottes und seine Liebe auch mit dem Tod eines Menschen nicht am Ende sind. Diese Überzeugung übersteigt alle Erfahrung und ist deshalb schwer in Sprache zu fassen. Spätere biblische Texte versuchen das in Bildern zu sagen, zum Beispiel im Bild des Aufstehens vom Schlaf. Aufstehen, oder – im Deutschen noch etwas intensiver – auf-er-stehen: mit dieser Metapher versuchen alttestamentliche Beter und prophetische Stimmen auszudrücken, was eigentlich unsagbar ist: Es gibt ein Leben nach dem Tod.

Das 12. Kapitel im Buch des Propheten Daniel ist eines der herausragenden Beispiele dafür. An das geweissagte Erscheinen des großen Engelsfürsten Michael wird die Verheißung geknüpft: »Und viele, die unter der Erde schlafen liegen, werden aufwachen, die einen zum ewigen Leben, die andern zu ewiger Schmach und Schande. Und die da lehren, werden leuchten wie des Himmels Glanz, und die viele zur Gerechtigkeit weisen, wie die Sterne immer und ewiglich.«

Das Entstehen der Hoffnung auf ein solches »Aufwachen« bildet einen Durchbruch in der Frömmigkeit des Volkes Israel. Dieser Hoffnung Ausdruck zu geben, ist für alttestamentliches Denken deshalb besonders schwer, weil es von einem ganzheitlichen Bild vom Menschen ausgeht. Es teilt den Menschen nicht in Leib und Seele auf. Es sieht ihn vielmehr als leib-seelische Einheit; es rechnet nicht mit einer Seele, die einen leiblosen, unkörperlichen Charakter trägt. Es meint in all seinen Aussagen, auch in seinen Hoffnungsbildern, den ganzen Menschen. Auf ihn bezieht sich der hoffnungsvolle Blick auf den Tod. Der Tod verliert seine Macht, indem die Hoffnung über ihn hinausführt.

Im Neuen Testament gewinnt diese Hoffnung eine klare und bestimmte Kontur. Sie knüpft sich an den gekreuzigten Jesus. Von ihm bekennen die frühen Christen: »Der Herr ist wahrhaftig auferstanden.« Unter Berufung auf ihn hoffen sie auf »die Auferstehung der Toten und das ewige Leben«. Sie fragen, wie der katholische Bischof Franz Kamphaus eindrucksvoll unterstrichen hat, nicht nach einem andern Leben, sondern nach der Bewahrung, Erneuerung und Vollendung dieses Lebens. Es geht beim Bekenntnis zum Auferstandenen und bei der Hoffnung auf die Auferstehung der Toten nicht um zusätzliche Bekenntnisinhalte und weitergehende Glaubensleistungen, sondern einzig und allein um das Vertrauen auf Gott. Nicht die Ewigkeit des Geistes, die Unsterblichkeit der Seele, die Unzerstörbarkeit der Materie oder der ewige Kreislauf der Natur werden hier in Anspruch genommen. Nur das Vertrauen auf Gott sucht Sprache. Menschen fragen, was es bedeutet, dass sie ihr Vertrauen ganz und gar an den Gott hängen, der sich in Christus offenbart hat. Auch was es für ihren Tod bedeutet, fragen sie. Und die Antwort heißt: Er behält nicht das letzte Wort.

Im Grunde kommen alle Kernaussagen des biblischen Glaubens von dieser Überzeugung her: die Umkehr zu einem neuen Leben, die Zugehörigkeit zur christlichen Gemeinschaft durch die Taufe, die Rechtfertigung allein aus Glauben – und eben auch: die Auferstehungshoffnung.

Freilich kann der Herrschaft des Todes nicht einfach die Wiederkehr des Lebens entgegengesetzt werden, sondern nur ein neues Leben. Deshalb muss mit der Auferstehung anderes gemeint sein als die Rückkehr in das Leben. Das Neue Testament kennt eine solche Rückkehr in das Leben; die Auferweckung des Lazarus ist dafür das wichtigste Beispiel (vgl. Johannes 11). Von ihr ist die

Auferweckung Jesu deutlich unterschieden. Es geht nicht um eine Rückkehr in das bisherige Leben. Es soll nicht der Anschein erweckt werden, als sei nichts gewesen. Jesu Tod am Kreuz ist nicht eine kurze Unterbrechung, nach der alles so weitergehen kann wie zuvor.

Das christliche Bekenntnis unterstreicht das besonders durch den Abstieg in das Reich des Todes, diesen wichtigen Zwischenschritt zwischen dem Kreuzestod und der Auferweckung Jesu. Die von der Auferstehung des Lazarus unterschiedene Auferstehung Jesu meint den Übergang in eine andere Sphäre, die der raumzeitlichen Struktur enthoben ist. Mit dem Bekenntnis zur leiblichen Auferstehung bekennt sie sich zu einer Überwindung des Todes, die auch über die uns vertraute Leiblichkeit hinausgeht.

Daran muss man auch festhalten, wenn man die Hoffnung auf die allgemeine Auferstehung ganzheitlich – und damit auch leiblich – versteht. Damit wird nicht der Gedanke nahe gelegt, es handle sich um eine Rückkehr in unseren irdischen Leib. Dass dessen Vergänglichkeit bei jeder Beerdigung beschworen wird – »Erde zu Erde, Asche zu Asche, Staub zu Staub« –, widerspricht der Hoffnung auf die Auferstehung nicht. Deshalb schließt sich in der Beerdigungsliturgie auch die Aussage des Apostels Paulus unmittelbar an, die von der ganz anderen Leiblichkeit der Auferstehung spricht: » Es wird gesät verweslich und wird auferstehen unverweslich. Es wird gesät in Niedrigkeit und wird auferstehen in Herrlichkeit. Es wird gesät in Armseligkeit und wird auferstehen in Kraft. Es wird gesät ein natürlicher Leib und wird auferstehen ein geistlicher Leib« (1. Korinther 15,42–44).

Aber dieser geistliche Leib soll in Kontinuität stehen zu der Person, die ich gewesen bin. Wie ist das vorstellbar? Wie ist es denkbar, dass mein individuelles Leben in Gottes Herrlichkeit aufgehoben wird?

Es wird keine neue Glaubensgewissheit dafür in Anspruch genommen, dass wir uns auf die Auferstehung und das ewige Leben verlassen; es geht vielmehr um dieselbe Gewissheit, die uns auch schon in unserem zeitlichen Leben trägt. Wir können daran glauben, wenn wir die bleibende Identität nicht in unserem eigenen

Sein verankern, sondern im Sein Gottes. Ich setze mein Vertrauen darauf, dass Gottes Geist die Beziehung Gottes zu meiner Person, meiner Lebensgeschichte und der Gestalt meines Lebens realisiert. Gottes Geist stellt die Gegenwart meines Lebens vor Gottes Ewigkeit. Weil wir durch Gottes Geist mit Gott selbst verbunden sind, bricht diese Verbindung mit unserem Tod nicht ab. Denn sie hängt nicht davon ab, dass wir selbst eine Leistung über unseren Tod hinaus erbringen. Diese Verbindung ist vielmehr von Gott her gestiftet und durch seinen Geist verbürgt. In ihm widerfährt uns die Erlösung von der Vergänglichkeit unseres Lebens; um seinetwillen sind wir nicht der Nichtigkeit ausgeliefert. Um des Geistes Gottes willen trägt uns auch im Tod die Zusage: »Ich habe dich erlöst; ich habe dich bei deinem Namen gerufen, du bist mein« (Jesaja 43,1).

Der Name steht dabei für alles, was mein Leben ausmacht: die Geschichte meines Lebens von der Geburt bis zum Tod, die Beziehungen zu anderen Menschen, die mir und denen ich wichtig war, die äußere Gestalt, verbunden mit der inneren Lebensgeschichte. Das alles wird bewahrt, weil Gott mich bei meinem Namen gerufen hat, weil sein Geist mit mir in Verbindung getreten ist.

Ewiges Leben. Der christliche Glaube findet darin den Grund der Hoffnung, dass er den Tod als Inbegriff menschlicher Zeitlichkeit ins Verhältnis setzt zur Ewigkeit Gottes. Damit rückt die Endlichkeit des menschlichen Lebens ins Licht der Unendlichkeit Gottes. Dabei verlässt der Glaube sich auf die Leidempfindlichkeit Gottes, auf seine Compassion, wie Johann Baptist Metz diesen Grundzug des christlichen Gottesverständnisses genannt hat. Doch Gottes Compassion mindert seine Ewigkeit nicht. Dass er sich all seiner Macht entäußert, um an den tiefsten Tiefen menschlichen Leidens teilzunehmen, bringt uns seine Ewigkeit nahe, raubt sie ihm jedoch nicht.

An Gottes Ewigkeit entscheidet sich, wie es um den Begriff Gottes selbst steht. Religionskritiker – Ludwig Feuerbach (1804–

1872) an ihrer Spitze – sehen in dem Bekenntnis zu Gottes Ewigkeit nichts anderes als eine Projektion des menschlichen Vollkommenheitsstrebens. Dieses Vollkommenheitsstreben dürfe sich aber gerade nicht in einer fiktiven Vorstellung von Gottes Ewigkeit erfüllen, sondern könne sich nur in den eigenen Leistungen der menschlichen Gattung manifestieren. Doch gegenüber der Vorstellung von Ewigkeit, die den christlichen Glauben prägt, verfängt dieser Einwand nicht. Denn es geht gerade nicht darum – wie in den Vorstellungen von Reinkarnation und Seelenwanderung –, dem menschlichen Leben selbst zeitliche Grenzenlosigkeit zuzuerkennen; vielmehr geht es allein darum, Gottes Ewigkeit anzuerkennen. Nur sofern es an dieser Ewigkeit Gottes Anteil hat, gibt es auch für das menschliche Leben eine Hoffnung über den Tod hinaus. Nur aus diesem Grund kann ich für einen Menschen, um den ich trauere, hoffen, dass er in Gottes Ewigkeit geborgen ist und auch im Sterben nicht tiefer fällt als in Gottes Hand.

In der mit dem christlichen Glauben gegebenen Verbindung zwischen Gottes Ewigkeit und seiner Compassion gründet sich zugleich, wie Johann Baptist Metz deutlich gemacht hat, das »Weltprogramm« des christlichen Glaubens, seine Bereitschaft zum Handeln, so lange noch Zeit bleibt. Denn dieses Handeln hat in nichts anderem seinen Grund als in der Leidempfindlichkeit Gottes.

Nicht um eine Verlängerung des irdischen Lebens geht es in der Hoffnung des christlichen Glaubens, sondern um ein Geborgensein des irdischen Lebens in vollkommener Gemeinschaft mit Gott. Die Teilhabe an Gottes Ewigkeit beginnt dort, wo Menschen sich auf die Wirklichkeit Gottes einlassen, die Liebe ist; und wo immer sie sich dieser Wirklichkeit verschließen, gewinnt der Tod Macht über sie. Selbst für den, der meint, der Macht des Todes schon entronnen zu sein, kann diese Macht doch wiederkehren. Aber sie behält nicht das letzte Wort.

Jüngstes Gericht und Reich Gottes

Die Hoffnung des christlichen Glaubens richtet sich in gleicher Intensität auf die Zukunft des Einzelnen wie auf die Zukunft der Welt. Im Blick auf den Einzelnen fragt er nach einer Zuversicht, die auch am Tod nicht zerschellt; im Blick auf die Welt und ihre Geschichte fragt er nach einer Perspektive, die über jedes menschliche Handeln in der Geschichte, ja auch über die natürliche Evolution und die Geschichte des Kosmos hinausweist.

Die personale Dimension der christlichen Hoffnung wird in dem Bekenntnis zur Auferstehung und zum ewigen Leben beschrieben. Die kosmische Dimension der christlichen Hoffnung kommt in dem Bekenntnis zum Jüngsten Gericht und zum Reich Gottes zur Sprache.

Diese beiden Hoffnungsbilder allerdings scheinen sich zu widersprechen; zumindest stehen sie in Spannung zueinander. Die Vorstellung vom Jüngsten Gericht verbindet sich mit der Wiederkunft Jesu Christi, »zu richten die Lebenden und die Toten«. In diesem Gericht vollzieht sich die Trennung zwischen Verworfenen und Erwählten. Die Erwartung des Reiches Gottes verknüpft sich mit dem Gedanken, dass Gottes Herrlichkeit alles in allem erfüllt, »Gerechtigkeit und Friede und Freude im Heiligen Geist« (Römer 14,18) herrschen und Gottes Herrschaft sich in der Aufrichtung eines neuen Himmels und einer neuen Erde zeigt (Offenbarung 21,1). In diesem Reich Gottes vollzieht sich Versöhnung in einem umfassenden Sinn.

Wie verhalten sich diese beiden kosmischen Hoffnungsbilder zueinander? Lässt sich die Spannung zwischen der definitiven Scheidung in Gute und Böse und der umfassenden Versöhnung in einem neuen Himmel und einer neuen Erde auflösen? Wenn ja, kann das nur so geschehen, dass wir an der Person Jesu und der Offenbarung Gottes in ihm ablesen, was es mit dem spannungsvollen Verhältnis zwischen diesen beiden Vorstellungen auf sich hat.

Das Weltgericht. Die Rede vom Weltgericht war früheren Epochen sehr nahe, wie die eindringlichen Darstellungen dieses Themas in der Kunst des Mittelalters beispielhaft zeigen. Dem modernen Bewusstsein dagegen ist sie denkbar fern; der Prozess der Geschichte selbst ist an die Stelle eines endzeitlichen Gerichts getreten: »die Weltgeschichte ist das Weltgericht« (Friedrich Schiller). Noch bis in die Neuzeit hinein wurde Gottes drohendes Gericht als Erziehungsmittel eingesetzt; heute dagegen gilt es als Ausdruck einer »schwarzen Pädagogik«, wenn der strafende Gott zu Erziehungszwecken eingesetzt wird. Unter den von ihm entwickelten Grundsätzen einer Zivilreligion hob Jean-Jacques Rousseau (1712–1778) die Belohnung der Guten und die Bestrafung der Bösen besonders hervor; heute jedoch halten wir es für einen Ausdruck von politischem Fundamentalismus, wenn ein Staat seine politische Autorität aus dem göttlichen Gericht ableitet. Die Rede vom strafenden Gott und damit das Bild vom Weltgericht gehört zu den am häufigsten missbrauchten religiösen Vorstellungen; das aufgeklärte religiöse Bewusstsein sucht einen möglichst großen Abstand dazu.

Doch einer der meistzitierten Texte des ganzen Neuen Testaments ist Jesu Predigt vom Weltgericht. »Was ihr getan habt einem von diesen meinen geringsten Brüdern, das habt ihr mir getan« (Matthäus 25,40). Wieder und wieder wird diese Aussage in Anspruch genommen, um zu Wohltaten gegenüber hilfsbedürftigen Mitmenschen aufzufordern; gottesdienstliche Kollekten zu Gunsten Notleidender werden mit diesem Satz kommentiert. Die von Jesus genannten Werke der Barmherzigkeit werden als die Magna Charta christlicher Liebestätigkeit in Erinnerung gerufen. Doch mit dem Zusammenhang, in dem das alles im Matthäusevangelium steht, will man eher nichts zu tun haben.

Der »Menschensohn« begegnet im Neuen Testament in drei Verwendungsweisen. Die Rede ist entweder vom irdisch wirkenden Menschensohn oder vom leidenden und sterbenden Menschensohn oder schließlich von dem Menschensohn, der im Auftrag Gottes zum Gericht kommt. Das Wort begegnet im Neuen Testament nur im Mund Jesu, der vom Menschensohn immer in der dritten Person spricht. Dennoch kann kein Zweifel daran bestehen, dass sich die Stellen, an denen vom irdischen Wirken sowie vom Leiden und Sterben des Menschensohns die Rede ist, auf Jesus selbst beziehen. Ob das bei der Rede von dem Menschensohn, der zum Gericht kommt, auch der Fall ist – oder genauer: seit wann das der Fall ist – bleibt offen.

Die Vorstellung von einem Menschensohn, also einer messianischen Gestalt, die am Ende der Zeit zum Gericht kommt, stammt aus der Hebräischen Bibel. Im Danielbuch wird der Menschensohn in dieser richtenden Funktion eingeführt. Durch sein Gericht werden die Reiche dieser Welt der Herrschaft Gottes unterworfen. An diese Vorstellung knüpft die Predigt Jesu vom Weltgericht in einer eigentümlichen Verwandlung an. Der Menschensohn, so sagt er, wird als König und Weltenrichter kommen, um »alle Völker« vor sich zu versammeln; übrigens wird derselbe Ausdruck verwandt, der sich auch in dem Auftrag Jesu findet, »alle Völker« zu taufen. Wie ein Hirte Schafe und Böcke voneinander trennt, so wird auch er die Böcke zu seiner Linken und die Schafe zu seiner Rechten stellen. Zunächst wird er die Schafe zu sich rufen und sie als die »Gesegneten meines Vaters« anreden, die das Reich erben, das ihnen von Anbeginn der Erde bereitet ist. Er wird sie darauf ansprechen, dass sie ihm selbst gegenüber barmherzig gehandelt haben. Erstaunt werden sie zurückfragen, wann sie ihm, dem Menschensohn, das alles getan haben. Und er wird antworten: »Was ihr getan habt einem von diesen meinen geringsten Brüdern, das habt ihr mir getan.« Dann wird er sich an diejenigen zur Linken wenden, und ihnen vorhalten, dass sie ihm nicht beigestanden haben, als er der Barmherzigkeit bedurfte. Sie werden zurückfragen, wann sie ihn denn in solcher Lage gesehen hätten; und er wird antworten: »Was ihr nicht getan habt einem von diesen Geringsten, das habt ihr mir auch nicht getan.« Die Rede schließt mit den Worten: »Und sie werden hingehen: diese zur ewigen Strafe, aber die Gerechten in das ewige Leben.«

Doch nicht das Szenario des Gerichts ist entscheidend. Es kommt auf den Gehalt an. »Jüngstes Gericht« meint: Der endgültige, unwiderrufliche Sinn der Handlungen, aus denen unser Leben besteht, wird aufgedeckt. Sie werden durchsichtig für das, was wir durch sie bewirken. Alle Zweideutigkeit fällt von ihnen ab; ihre Qualität steht klar vor unseren Augen. Wir befinden uns vor der Instanz, vor der wir unser Leben letztlich zu verantworten haben und der gegenüber es keine Ausflüchte gibt. »Wir müssen alle offenbar werden vor dem Richterstuhl Christi, damit jeder seinen Lohn empfange für das, was er getan hat bei Lebzeiten, es sei gut oder böse« (2. Korinther 5,10). Das Jüngste Gericht ist die Instanz, vor der klar wird, wie alles mit allem zusammenhängt. Angesichts dieser Transparenz werden wir uns für das verantworten, was wir zu unseren Lebzeiten getan haben.

Der Begriff der Verantwortung hat hier seinen Ursprung. Er enthält das Element der »Antwort« unüberhörbar in sich. Verantwortung heißt Rechenschaftspflicht. Alle irdischen Instanzen, denen wir Rechenschaft schulden, sind vorläufig; bei Bedarf können wir versuchen, uns ihnen zu entziehen. Eine Instanz jedoch hat definitive Autorität: Gott selbst, vor dem es kein Verdunkeln gibt. Klar liegt alles vor ihm – und mit einem letzten Ernst. Dieser letzte Ernst wird mit der Vorstellung einer Scheidung in Schafe und Böcke vor Augen gestellt.

So wie der Mensch das Wesen ist, das seinen Tod zu antizipieren vermag, so kann er auch das Gericht antizipieren. Er nimmt die Frage, was er vor Gott verantworten kann, in der Form vorweg, dass er sich fragt, was er vor seinem Gewissen verantworten kann. Sogar die Heiden, so sagt Paulus deshalb, die das Gesetz nicht haben, wissen, was das Gesetz von ihnen fordert, »zumal ihr Gewissen es ihnen bezeugt, dazu auch die Gedanken, die einander anklagen oder auch entschuldigen« (Römer 2,14f.). Gewissensbildung beruht auf der Voraussetzung einer letzten und unbedingten Rechenschaftspflicht. Sie kommt in dem Bild vom Jüngsten Gericht zum Ausdruck. Da es auf diese Weise zum Leben verhilft, ist es ein Hoffnungsbild.

Was aber ist mit der Verdammnis, die in der Rede vom Jüngsten Gericht eine so gewichtige Rolle spielt? Bei dieser Frage angekommen, kann man es nicht mehr in der Schwebe lassen, ob der Weltenrichter Jesus selbst oder ein anderer ist. Die Predigt vom Weltgericht begegnet im Matthäusevangelium als eine Rede Jesu selbst. Das Glaubensbekenntnis spricht davon, dass er wiederkommen wird, zu richten die Lebenden und die Toten. Wenn Jesus der Richter ist, dann lässt sich nicht davon absehen, dass er selbst schon das Gericht auf sich genommen hat: Er ging in den Tod, er schritt den Weg der Verdammnis, indem er auch vor dem Reich des Todes nicht zurückscheute. Ihn hat Gott zu seiner Rechten erhöht und damit in das Amt des Richters eingesetzt. Er spricht das Urteil über unsere Taten, das er selbst, obgleich ohne jede Schuld, an seinem eigenen Leib schon vorweggenommen hat. Das nimmt dem Urteil nichts von seinem Ernst – wie könnte es! Aber auch als Verurteilte können wir uns zu dem flüchten, der das Urteil selbst auf sich nahm. Diese Bewegung von Christus dem Richter zu Christus dem Retter ist die Bewegung des Glaubens. In dieser Bewegung erfahren Christen sich als Sünder und Gerechtfertigte zugleich.

In dieser Bewegung erfahren sie, dass Jesus als der Richter nach keinem anderen Maßstab urteilt als nach der Gerechtigkeit, die sich in seiner Zuwendung zu den Armen und Kranken, den Sündern und Vorteilsnehmern gezeigt hat. Das Gebot der Feindesliebe gilt auch für das Verhältnis des Richters denen gegenüber, die vor seinem Urteil keinen Bestand haben können. Aber die Hoffnung auf die göttliche Feindesliebe, auf die göttliche Toleranz gegenüber dem sündigen Menschen gibt es nicht an Gottes Gericht vorbei, sondern nur durch Gottes Gericht hindurch. Denn andernfalls wäre Gottes Gnade eine »billige Gnade« (Dietrich Bonhoeffer), entwertet von denen, die diese Gnade haben wollen, ohne sich für ihr Tun und Lassen verantworten zu müssen. Aus dem Glauben würde dann ein verantwortungsloses Haschen nach billiger Gnade. Dagegen steht das Gericht.

Kreuz und Gericht – das sind die beiden unbequemsten Züge des christlichen Glaubens. Sie sind nicht zeitgemäß; um sie machen wir am liebsten einen großen Bogen. Das Symbol des Kreuzes wurde in seiner Bedeutung als Zentralsymbol des christlichen Glaubens versuchsweise schon einmal durch die Krippe ersetzt. Der Versuch hat sich nicht durchgesetzt – Gott sei Dank. Aber die

Vorstellung von einem göttlichen Gericht als überholte Mythologie zu werten, ist eine gängige Münze. Der Gerichtsgedanke ist der entscheidende Grund dafür, warum sich im christlichen Kulturkreis eine alternative Lehre von den letzten Dingen breit gemacht hat: die schon besprochene Lehre von der Reinkarnation und der Seelenwanderung. Vermutlich lassen in westlichen Gesellschaften mehr Menschen diese Lehre für sich gelten lassen als diejenige von Gericht und Gnade.

Denn die Vorstellung vom Gericht wurde dazu eingesetzt, Menschen einzuschüchtern und zu verängstigen. Mochte man zunächst auch noch die Aussage, dass die Verurteilten dorthin geraten, wo »Heulen und Zähneklappern« ist, aus einer »Opferperspektive« betrachten und darin eine Genugtuung für diejenigen erblicken, die zu Opfern von Hass und Gewalttat geworden waren, so rückte die Vorstellung eines himmlischen Ausgleichs für irdische Ungerechtigkeit doch bald aus dem Blick. Die Gerichtsvorstellung wurde »täterorientiert«. Die Drohung mit Fegefeuer oder Höllenstrafen wurde zum Herrschaftsmittel. Die Vorstellung vom Gericht befreite nicht zu einer letzten Verantwortung, sondern sie schüchterte ein. Das Evangelium, zu dem die Rede vom Weltgericht gehört, machte nicht froh, sondern bitter. Die Gerichtspredigt und die ihr folgende Buß- und Beichtpraxis waren wirksame Mittel der »Gottesvergiftung«.

Das mit der Gerichtsvorstellung verbundene Freund-Feind-Denken strahlte bis in die politischen Verhältnisse aus. Es rechtfertigte die Erwartung an die politische Gewalt, Ketzern den Garaus zu machen, wie sie sich in den dunklen Zügen der Christentumsgeschichte zeigt. Und es rechtfertigt die Anwendung von Gewalt aus vermeintlich religiösen Gründen, erkennbar an der religiösen Gewaltlegitimation in Teilen des heutigen Islam. Vorausgesetzt ist die Zuweisung der Gläubigen zum »Haus Gottes«, der Ungläubigen zum »Haus des Krieges«. Wer als Ungläubiger ein Feind Gottes ist, ist damit zugleich auch ein Feind der Gläubigen; und wer als Ungläubiger ohnehin nicht auf ein Leben nach dem Tod hoffen kann, kann auch schon zu Lebzeiten mit Verachtung oder Terror bestraft werden. Das verleitet zu dem Gedanken, es sei eine gottgefällige Tat, einen Ungläubigen zu töten. Wer das tut, wird dann sogar in den Stand eines Märtyrers erhoben. Und das alles im Namen des göttlichen Gerichts.

Dies sind dringende Gründe dafür, die Gerichtsvorstellung von einem Missbrauch zu befreien, der nur als barbarisch bezeichnet werden kann. Er liegt überall dort vor, wo Würde und Leben von Menschen im Namen eines göttlichen Gerichts angetastet werden. Um Missbrauch handelt es sich überall dort, wo menschliche Gewaltausübung mit dem Motiv des göttlichen Gerichts begründet wird; auch bei einer religiösen Rechtfertigung der Todesstrafe ist das übrigens der Fall.

Der Gedanke des Gerichts wird nur dort in seiner wahren Bedeutung erfasst, wo er selbstkritisch verwendet wird. Diese Selbstkritik betrifft nicht nur den einzelnen Glaubenden, sondern auch die Gemeinschaft der Glaubenden. Die Vorstellung von einem bevorstehenden Gericht Gottes bildet ein entscheidendes Motiv für eine Selbstreinigung des Christentums. Auch die Kirche Jesu Christi muss wissen, dass sie vor dem Richterstuhl ihres Herrn steht und nicht ihren eigenen Stuhl an dessen Stelle setzen kann. Auch sie muss sich einer letzten Verantwortung für ihr Tun und Lassen bewusst sein. Sie verkündigt das Gericht nicht nur anderen; sie lässt es auch für sich selbst gelten. Das muss sie daran hindern, aus dem Gericht ein Mittel der Herrschaft über die Seelen zu machen – statt dass es der Sorge für die Seelen dient. Denn die Predigt vom Gericht fordert dazu auf, die Herrschaft der Barmherzigkeit schon jetzt gelten zu lassen: die einzige Form der Herrschaft, die in der Kirche Jesu Christi Anerkennung finden kann.

Das Reich Gottes. Christliche Hoffnung richtet sich auf das Reich Gottes. Sie verlässt sich auf das Kommen dieses Reiches, weil es in Jesus, seinem Wirken und seiner Verkündigung schon angefangen hat. In der Zuversicht auf das Reich Gottes verbindet sich die Gewissheit des schon vollzogenen Beginns mit der Hoffnung auf die noch ausstehende Vollendung.

Programmatisch wird das an der Schilderung deutlich, die der Evangelist Lukas von der Antrittspredigt Jesu in Nazareth gibt. Jesus nimmt die prophetische Vision von dem Gnadenjahr Gottes (Jesaja 61,1f.) für seine eigene Gegenwart in Anspruch: »Heute ist dieses Wort der Schrift erfüllt vor euren Ohren« (Lukas 4,16–21).

Dass das verheißene Reich jetzt schon beginnt, wird nach dem Zeugnis der Evangelien durch die Lebenspraxis Jesu bewahrheitet. Dass er Menschen aufrichtet, die von Sünde oder Krankheit niedergedrückt waren, ist ein Vorzeichen des kommenden Reiches, in dem alle von jeglicher Art von Enge befreit sein werden. Darin, dass Jesus böse Geister austreibt, zeigt sich, dass er das Reich Gottes nahe bringt.

Für das bevorstehende Reich Gottes verwendet Jesus starke Bilder. Am eindrucksvollsten ist wohl die Vorstellung vom königlichen Festmahl: »Viele werden kommen von Osten und von Westen und mit Abraham und Isaak und Jakob im Himmelreich zu Tisch sitzen« (Matthäus 8,11). Im Gleichnis von der königlichen Hochzeit wird dieses Bild ausführlich entfaltet (Matthäus 22,1–14).

Das Bild vom Gastmahl ist nicht zufällig gewählt. Jesus setzt vielfältige Zeichen dafür, dass gemeinsame Mahlzeiten den Abstand zwischen Menschen überbrücken. Seine Mahlgemeinschaft mit Zöllnern und Sündern ist dafür von exemplarischer Bedeutung. Am Ende seines Lebens gestaltet er die Mahlgemeinschaft, zu der er seine Jünger versammelt, als Vorwegnahme des königlichen Mahls, zu dem sie sich im Reich Gottes zusammenfinden werden. Deshalb verbindet jede Abendmahlsfeier Erinnerung und Verheißung miteinander.

Freilich sollte man den Gemeinschaftsaspekt, der von hier aus mit der christlichen Hoffnung unlöslich verbunden ist, nicht dagegen ausspielen, dass diese Hoffnung jeden einzelnen Menschen in seiner unverwechselbaren Individualität meint. Täte man das, so würde man um der Botschaft vom Reich Gottes willen die Verheißung von Auferstehung und ewigem Leben beiseite schieben. Dazu aber gibt es keinen Grund. Vielmehr legt es sich auch im Blick auf die christliche Hoffnung nahe, die Orientierung an der Gemeinschaft und an der Person des Einzelnen nicht gegeneinander zu stellen, sondern Individualität und Sozialität im christlichen Begriff der Person als unlöslich miteinander verbunden zu betrachten. Insofern ist die Hoffnung über den Tod hinaus immer zugleich eine persönliche Hoffnung für jeden einzelnen und eine gemeinschaftsorientierte Hoffnung auf die Verbundenheit mit Gott in seinem Reich.

Die innere Spannung in der Predigt Jesu vom Reich Gottes zeigt sich besonders deutlich darin, dass dem großen Ziel, auf das alles zuläuft, einfühlsame Bilder vom unscheinbaren Beginn gegenüber stehen. Das Reich Gottes fängt so unscheinbar an wie ein Senfkorn; es bahnt sich den Weg auf so unauffällige Weise wie die von selbst wachsende Saat; man nimmt es nur wahr, wenn man sich die kindliche Aufmerksamkeit bewahrt hat, die sich über das Kleine wundern kann (Markus 4,26ff.30ff.; 10,14f.).

Weil der unscheinbare Beginn zur Größe des Reiches Gottes hinzugehört, feiert Jesus diesen Beginn dadurch, dass er denen die Freude des Reiches Gottes zuspricht, die von ihr am weitesten entfernt sind. Programmatisch wird das in den Seligpreisungen der Bergpredigt deutlich (Matthäus 5,1–10). Sie sprechen den äußerlich wie innerlich Beschädigten, den an den Rand Gedrängten, den durch ihr außergewöhnliches Verhalten Isolierten, den wegen ihrer Treue zu Jesus Verfolgten die Teilhabe am Reich Gottes zu.

Durchgängig werden für die Beschreibung dieses Reiches Worte verwendet, die der politischen Sprache entnommen sind. Für die Worte »Reich« beziehungsweise »Königsherrschaft« gilt das besonders. In den späteren Schriften des Neuen Testaments tritt das Bild von der »Stadt« oder auch dem »Gemeinwesen« ausdrücklich dazu. Die Offenbarung des Johannes hält sich an den Namen, der für die Tradition dieser neutestamentlichen Schrift die Stadt schlechthin bezeichnet: Jerusalem. Mit all diesen Sprachbildern soll eines deutlich gemacht werden: Gelingende Sozialität kennzeichnet das Reich Gottes, eine Sozialität, die keine Grenzen und keine Abgrenzungen kennt. Feindschaft und Gewalt sind dem Reich Gottes fremd.

Trauer auch. Der Tod hat seine Macht verloren. In die Vision eines Lebens jenseits der Herrschaft des Todes und der Trennungen mündet in der Offenbarung des Johannes das Bild vom neuen Jerusalem: »Und ich hörte eine große Stimme von dem Thron her, die sprach: Siehe da, die Hütte Gottes bei den Menschen! Und er wird bei ihnen wohnen, und sie werden sein Volk sein und er selbst, Gott mit ihnen, wird ihr Gott sein; und Gott wird abwischen alle Tränen von ihren Augen, und der Tod wird nicht mehr sein, noch Leid noch Geschrei noch Schmerz wird mehr sein; denn das Erste ist vergangen. Und der auf dem Thron saß, sprach: Siehe, ich mache alles neu« (Offenbarung 21,3–5).

Freilich findet sich in der Offenbarung auch das Wort vom »neuen Himmel und der neuen Erde« (Offenbarung 21,1); es zeigt an, dass man das Reich Gottes nicht ausschließlich an die Vorstellung einer erneuerten Gemeinschaft der Menschen mit Gott binden darf. Vielmehr ist auch die Natur in diese Gemeinschaft mit Gott einbezogen. Die Verheißung eines messianischen Naturfriedens, die schon im Alten Testament begegnet (Jesaja 11,1–9), wird in die Hoffnung auf das Reich Gottes aufgenommen; denn die ganze Schöpfung wird von der Knechtschaft der Vergänglichkeit befreit zur »herrlichen Freiheit der Kinder Gottes« (Römer 8,21).

»Herrlichkeit« ist das Stichwort, das diesen umfassenden Horizont der Hoffnung auf das Reich Gottes mit einem anderen Thema verbindet, das dem Apostel Paulus am Herzen liegt, das aber auch für das gegenwärtige Verständnis christlicher Hoffnung von herausragender Bedeutung ist. Dass Gott »den Reichtum seiner Herrlichkeit« kund tun will »an den Gefäßen seiner Barmherzigkeit, die er zuvor bereit hatte zur Herrlichkeit« (Römer 9,23), bildet den Horizont der Hoffnung, mit dem Paulus seinen persönlichen Kummer über die Trennung zwischen Juden und Christen beschreibt. Denn dass der Bund Gottes zuallererst dem Volk Israel gilt und dass dieser Bund auch durch das Kommen des Messias Jesus Christus nicht gekündigt ist, ist ihm gewiss (Römer 11,2). Die Christen aus den Heiden erinnert er daran, von welchem Grundsatz das Verhältnis zwischen Juden und Christen bestimmt ist, dass nämlich »nicht du die Wurzel trägst, sondern die Wurzel trägt dich« (Römer 11,18). Deshalb hält er auch an der Zuversicht fest, dass ganz Israel gerettet wird; denn »Gottes Gaben und Berufungen können ihn nicht gereuen« (Römer 11,29). Es gehört zu den tiefsten Zügen der biblischen Hoffnung auf das Reich Gottes, dass der Zaun zwischen Juden und Heidenchristen niedergelegt wird, weil Christus für sie gemeinsam der Friede ist (vgl. Epheser 2,11–22). Und es gehört zu den tiefsten Verstößen gegen die Hoffnung auf das Reich Gottes, dass Christen den Juden gegenüber einen Zaun der Ablehnung und der Feindschaft aufgerichtet haben, mit dem sie sogar die Zusammengehörigkeit im Reich Gottes verleugnet haben. Aus dem, was als christlicher Antijudaismus begann, wuchs der rassisch begründete Antisemitismus, der den Vorwand zu dem unmenschlichen Vernichtungsvorhaben des nationalsozialistischen Deutschland gegenüber dem europäischen Judentum lieferte. Mit der Hoffnung auf das Reich Gottes war das unvereinbar, wie nicht zuletzt auch die Inanspruchnahme eines Motivs aus der Geschichte jüdisch-christlicher Hoffnungsbilder durch das nationalsozialistische Gewaltregime zeigte, nämlich die Selbstbezeichnung als »Drittes Reich«. Von der Hoffnung auf das Reich Gottes können Christen nur noch sprechen, wenn ihnen auch dieser Missbrauch bewusst ist und wenn sie in Erinnerung behalten, wie tief die Geschichte der christlichen Judenfeindschaft in die Entstehung des modernen Antisemitismus verwoben ist. Als Kirche können wir die Hoffnung auf das Reich Gottes nur verkündigen, wenn wir zur Umkehr von falschen Wegen und zum Neubeginn im Verhältnis zwischen Kirche und Judentum bereit sind.

Wo Feindschaft und Gewalt keinen Ort haben, wo Tod und Trennung überwunden sind, dort hat das Böse keinen Raum. Das ist der Vorbehalt, man kann auch sagen: das kämpferische Moment an der Hoffnung auf das Reich Gottes. Dem Bösen muss gewehrt werden, denn es steht dem Reich Gottes im Wege. Der Ausschluss des Bösen und auch der Bösen ist für den Apostel Paulus geradezu ein Definitionsmerkmal für das Reich Gottes. Lang sind die Kataloge lasterhafter Menschen, an denen er verdeutlicht, dass Böse am Reich Gottes keinen Anteil haben können: »Weder Unzüchtige noch Götzendiener, Ehebrecher, Lustknaben, Knabenschänder, Diebe, Geizige, Trunkenbolde, Lästerer oder Räuber werden das Reich Gottes ererben« (1. Korinther 6,9f.).

Freilich geben auch derartige Kataloge keinen Grund dazu, das Ende der Welt unter die apokalyptische Chiffre von »Harmaggedon« (Offenbarung 16,16) zu rücken und als einen gewaltsamen Endkampf zwischen Gut und Böse zu schildern. Erst recht ist es vermessen, für sich selbst in Anspruch zu nehmen, an diesem endzeitlichen Kampf beteiligt zu sein und dabei auf der Seite des Guten zu stehen. Solche Endkampfszenarien waren in der Zeit des Kalten Krieges in den USA verbreitet; die Atomwaffen der USA sollten nach solchen gotteslästerlichen Vorstellungen die Wiederkunft Christi vorbereiten, der sein tausendjähriges Reich aufrichten werde. Eine solche Endzeit-Vision wird immer wieder aufgeboten, um aus ihr ein Schema der Politik zu rechtfertigen, das nach der Entgegensetzung von Freund und Feind aufgebaut ist. Nachdem dieses Muster nicht mehr auf die Gegner angewandt werden konnte, die im Kalten Krieg gegeneinander standen, wurde es nach dem 11. September 2001 im Kampf gegen den Terrorismus wiederbelebt. Man verharmlost die Gefahren, die dem Leben von Menschen, der Stabilität von Staaten und dem Frieden zwischen den Völkern durch einen international agierenden Terrorismus drohen, nicht, wenn man eine solche Denkweise für unangemessen hält. Die Aufgaben staatlicher Sicherheitspolitik dürfen nicht dämonisiert werden, indem sie in einen endzeitlichen Kampf zwischen Gut und Böse eingezeichnet werden. Um dem zu wehren, muss man die Frage endzeitlicher Hoffnung streng an der Verheißung Jesu ausrichten. Sie schließt die Sünder ein und grenzt sie nicht aus.

Wenn man jedoch in Jesu Namen an der Hoffnung festhält, dass auch die Sünder nicht vom Reich Gottes ausgeschlossen sind, dann nur deshalb, weil sie von Jesus selbst aus ihrer Sünde und ihrem tödlichen Verderben zur Teilhabe an seinem Reich befreit werden. Doch von Gott verlangen lässt sich dies nicht. Das ist die Grenze einer Lehre von der »Allversöhnung«; sie würde Gottes

Souveränität einschränken, indem sie ihm Gnade gegenüber jedem Missetäter im vorhinein abfordern würde. Weder über die Zugehörigkeit noch über den Ausschluss aus dem Reich Gottes ist Menschen eine letztgültige Aussage möglich. Wir Menschen sind auf Gottes Gnade angewiesen und können nur im Vertrauen auf sie, nicht aber im Vertrauen auf unsere eigene Urteilsfähigkeit Gewissheit finden.

So stellt sich heraus, dass die Verheißung des Reiches Gottes und die Ankündigung des göttlichen Gerichts einander keineswegs so spannungsvoll gegenüberstehen, wie dies auf den ersten Blick erscheinen mochte. Vielmehr bildet das Gericht, das Gottes Gerechtigkeit zur Geltung bringt, die Voraussetzung dafür, dass Gottes Güte alles in allem sein kann. Es liegt eher an den Grenzen der menschlichen Sprache als am Inhalt der biblischen Verheißung, dass dafür zwei Bilder gewählt werden: das Gericht Gottes, das den letzten Ernst menschlicher Verantwortung vor der Güte Gottes hervorhebt, und das Reich Gottes, mit dem sich die Gewissheit verbindet, dass Gottes Güte sich über alle Brüche der menschlichen Geschichte, ja der Entwicklung des Kosmos hinweg durchsetzen wird.

Lernorte der Hoffnung

In einem Lehrschreiben über die christliche Hoffnung aus dem Jahr 2007 unterstreicht Papst Benedikt XVI. den Gegensatz zwischen dem neuzeitlichen Fortschrittsoptimismus und der Hoffnung des christlichen Glaubens. Während der Fortschrittsglaube der Moderne die Hoffnung, die sich auf Gott richtet, entbehrlich machen will, beharrt der christliche Glaube darauf, dass die Hoffnung auf Gott durch nichts zu ersetzen ist. Zusammenfassend sagt Benedikt XVI.: »Wir brauchen die kleineren oder größeren Hoffnungen, die uns Tag um Tag auf dem Weg halten. Aber sie reichen nicht aus ohne die große Hoffnung, die alles andere überschreiten muss. Diese große Hoffnung kann nur Gott sein, der das Ganze umfasst und der uns geben kann und schenken kann, was wir allein nicht vermögen.«

Ein evangelischer Blick erkennt in diesen Aussagen eine Folgerung aus der Lehre von der Rechtfertigung allein aus Gnade für die Lehre von der Hoffnung. Die Enzyklika fährt fort: »Gott ist das Fundament der Hoffnung – nicht irgendein Gott, sondern der Gott, der ein menschliches Angesicht hat und der uns geliebt hat bis ans Ende: jeden einzelnen und die Menschheit als Ganze.« Dieses Verhältnis zwischen der großen Hoffnung des Glaubens und den kleinen Hoffnungen unseres Alltags verdeutlicht Benedikt XVI. durch die Beschreibung von »Lernorten der Hoffnung«.

Das Gebet, das menschliche Tun und Leiden sowie das göttliche Gericht wählt er als solche Lernorte aus. An ihnen vollziehen sich Vorgänge einer inneren Reinigung und Reifung des Menschen. Sie bereiten dadurch auf die Begegnung mit Gott vor.

In einer Zeit, die sich weithin weigert, das Gericht Gottes ernst zu nehmen, ist das ein berechtigter Akzent. Doch das Lernen und Üben der Hoffnung sollte nicht nur unter den Gesichtspunkten der Anfechtung und der Prüfung, sondern auch unter der Perspektive betrachtet werden, dass die Erfahrungen der Zuversicht und des Glücks, die wir in unserem Leben machen, in all ihrer Vorläufigkeit und Zerbrechlichkeit zu Gleichnissen für die große Hoffnung werden können, der wir entgegengehen. Neben dem Gebet möchte ich deshalb auch das Tun des Gerechten als einen Lernort der Hoffnung nennen. Neben dem menschlichen Leiden will ich auch das Glück der Menschen als einen solchen Lernort in Anspruch nehmen. Und neben dem göttlichen Gericht will ich auch die Erfahrung der göttlichen Gnade als einen Ort bezeichnen, an dem sich Hoffnung lernen lässt.

Beten und Tun des Gerechten. Dietrich Bonhoeffer war es, der dem alten klösterlichen Prinzip des »Bete und Arbeite« eine spezifisch moderne Wendung gegeben hat. In seinem Nachdenken darüber, worin sich das Christentum der Zukunft zeigen werde, griff er auf diesen Rhythmus des Betens und Arbeitens zurück. Er tat das in einer besonderen Wendung. Sie bestand nicht nur darin, dass er das »Arbeiten« durch das »Tun des Gerechten« ersetzte. Er ergänzte vielmehr in einer Fassung seiner Überlegung das Miteinander von Beten und Tun des Gerechten durch ein drittes Element. Es werde, so sagte er, in der zukünftigen Gestalt des christlichen Glaubens darauf ankommen, dass wir »beten, das Gerechte tun und auf Gottes Zeit warten«. Auf Gottes Zeit zu warten, ist der Horizont, in dem unser Beten und unser Tun des Gerechten stehen. Die große Hoffnung auf Gott ist der Horizont, in dem unser Beten ebenso steht wie unser Bemühen um Gerechtigkeit, um Frieden, um die Würde des Menschen und die Bewahrung der Natur.

Im Horizont der christlichen Hoffnung erweist sich die Entgegensetzung zwischen Frömmigkeit und gesellschaftlicher Verantwortung als vordergründig. Beide gehören zusammen. Das Gebet sehnt die Zukunft Gottes herbei; das Handeln bemüht sich um Gleichnisse für die Gottesherrschaft im Zusammenleben der Menschen. Das Gebet weiß um den Unterschied zwischen dem, was Menschen tun können, und dem, was dem Wirken Gottes vorbehalten ist; denn das ist das Grundthema des Gebets schlechthin. Aber auch das Handeln im Horizont christlicher Hoffnung weiß um den Unterschied zwischen dem, was Menschen tun können, und dem, was dem Wirken Gottes vorbehalten ist; denn es geht ihm gerade nicht darum, das Reich Gottes durch menschliches Handeln herbeizuzwingen, sondern auf die Verheißung dieses Reiches in aller Vorläufigkeit menschlichen Handelns zu antworten.

Dabei ist das Tun des Gerechten auf den umfassenden Horizont ausgerichtet, der durch die Hoffnung auf das Reich Gottes beschrieben ist. Das Bemühen um Gerechtigkeit wird in diesem Horizont nicht nur das eigene Recht, sondern auch das Recht des Nächsten, nicht nur die Gerechtigkeit für die eigene Generation, sondern auch für die kommenden Generationen, nicht nur die Lebensinteressen der Menschen, sondern ebenso auch das Lebensrecht der nichtmenschlichen Natur im Blick haben. Auf solch einen weiten Horizont menschlicher Verantwortung aber kann sich nur einlassen, wer das Beten nicht vergisst. Deshalb sind das Beten und das Tun des Gerechten zusammen die Weisen, in denen Christen sich darin üben, auf Gottes Zeit zu warten.

Leiden und Glück. Gewiss ist die Anfechtung menschlichen Leids ein Lernort der Hoffnung. Sie kann es umso eher sein, als einem Menschen im Leiden andere begegnen, die ihm zu Boten der Hoffnung werden. Der Kern der Seelsorge, die Christen einander gewähren, besteht darin, Menschen, die unter der Last des Lebens oder unter der Trauer über den Tod leiden, die Hoffnung zuzusprechen, die stärker ist als alle Trauer und Lebenslast. Doch ebenso kann es eine seelsorgerliche Aufgabe sein, Menschen auf das Glück aufmerksam zu machen, das ihnen widerfährt, und sie davor zu bewahren, es als selbstverständlich zu nehmen.

Denn nicht nur im Leiden begegnet mir Gott, sondern auch im Glück. Nicht nur in der Entbehrung ist er mir gegenwärtig, sondern auch in der Erfüllung. Nicht nur wenn das Leben schwer ist, sondern auch wenn es gut ist, will Gott mir nahe sein. Denn er schaut an, was er geschaffen hat – und siehe, es ist sehr gut. Im Licht der christlichen Hoffnung ist es an der Zeit, die Freude an der Schöpfung wieder zu entdecken. Keine Erfahrung ist in stärkerem Maß ein Lernort der Hoffnung als die Erfahrung der Liebe. Der Einsatz für einen anderen Menschen, der meine Zuwendung braucht, kann ebenso Hoffnung stiften wie die Erfahrung, dass sich mir jemand zugewandt hat, als es für mich nötig war. Für viele Menschen ist es die Erfahrung menschlicher Zuwendung, die ihre Hoffnung erneuert, die sie gegen Enttäuschungen wappnet, die sie im Einsatz für andere Menschen stärkt. Im Licht der großen Hoffnung auf Gott kommt auch das Glück der Liebe als ein Lernort der Hoffnung zum Leuchten.

Gericht und Gnade. Gewiss ist die Selbstprüfung, der ich mich im Licht des göttlichen Gerichts aussetze, ein wichtiger Lernort der Hoffnung. Denn ich merke daran, dass ich vor Gott nur bestehen kann, wenn ich meine Hoffnung ganz auf ihn setze. Das Bußgebet, das in jedem Gottesdienst seinen Ort hat, ist deshalb ein Gebet der Hoffnung. Das Bekenntnis der Schuld kann der Hoffnung neue Flügel geben. Aber ebenso lerne ich Schritte der Hoffnung dadurch, dass ich auf die Zusage der Gnade Gottes höre, dass ich am Tisch des Herrn die Gemeinschaft mit Gott und mit den Menschen feiere und so in den Lobpreis Gottes einstimme.

Die Musik ist besonders als ein Medium zu nennen, an dem sich Hoffnung lernen lässt. Sie kann das drohende Gericht zu Gehör bringen; das vielfach vertonte *Dies irae, dies illa* ist ein Beispiel dafür, wie alle musikalischen Register gezogen werden, um den Seelen das bevorstehende Gericht einzuprägen. Aber ebenso bringt die Musik die göttliche Gnade zum Ausdruck. Weil sie nur Klang ist, wird sie zur Trägerin einer Botschaft, die über das Hier und Heute hinausweist. Menschen, die sich einer ihnen wichtigen oder sie überraschenden Musik hingeben, fühlen sich erneuert und verwandelt. Das aber ist die Erfahrung, die wir der Gnade Gottes verdanken: sie erneuert uns. Wenn wir diese Erfahrung schon innerhalb unserer befristeten Lebenszeit machen können, ist dies ein wichtiger Grund zur Hoffnung.

Liebe

V. Zur Liebe berufen

Wenn ich mit Menschen- und mit Engelzungen redete und hätte die Liebe nicht, so wäre ich ein tönendes Erz oder eine klingende Schelle. Und wenn ich prophetisch reden könnte und wüsste alle Geheimnisse und alle Erkenntnis und hätte allen Glauben, sodass ich Berge versetzen könnte, und hätte die Liebe nicht, so wäre ich nichts. Und wenn ich alle meine Habe den Armen gäbe und ließe meinen Leib verbrennen und hätte die Liebe nicht, so wäre mir's nichts nütze.

Die Liebe ist langmütig und freundlich, die Liebe eifert nicht, die Liebe treibt nicht Mutwillen, sie bläht sich nicht auf, sie verhält sich nicht ungehörig, sie sucht nicht das Ihre, sie lässt sich nicht erbittern, sie rechnet das Böse nicht zu, sie freut sich nicht über die Ungerechtigkeit, sie freut sich aber an der Wahrheit; sie erträgt alles, sie glaubt alles, sie hofft alles, sie duldet alles.

Die Liebe hört niemals auf, wo doch das prophetische Reden aufhören wird und das Zungenreden aufhören wird und die Erkenntnis aufhören wird. Denn unser Wissen ist Stückwerk und unser prophetisches Reden ist Stückwerk. Wenn aber kommen wird das Vollkommene, so wird das Stückwerk aufhören.

Als ich ein Kind war, da redete ich wie ein Kind und dachte wie ein Kind und war klug wie ein Kind; als ich aber ein Mann wurde, tat ich ab, was kindlich war. Wir sehen jetzt durch einen Spiegel ein dunkles Bild; dann aber von Angesicht zu Angesicht. Jetzt erkenne ich stückweise; dann aber werde ich erkennen, wie ich erkannt bin.

Nun aber bleiben Glaube, Hoffnung, Liebe, diese drei; aber die Liebe ist die größte unter ihnen.

Das Hohelied der Liebe, aufgezeichnet im 1. Brief des Paulus an die Korinther 13,1–13

Liebe – ein Auslaufmodell?

Gerald Hüther, Neurobiologe in Göttingen, beschreibt am Beispiel der Liebe, wie kulturell erworbene Fähigkeiten und Werte in sich zusammenfallen können. Wir laufen Gefahr, so Hüther, »dass es unserer Gesellschaft mit der Erfahrung über die Liebe ähnlich geht wie den Südseeinsulanern mit ihrem Wissen über die Seefahrt. Deren Vorfahren hatten einst mit unglaublich geschickt gebauten Booten den gesamten Pazifik durchkreuzt. Dabei waren sie auf die noch heute so paradiesisch anmutenden Südseeinseln gestoßen. Sie ließen sich dort nieder und wurden in dieser neuen Welt heimisch. Innerhalb kurzer Zeit wussten nur noch wenige, und nach einigen Generationen hatten sie alle vergessen, wie man seetüchtige Boote baut und auf hoher See navigiert.«

Liebe bildet nach Hüthers Auffassung, evolutionstheoretisch betrachtet, eine Gegenkraft zur Kraft der Konkurrenz. Während diese die Menschen auseinander treibt, hält die Liebe sie zusammen. Diese für die Geschichte der Menschengattung positive Bedeutung scheint die Liebe allmählich einzubüßen. Sie erscheint in der Gegenwart als gefährdet, weil sie nicht mehr durchgängig als Lösungsweg für die Lebensbewältigung betrachtet wird. Die Menschen vereinzeln – wie Schiffe auf offenem Meer, die einander am besten nicht berühren. Das Konkurrenzdenken wird zum dominierenden Motiv gesellschaftlicher Orientierung. Beides löst eine weit verbreitete und gefährliche Bindungslosigkeit aus. Wird Liebe in einer solchen Situation noch gebraucht? Ist sie nach wie vor ein unerlässlicher Basiswert für ein Zusammenleben in wechselseitigem Respekt, in verlässlicher Solidarität und in sozialer Verantwortung?

Gerald Hüther ist Gehirnforscher. In seinen Überlegungen zur Evolution der Liebe geht es ihm um Erfahrungen mit der Liebe; er will wissen, wie sie im menschlichen Leben faktisch funktioniert – nicht wie man sie sich in seinen Blütenträumen vorstellt. Er denkt nicht an gut gemeinte Appelle, sondern an das konkrete Erleben von Menschen, das zu den erforderlichen Verschaltungen im Gehirn führt. Denn auf solche Verschaltungen greifen Menschen dann wieder zurück, wenn ihre Fähigkeit zur Liebe gefragt ist.

Man braucht solche Überlegungen eines Gehirnforschers nicht als eine Einschränkung unserer Vorstellungen von menschlicher Freiheit zu verstehen. Dass Liebe es mit Verschaltungen im Gehirn zu tun hat, schließt nicht aus, dass Liebe mit der menschlichen Freiheit zusammenhängt. In dieser Hinsicht steht es um die Liebe nicht anders als um den Glauben. Auch wenn Hirnforscher neuerdings meinen, die Region im menschlichen Gehirn gefunden zu haben, in welcher der Glaube seinen Ort hat, wird der Glaube dadurch nicht von physischen Vorgängen in unserem Gehirn abhängig gemacht. Vielmehr müsste man es doch erstaunlich finden, wenn eine so wichtige Regung im menschlichen Leben wie der Glaube keine körperliche Entsprechung hätte. Es liegt nahe, dass ihm ein Vorgang im menschlichen Gehirn entspricht, den Gehirnforscher heute mit ihren faszinierenden Methoden nachvollziehen können. Wenn dabei manche Wissenschaftler ihre Forschungen materialistisch interpretieren und es für erwiesen halten, dass unser Glaube durch bestimmte Gehirnvorgänge determiniert ist, braucht man ihnen nicht zu folgen. Denn darin drückt sich nicht eine wissenschaftliche Einsicht, sondern eine weltanschauliche Einstellung aus.

Was wir uns am Beispiel des Glaubens verdeutlicht haben, gilt in gleicher Weise für die Liebe. Sie ist ein Vorgang, der den ganzen Menschen erfasst. Wir wissen aus eigenem Erleben, dass sie uns körperlich ergreift und unsere Seele verwandelt. So wird sie auch eine Entsprechung in den neuronalen Schaltungen im Gehirn haben – was einen Gehirnforscher besonders interessiert. Gerald Hüther allerdings interessiert sich für mehr als nur für die messbaren Gehirnströme. Er fragt, was geschieht, wenn Menschen die Liebe nicht mehr lernen. Der beste Weg, sie zu lernen, besteht darin, sie von früh an zu erfahren und erwidern zu können.

Dass die Liebe aus dem menschlichen Leben verschwindet, ist nicht zwangsläufig. Es gibt nach wie vor Lebensformen, in denen Liebe erlebt wird. Die Familie ist eine unter ihnen. Lange wurde behauptet, die Familie sei ein Auslaufmodell. Heute wissen wir, dass die Familie zwar vielfach gefährdet, aber zugleich ganz und gar unentbehrlich ist. Gewiss wird sie heute in anderen Formen gelebt als zu den Zeiten, in denen die Rollenzuweisungen für Eltern, Großeltern und Kinder – und dabei insbesondere für Frauen und Männer – fest gefügt waren. Aber die Familie ist nach wie vor eine Lebensform, in der das Glück der Liebe erlebt und gestaltet werden kann. Es gibt – inmitten einer bunten Vielfalt von Lebensformen – gelingende Partnerschaften von Frauen und Männern, auch solche von langer Dauer. Es gibt glückliche und erfüllte Verantwortungsgemeinschaften auch außerhalb der Ehe. Gleichgeschlechtliche Partnerschaften, aber auch Verantwortungsgemeinschaften zwischen den Generationen oder Freundschaften ohne einen sexuellen Bezug sind Beispiele dafür.

Es gibt die Bereitschaft zu Rücksichtnahme und Respekt, gerade auch bei jungen Menschen. Es gibt Beispiele für Solidarität – oft über Grenzen hinweg, die in früheren Zeiten viel schwerer zu überschreiten waren, zum Beispiel die Grenzen zwischen Nationen und Kontinenten. Viele erkennen die Notwendigkeit, unser heutiges Handeln aus der Perspektive kommender Generationen zu betrachten; aus Liebe zu denen, die nach uns kommen, bemühen sie sich um nachhaltiges Handeln. Der große Erzählzusammenhang der Liebe ist in christlichen Kirchen lebendig und wird von Generation zu Generation weitergegeben. Denn Kirchen sind Erzählgemeinschaften des Glaubens, der Hoffnung und der Liebe.

Das Dreifachgebot der Liebe

Eines der großen Beispiele aus dem biblischen Erzählzusammenhang der Liebe, das Gleichnis vom barmherzigen Samariter, hat uns schon an früherer Stelle beschäftigt. Jesus erzählt dieses Gleichnis als Antwort auf die Frage nach dem höchsten Gebot.

Der Fragesteller antwortet zutreffend, indem er zwei alttestamentliche Gebotsformulierungen zusammenfügt: »Du sollst den Herrn, deinen Gott, lieben von ganzem Herzen, von ganzer Seele, von allen Kräften und von ganzem Gemüt, und deinen Nächsten wie dich selbst« (Lukas 10,27). An anderen Stellen findet sich die Feststellung, dieses doppelte Gebot sei das höchste Gebot, auch als Aussage Jesu selbst (vgl. Matthäus 22,37–39; Markus 12,29–31). An einer dieser Stellen fügt Jesus ausdrücklich hinzu: »In diesen beiden Geboten hängt das ganze Gesetz und die Propheten« (Matthäus 22,40).

Auf diese Zusammenhänge stützt sich die Aussage, das Gebot der Nächstenliebe sei die zentrale Botschaft des christlichen Glaubens. Das ist richtig, aber zu eng. Man kann auch sagen: Das ist sehr viel; aber es ist doch zu wenig. Denn dieses doppelte Gebot spricht nicht nur von der Nächstenliebe; es erweitert sie vielmehr in zwei Richtungen: im Blick auf Gott und im Blick auf mich selbst.

Die Liebe zu Gott. Ohne Zweifel ist der christliche Glaube unlöslich mit dem Gebot der Nächstenliebe verbunden. Doch Jesus antwortet auf die Frage nach dem höchsten Gebot nicht einfach mit dem Satz: »Du sollst deinen Nächsten lieben«. Sondern er stellt ihm, in Anlehnung an das Alte Testament, das »Höre, Israel« voran: »Höre, Israel, der Herr, unser Gott, ist der Herr allein, und du sollst den Herrn, deinen Gott, lieben von ganzem Herzen, von ganzer Seele, von ganzem Gemüt und von allen deinen Kräften« (5. Mose 6,4f.; vgl. Markus 12,29f.). Von der Liebe zum Nächsten kann nur die Rede sein, wenn zuvor die Einzigkeit Gottes anerkannt ist und ihm unser Herz, unsere Seele, unser Gemüt und unsere Kräfte anvertraut sind.

Im christlichen Glauben hat die Liebe zu Gott in der Liebe Gottes zu uns Menschen ihren Grund. Die Sendung Jesu in die Welt wird mit Gottes Liebe zur Welt begründet; darauf antwortet die Liebe zu Gott wie zum Nächsten. Dieser Ansatz, der für das ganze Neue Testament prägend ist, bestimmt in besonderer Weise das Johannesevangelium und die Briefe des Johannes. Knapp zusammengefasst findet er sich in der Aussage: »Gott ist die Liebe; und wer in der Liebe bleibt, der bleibt in Gott und Gott in ihm« (1. Johannes 4,16).

Häufig wird dieser Satz im Sinn einer Definition missverstanden, als stünde dort: »Gott ist Liebe«. Allzu leicht wird daraus abgeleitet, es ließen sich alle dunklen Seiten Gottes und das, was uns an ihm verborgen und rätselhaft ist, leicht vom Bild Gottes abstreifen, so dass nur ein »lieblicher Gott« zurückbleibt. Gott wird jedoch nicht als Liebe definiert; sondern er offenbart sich als die Liebe in Aktion: »Darin ist erschienen die Liebe Gottes unter uns, dass Gott seinen eingebornen Sohn gesandt hat in die Welt, damit wir durch ihn leben sollen« (1. Johannes 4,9). Uns in die Liebe Gottes, die uns in Christus begegnet, hineinnehmen zu lassen und mit unserem Leben darauf zu antworten – das ist gemeint, wenn die Liebe zu Gott als die Summe aller Gebote bezeichnet wird.

Zur Liebe zum Nächsten ist nur fähig, wer darüber Auskunft geben kann, woran er sein Herz hängt. »Woran du dein Herz hängst, das ist dein Gott«, sagt Martin Luther in seinem Großen Katechismus; die Grundorientierung des menschlichen Lebens entscheidet sich seiner Überzeugung nach daran, ob man Gott selbst oder andere Götter über sein Leben herrschen lässt: eigenmächtig gewählte höchste Güter, selbstgemachte Götzen, vom Zeitgeist empfohlene Idole.

Wer Gott liebt, liebt auch den Nächsten. Er hat keinen Grund, einzelne Menschen oder ganze Gruppen zu vergötzen und sie höher zu achten als alle anderen. Er hat aber ebenso wenig Grund, einzelne Menschen oder ganze Menschengruppen zu verachten und geringer zu schätzen als andere. Christen geben Gott allein die Ehre und achten deshalb die gleiche Würde jedes Menschen. Die größte Anfechtung des Glaubens, die sich aus der Geschichte des Christentums ergibt, hat damit zu tun, dass es auch in ihr zum Personenkult auf der einen und zu gruppenbezogener Menschenfeindlichkeit auf der anderen Seite gekommen ist.

Noch immer sind Christen nicht durchweg gegen diese doppelte Gefahr gefeit. Doch der Grund ist nicht, dass sie zu viel Glauben hätten. Sie haben zu wenig davon. Sie nehmen das höchste Gebot nicht ernst genug: Gott zu lieben von ganzem Herzen, von ganzer Seele, von ganzem Gemüt und von allen Kräften – und den Nächsten wie sich selbst.

Die Liebe zu sich selbst. Noch nach einer anderen Seite hin ist darauf zu achten, dass es in dieser Zusammenfassung aller Gebote nicht nur heißt: »Liebe deinen Nächsten.« Es heißt vielmehr: »Liebe deinen Nächsten wie dich selbst.« Was ist damit gemeint?

Martin Buber, der große jüdische Religionsphilosoph und Bibelübersetzer, deutet den Satz so: »Liebe deinen Nächsten, denn er ist wie du.« Das wäre eine Anwendung der Goldenen Regel auf das Liebesgebot. Dieses Gebot zielte dann darauf, anderen eben die Achtung entgegenzubringen, die ich auch selbst von ihnen erwarte.

Doch mit Liebe ist mehr gemeint als Achtung; ein Lebenseinsatz ist gemeint, der darin gründet, dass der andere mir um seiner selbst willen wichtig ist. Eine Leidenschaft ist im Spiel, die über bloße Achtung hinausgeht. Eine Fürsorge für den anderen ist in die Liebe eingeschlossen, die im Fall der Gefahr die Bewahrung seines Lebens einschließt. Um eben dies deutlich zu machen, fügt das alttestamentliche Gebot (3. Mose 19,18) hinzu: »wie dich selbst«. Und Jesus nimmt das auf.

Die Auslegung dieses schlichten Zusatzes stößt auf große Schwierigkeiten. In weiten Teilen der christlichen Tradition galt als Prüfstein dafür, ob das Gebot der Nächstenliebe erfüllt sei, die Selbstlosigkeit, ja die Selbstverleugnung. Wer den Nächsten lieben will, muss bereit sein, von sich selbst abzusehen. Man leitete aus dieser Vorstellung eine Entgegensetzung zwischen Egoismus und Altruismus – also dem Einsatz für andere – ab, wonach der Altruismus sich durch völlige Selbstlosigkeit auszeichne, während der Egoismus folgerichtiger Weise durch Rücksichtslosigkeit gegenüber anderen geprägt sei. Die von der modernen Altruismus-Forschung gezogene Konsequenz heißt: Wenn jemand bei einem

Einsatz für andere ein Gefühl der Befriedigung verspürt, hat er nicht aus altruistischen, sondern aus selbstsüchtigen Motiven gehandelt; es liegt also kein Fall der Nächstenliebe vor.

Gewiss gibt es Situationen, in denen Menschen um der Liebe willen zur Selbstverleugnung, ja sogar zum Opfer ihres Lebens bereit sind. Es gibt den Fall des Martyriums, in dem ein Mensch die Liebe zu Gott über das eigene Leben stellt und sich eher das Leben nehmen lässt, als Gott zu verleugnen. Es gibt Situationen der Nothilfe, in denen einer das eigene Leben riskiert, um fremdes Leben zu retten. Es gibt den bewundernswerten Einsatz von Müttern für ihre Kinder über die Grenzen der eigenen Kraft hinaus. Es gibt Helfer in Notsituationen, die bei ihrem Versuch, Menschenleben zu retten, einsetzen, was sie nur können; Feuerwehrleute sind ein Beispiel dafür. Doch diese Grenzsituationen der Liebe sind nicht die einzige Form, in der Liebe zum Nächsten geübt wird. Deshalb war es eine Fehlentwicklung, die Nächstenliebe schlechthin mit Selbstverleugnung und Selbstopfer gleichzusetzen.

Verglichen damit ist das biblische Gebot ungleich realistischer. Es setzt ein anderes Menschenbild voraus. Der Mensch, dem Gott sein Leben als Gabe anvertraut hat und der diese Gabe dankbar annimmt, vermag ein positives Verhältnis zu sich und seinem Leben zu entwickeln. Er liebt sein Leben und sucht, es zu bewahren; er sorgt für das, was er zum Leben braucht, so gut er kann. Es gibt im Evangelium keinen Grund, der einen Menschen daran hindern könnte, sein Leben dankbar zu bejahen, sich an ihm zu freuen und mit ihm verantwortlich umzugehen. Das biblische Tötungsverbot gilt auch im Blick auf das eigene Leben; es gibt keine Rechtfertigung dafür, es leichthin aus der Hand zu geben – auch nicht aus Gründen der Liebe.

Und es gibt keinen Grund, der es verbieten könnte, an der Liebe zum Nächsten seine Freude zu haben. Wenn Eltern dankbar feststellen, dass es ihnen gelungen ist, ihre Kinder »großzuziehen«, wenn ein Verkehrsteilnehmer darüber erleichtert ist, dass er durch einen Erste-Hilfe-Einsatz einem anderen das Leben retten konnte, wenn eine Grüne Dame sich über die Dankbarkeit freut, mit der sie im Krankenzimmer verabschiedet wird, dann liegt darin keine Einschränkung der Nächstenliebe. Die Liebe zu sich selbst – wenn sie vor Selbstsucht bewahrt ist – und die Liebe zum Nächsten stehen zueinander nicht im Verhältnis der Konkurrenz; sie gehören zusammen.

Dabei mag offen bleiben, ob die Liebe zu sich selbst und die Liebe zum Nächsten unter dem Gesichtspunkt verglichen werden, man solle den Nächsten in derselben Art oder in demselben Ausmaß lieben wie sich selbst. Da es ohnehin nicht leicht ist, von der Liebe quantitativ zu reden, empfiehlt es sich nicht, beide Perspektiven allzu scharf gegeneinander zu stellen. Aber beide Betrachtungsweisen setzen voraus, dass nicht nur die Liebe zum Nächsten, sondern auch die Liebe zu sich selbst hoch geachtet wird. Als Korrektur einer lange vorherrschenden Denkweise ist diese Einsicht von einer großen, lebensdienlichen Bedeutung.

Die Liebe zum Nächsten. Dem biblischen Gebot zufolge soll die Liebe zu sich selbst auch den Maßstab für die Liebe zum Nächsten bilden. Denn auch das Leben des anderen ist ein Geschenk Gottes, für das nicht nur der andere selbst, sondern alle dankbar sind, die mit ihm in Verbindung stehen. Alle tragen deshalb Verantwortung nicht nur für das eigene Leben, sondern auch für das Leben der anderen; alle wissen sich einbezogen in die Fürsorge dafür, dass jeder erhält, was er zum Leben braucht. Wenn dies gelingt, ist es ein Grund zur Freude für alle Beteiligten.

Wer mein Nächster ist, lässt sich nicht abschließend feststellen. Denn dies kann jeder Mensch sein, der in den Kreis meiner möglichen Verantwortung tritt. Dieser Kreis verändert sich im Lauf meines Lebens; er bestimmt sich immer wieder neu durch die Menschen, mit denen ich zu tun bekomme oder die von meinem Handeln betroffen sind. Jeden Tag kann sich mein Bild davon verändern, wer mein Nächster ist; denn an jedem Tag kann ein anderer mir so gegenübertreten, dass er mir dadurch zum Nächsten wird: durch das Antlitz, das ich vor mir sehe, durch die Frage, die er mir stellt, durch, die Not, in der er sich befindet.

Man hat vor einer Überdehnung der Nächstenliebe gewarnt und mit ironischem Ton von einer »Fernstenliebe« gesprochen. Aber man kann nicht unausgesetzt das Wort »Globalisierung« im Munde führen und gleichzeitig der Vorstellung frönen, jemand, der weit entfernt von mir wohnt, könne nicht mein Nächster sein. Man kann nicht Urlaub in der Karibik, in Birma oder in afrikanischen Nationalparks machen und sein Gewissen mit der Vorstellung beruhigen, die Lebensbedingungen der Menschen, von deren schlecht bezahlter Arbeit man dabei profitiert, gingen einen nichts an. Dafür, wer mein Nächster ist, gibt es keine räumlichen Grenzen.

Auch die Vorstellung, nur diejenigen, die gleichzeitig mit mir leben, könnten meine Nächsten sein, überzeugt nicht. Wenn ich die Erinnerung eines Verstorbenen verteidige, wird er mir zum Nächsten; oder ich verteidige ihn, weil er mir schon zu Lebzeiten ein Nächster war. Wenn ich durch sparsamen Energieverbrauch die Lebensinteressen künftiger Generationen berücksichtige, betrachte ich auch Menschen, die nach mir kommen, als Nächste.

Eine abschließende Antwort auf die Frage, wer mein Nächster ist, gibt es nicht. Jesus hat deshalb im Gleichnis vom barmherzigen Samariter umgekehrt danach gefragt, wer demjenigen zum Nächsten geworden sei, der unter die Räuber gefallen war. Ob ich selbst einem anderen Menschen zum Nächsten werde, ist die entscheidende Frage. Zum redlichen Umgang mit ihr gehört allerdings die Einsicht, dass ich nicht allen Menschen gleichzeitig Nächster sein kann. Doch diese Einsicht entschuldigt mich nicht, wenn ich im entscheidenden Augenblick den Hungrigen nicht gespeist, den Durstigen nicht getränkt, den Fremden nicht aufgenommen, den Nackten nicht gekleidet, mich um den Kranken nicht gekümmert oder den Gefangenen nicht besucht habe – und darin dem Menschensohn selbst die Liebe verweigert habe, die er in diesen meinen Nächsten und durch sie von mir erwartet.

Dreifachgebot? Jesu Zusammenfassung der Gebote wird üblicherweise als »Doppelgebot der Liebe« bezeichnet. In sprachlicher

Hinsicht trifft das zu. Zwei Gebotssätze, die sich im Alten Testament an verschiedenen Stellen finden, werden zu einem Doppelgebot zusammengefasst. Inhaltlich führt diese Bezeichnung jedoch in die Irre. Denn nicht eine doppelte Liebe wird geboten: zu Gott und zum Nächsten, sondern eine dreifache Liebe: zu Gott, zum Nächsten und zu sich selbst. Deshalb spreche ich vom Dreifachgebot der Liebe.

Es verdient in diesem Zusammenhang Beachtung, dass 138 Islamgelehrte im Jahr 2007 dem Dialog zwischen Christentum und Islam dadurch einen neuen Anstoß gegeben haben, dass sie das Liebesgebot – zu Gott und zum Nächsten wie zu sich selbst – als gemeinsamen Bezugspunkt beider Glaubensweisen herausgestellt haben. Es ist bemerkenswert, dass die Islamgelehrten die in der Verkündigung Jesu vollzogene Verbindung zwischen den biblischen Geboten der Liebe zu Gott und zum Nächsten wie zu sich selbst als einen Schlüssel auch für das Verständnis des Islam ansehen. Sie folgen dabei freilich der inhaltlichen Auffassung als Doppelgebot; die Verbindung zwischen der Liebe zum Nächsten und der Liebe zu sich selbst tritt in ihrer Auslegung nicht in den Blick. Aber auch hinsichtlich der Liebe zu Gott ist ein deutlicher Unterschied zwischen der in diesem Brief der Islamgelehrten vorgelegten Deutung und dem christlichen Verständnis wahrzunehmen. Denn dass das Gebot der Liebe zu Gott in Gottes liebender Zuwendung zur Welt seinen Grund hat, spielt in dieser Interpretation keine zentrale Rolle.

Das ist verständlich, da doch die biblische Aussage, dass Gott Liebe ist, in der Menschwerdung Gottes in Jesus Christus ihren wichtigsten Bezugspunkt hat. Gottes Liebe aber gilt jedem einzelnen Menschen und verleiht ihm eine unantastbare Würde. Diese Liebe verbürgt, dass Gott es mit seiner Welt trotz des abgründig Bösen, das in ihr begegnet, und mit dem Menschen trotz der Sünde, in die er verstrickt ist, gut meint. Gottes Treue zu seiner Schöpfung und die Rettung des Sünders durch Gottes Gnade bestimmen den Ort des Menschen in der Welt. Sie bestimmen den Auftrag des einzelnen Menschen, von dieser Vorgabe des Glaubens her den Sinn seines Lebens zu verstehen und die Aufgaben seines Lebens zu erfüllen. Der christliche Glaube verbindet das Bekenntnis zu Gott, der Liebe ist, und die unantastbare Würde jeder menschlichen Person miteinander. Eben diese Verbindung ist heute im christlichen Selbstverständnis neu zu erschließen; und sie ist ebenso in das interreligiöse Gespräch einzubringen.

Körperliche und körperlose Liebe

Mit der Unterscheidung zwischen selbstloser und selbstbezogener Liebe ging in der Geschichte des Christentums oft eine weitere, ebenfalls problematische Unterscheidung einher. Sie machte von einer sprachlichen Beobachtung Gebrauch. Wo im Neuen Testament von Liebe die Rede ist, wird nicht das griechische Wort für körperliche Liebe gebraucht. Dafür steht im Griechischen das Wort *eros,* das in der heutigen Sprache vor allem in Worten wie *erotisch, Erotik* oder auch *Eros-Center* fortlebt. Das Neue Testament verwendet für Liebe stattdessen das Wort *agape,* das von sexuellen Assoziationen frei ist. Gelegentlich wird auch das griechische Wort für Freundschaft, *philia,* gebraucht.

Das führte zu einer Gegenüberstellung von *Eros* und *Agape,* von körperlicher Liebe und einer im Vergleich dazu körperlosen, asexuellen Liebe. Auf der einen Seite steht eine auf die gemeinsame, also auch auf die jeweils eigene Freude an körperlicher Nähe und Vereinigung gerichtete Liebe; auf der anderen Seite steht eine vom eigenen Selbst ganz absehende und über alles Sinnliche hinausweisende Liebe.

Nun ist gewiss festzuhalten, dass der Begriff der Liebe, der die körperliche Vereinigung zweier Menschen einschließt, sich nicht verallgemeinern lässt. Diese Liebe ist vielmehr exklusiv. Sie schließt ein wechselseitiges Versprechen ein, den anderen nicht verletzen und nicht missbrauchen zu wollen. Durch das Verbot des Ehebruchs im sechsten der Zehn Gebote wird der Einbruch in eine fremde Verbindung ebenso wie das Hintergehen des eigenen Partners untersagt. Treue wird damit als ein wesentliches Merkmal sexueller Beziehungen hervorgehoben. Das halten manche heute, in einem Zeitalter sexueller Freizügigkeit, für altmodisch. Aber Beziehungen, die durch Verlässlichkeit und wechselseitige Verantwortung geprägt sind, sind für ein Menschenleben von unvergleichlichem Wert. Daran hat Albert Camus gedacht, als er sagte: sich zu lieben, bedeute, miteinander alt werden zu wollen. Junge Menschen zeigen dafür einen starken Sinn, wenn sie Treue zu den Werten zählen, die für sie ganz hoch im Kurs stehen.

Aber Liebe, die über den Bereich intimster Beziehungen hinausweist, ist damit nicht körperlos. Man mag es für übertrieben halten, dass auch entfernte Freundinnen oder Freunde einander bei jeder Begegnung umarmen. Aber dies ist gleichwohl ein Zeichen dafür, dass körperliche Berührung und Liebe miteinander zusammenhängen. Wie sonst wäre es zu erklären, dass wir einander bei der Begrüßung die Hand geben? Ist es nicht körperliche Nähe, wenn jemand einen Pflegebedürftigen reinigt, bettet und ihm zum Abschied noch einmal die Hand streichelt?

Es gehört zu den Grundthemen jeder Erziehung, die unterschiedlichen Stufen körperlicher Nähe voneinander unterscheiden zu lernen. Aber die Entgegensetzung zwischen körperlicher und körperloser Liebe ist eine schädliche Übertreibung.

Sie hat zu einer Abwertung der menschlichen Sexualität beigetragen, die zu Unrecht als ein Kennzeichen des christlichen Glaubens gilt. Asketische Lebensformen wurden – bei aller Hochachtung, die sie verdient haben – in der Geschichte des Christentums niemals als generell verpflichtend angesehen. Die Lebensform der Ehelosigkeit wurde als Zeichen für die Verbindlichkeit der Zugehörigkeit zu Christus hochgeschätzt; dass sie in der römisch-katholischen Kirche als bindende Voraussetzung für das Priesteramt angesehen wird, ist mit guten Gründen umstritten, weil dadurch ihr Charakter als Gnadengabe undeutlich wird. Aber auch nach römisch-katholischer Auffassung wird die eheliche Liebe dadurch nicht abgewertet; als problematisch muss man es freilich ansehen, dass die körperliche Liebe ausschließlich unter dem Gesichtspunkt der menschlichen Fortpflanzung und nicht als ein in sich selbst wertvoller intimer Ausdruck engster Zusammengehörigkeit angesehen wird.

Ein Verständnis des christlichen Glaubens, in dem das Hohelied der Liebe einen unverlierbaren Platz hat, sollte auch ein hohes Lied der körperlichen Liebe einschließen. Und dieses Lied findet sich auch in der Bibel: nämlich im Hohenlied Salomos. Wahrscheinlich erhielt diese Dichtung über die Schönheit des Zusammenseins von Mann und Frau deshalb Eingang in den Kanon des Alten Testaments, weil sie allegorisch gedeutet wurde – beispielsweise auf das Verhältnis Gottes zu seinem erwählten Volk und später auf das Verhältnis Christi zu seiner Gemeinde. Aber sie hat auch in ihrer ursprünglichen Bedeutung in der Bibel einen guten Ort. In immer neuem Jubel beschreibt sie die Geborgenheit der Liebenden ineinander, in der sie das gemeinsame Geborgensein in Gottes Güte erfahren. Dieser Jubel gehört zum Dank für das Geschenk des Lebens wie der Liebe unlöslich hinzu.

Gewiss beschränkt die Liebe sich nicht auf die Befriedigung körperlichen Verlangens. Auch die Partnerschaft zwischen zwei Menschen, die sexuell miteinander verbunden sind, kann keinen Bestand haben, wenn sie auf diese Dimension eingeengt wird. Ein Bild vom gemeinsamen Leben, die Wahrnehmung gemeinsamer Verantwortung, das Eintreten für Kinder, Enkel oder die eigenen Eltern, ein Kreis gemeinsamer Freunde, das wechselseitige Interesse für den Beruf des anderen, das Engagement für gemeinsam akzeptierte Ziele, die gemeinsame Freude an Sport und Spiel, der Austausch im Glauben und über den Glauben – all das macht eine Partnerschaft lebendig und reich. Das Spektrum solcher Gemeinsamkeiten ist also groß.

Die schroffe Entgegensetzung zwischen *Eros* und *Agape* im Sinn von körperlicher und körperloser Liebe bewährt sich nicht. Immer ist der ganze Mensch beteiligt. Dass wir zwischen unterschiedlichen Formen körperlicher Nähe zu unterscheiden vermögen, ist allerdings eine unverzichtbare Voraussetzung für das, was man eine Kultur der Liebe nennen kann.

»Liebe deinen Nächsten, denn er ist wie du!« Martin Bubers schon erwähnte Deutung des Gebots der Nächstenliebe hat einen tiefen Sinn, dem wir uns nun zuwenden wollen.

Nächstenliebe und Statusverzicht. Andere Menschen mit dem Blick der Liebe anzuschauen, bedeutet, sie als gleichwertig zu betrachten, ihrer Würde den gleichen Rang zuzuerkennen wie der eigenen Würde. Schon in der Hebräischen Bibel konzentriert sich das Gebot der Nächstenliebe auf das Verhältnis zu Menschen, die als gleichrangig anzuerkennen besonders schwer fällt (vgl. 3. Mose 19). Die Rede ist von dem Prozessgegner, dessen Ansprüchen man die Berechtigung absprechen möchte. In den Blick treten Arme, Tagelöhner, Taube und Blinde, deren Lage man auszunutzen versucht ist. Wahrgenommen werden die Alten, die »grauen Häupter«, die man ehren soll. Ganz besonders hebt die Hebräische Bibel Witwen, Waisen und Fremde hervor – Menschen also, die durch ihr Geschick in die Situation von Außenseitern, ja von Rechtlosen geraten sind. Zur Begründung der ihnen gegenüber gebotenen Achtung wird auf Israels eigenes Geschick verwiesen – »denn ihr seid auch Fremdlinge gewesen in Ägyptenland«.

Natürlich gilt die Liebe dem Familienmitglied, dessen Zugehörigkeit zum selben Clan ohnehin unstrittig ist, oder dem Nachbarn, dessen soziale Stellung fraglos respektiert wird. Aber besonders wichtig wird das Gebot der Liebe dort, wo der Augenschein gegen eine solche Gleichwertigkeit spricht. Mit dem Schwachen, Armen oder Gedemütigten auf eine Stufe zu treten, bedeutet, selbst zum Statusverzicht bereit zu sein. Deshalb hat Gerd Theißen die Zusammengehörigkeit von Nächstenliebe und Statusverzicht als ein grundlegendes Kennzeichen der christlichen Lebensform herausgestellt.

In der Verkündigung Jesu ist die Zusammengehörigkeit dieser beiden Kennzeichen mit deutlichen Akzenten versehen. Eine in den Evangelien häufig wiederholte Aussage weist dem Statusverzicht in der Existenzform der Jünger eine zentrale Bedeutung zu: »Wer groß werden will unter euch, soll euer Diener sein, wer unter euch Erster sein will, soll der Sklave aller sein« (Markus 10,43f.). Dieser Statusverzicht wurzelt offenbar in einem Perspektivenwechsel; die sozialen Beziehungen in einer Gruppe werden mit dem Blick von unten betrachtet, also mit jener Blickweise, die in der lateinamerikanischen Befreiungstheologie als die »vorrangige Option für die Armen« bezeichnet wurde. Der Horizont des Reiches Gottes ist nicht auf die Zukunft beschränkt; denn dieses Reich ist »mitten unter euch« (Lukas 17,21). Die Aussicht auf eine Zeit, in welcher der Gegensatz zwischen Ohnmächtigen und Mächtigen, Sklaven und Herren, Armen und Reichen aufgehoben ist, bestimmt schon die Wahrnehmung der Gegenwart: »Viele Erste werden dann Letzte und die Letzten Erste sein« (Markus 10,31). Das gilt eben nicht nur für die Zukunft; es gilt in der Jüngergemeinde schon jetzt: »Wenn jemand der Erste sein will, soll er aller Letzter und aller Diener sein« (Markus 9,35).

Dieser Gleichheit durch Perspektivenwechsel tritt die Zuspitzung des Gebots der Nächstenliebe zum Feindesliebegebot zur Seite. Jesus führt es in der Bergpredigt in ausdrücklicher Anknüpfung an die Statusdifferenz ein. Deshalb erweitert er zunächst das alttestamentliche Gebot der Nächstenliebe – als ob dort stünde: »Du sollst deinen Nächsten lieben und deinen Feind hassen.« Denn eben in dieser Statusdifferenz zwischen Freund und Feind liegt ein Grundmuster menschlichen Verhaltens; ein moderner Theoretiker des Staatsrechts, Carl Schmitt, hat deshalb in dieser Unterscheidung zwischen Freund und Feind das Wesen der Politik gesehen. Jesus hält dieser Denkweise das Gebot entgegen: »Liebt eure Feinde und bittet für die, die euch verfolgen, damit ihr Kinder seid eures Vaters im Himmel.« (Matthäus 5,44f.)

Zur Begründung führt er die Unparteilichkeit des göttlichen Segens an; denn Gott »lässt seine Sonne aufgehen über Böse und Gute und lässt regnen über Gerechte und Ungerechte« (Matthäus 5,43–45). Weil es vor Gott die Statusdifferenz nicht gibt, die wir Menschen mit der Unterscheidung zwischen Freund und Feind erzeugen, hat auch diese Entgegensetzung keinen letzten Bestand. Wer eine »Todfeindschaft« oder auch eine »Erbfeindschaft« behauptet, leugnet die Universalität des göttlichen Segens; er leugnet damit Gott selbst.

Feindschaft und Feindesliebe. Für eine derartige Leugnung Gottes kennen wir im Kleinen wie im Großen viele Belege.

Aus dem persönlichen Leben kennen wir Beispiele dafür, dass wir nicht einmal die Bereitschaft aufbringen, eine Feindschaft vernarben zu lassen; vielmehr legen wir es darauf an, den Hass auf einen Menschen immer wieder zu erneuern und uns seine vermeintlichen Untaten immer wieder in Erinnerung zu rufen. So soll die Aggression gegen ihn lebendig bleiben. Wir wollen ihn im Grunde aus dem Segen Gottes ausschließen.

Im politischen Bereich ist die Parole »Gott mit uns«, die in der Zeit des Ersten Weltkriegs auf den Koppelschlössern deutscher Soldaten zu lesen war, ein sprechender Beleg für eine Einstellung, in der eine Seite Gott für sich selbst reklamiert und andere aus dem Bereich des göttlichen Wohlwollens ausschließen will.

Feindschaft schließt den Feind vom göttlichen Segen aus; für ihn soll nicht gelten, dass Gott es mit den Menschen gut meint. Feindesliebe dagegen zeigt ihren ganz elementaren Sinn darin, dass man dem Feind nichts Böses will.

Deshalb besteht der Sinn der Feindesliebe nicht einfach darin, dass man sich selbst überwindet, indem man jemanden liebt, den man eigentlich gar nicht lieben kann. Sondern ihr Sinn besteht in einer Intensivierung der Liebe. Das Gebot der Feindesliebe leugnet nicht, dass es Feinde gibt; vielmehr wird in diesem Gebot das Faktum von Feindschaft gerade vorausgesetzt. Den Feind anders als bisher wahrzunehmen und dadurch die Beziehung zu ihm zu verändern, ist der Inhalt der Feindesliebe. Ihr entscheidendes Motiv liegt in der Hoffnung auf eine Zukunft, in der auch bisher Verfeindete am Erbe ihres Vaters im Himmel in gerechter Weise und ohne Gewalt teilhaben werden. Überall dort, wo es gelingt,

Feindschaft aus dem Geist der Feindesliebe zu überwinden, wird diese Hoffnung gleichnishaft vorweggenommen.

Intelligente Feindesliebe. Aber lässt sich die Feindesliebe überhaupt in die Tat umsetzen? Keiner Generation ist der Zweifel an der Realisierbarkeit dieses Gebots unbekannt. Immer wieder ist gegen das Gebot der Feindesliebe eingewandt worden, es verlange unbegrenzte Nachgiebigkeit und fordere einen Rechtsverzicht, der angesichts der Konflikthaftigkeit menschlichen Zusammenlebens völlig unrealistisch sei. Martin Luther hat diese Spannung dadurch aufzulösen versucht, dass er den Rechtsverzicht im Geist der Bergpredigt für all die Fälle eingefordert hat, in denen ein Mensch nur für sich selbst handelt; die Behauptung und Durchsetzung des Rechts dagegen hielt er immer dann für geboten, wenn ein Mensch für andere handelt.

So hilfreich diese Unterscheidung zwischen Person und Amt für die eigene Selbstprüfung auch ist, so schwer lässt sie sich lupenrein auf konkrete Lebenssituationen anwenden. Dennoch enthält Luthers Überlegung einen Hinweis, dessen Bedeutung nur schwer zu überschätzen ist. In Konflikten geht es im Tiefsten nie darum, die eigene Position gegen andere durchzusetzen; es geht vielmehr darum, eine Möglichkeit des gemeinsamen Lebens zu finden. Der Impuls der Feindesliebe setzt sich in den Versuch um, gemeinsame Interessen zu stärken, einen Versuch der Verständigung zu unternehmen, der Feindschaft ein Ende zu machen.

Dieser Weg erweist sich nicht nur im persönlichen Leben als richtig; er taugt auch für die Politik. Der unter anderem von Otto von Bismarck (1815–1898), dem Kanzler des deutschen Kaiserreichs, vertretenen These, mit der Bergpredigt könne man keine Politik machen, setzte der Physiker und Philosoph Carl Friedrich von Weizsäcker (1912–2007) die Überzeugung entgegen, es gebe eine »intelligente Feindesliebe«, die politisch umsetzbar sei. »Intelligente Feindesliebe« sucht nach politischen Wegen dazu, Feindschaft zu überwinden, und will dadurch die Gefahr bannen, dass diese Feindschaft sich gewaltsam entlädt und dabei ungezählte Menschenleben fordert.

Das 20. Jahrhundert war in erschreckender Weise ein Jahrhundert der Gewalt. Doch inmitten dieser Gewalt zeigten sich Beispiele dafür, wie neue Anfänge aus dem Geist der Feindesliebe möglich sind. Auch in der Politik hat eine Ethik der Vergebung verändernde Kraft. Das Ende der »Erbfeindschaft« zwischen Deutschland und Frankreich und der Weg zu einem vereinigten Europa sind dafür ebenso Beispiele wie die Brücke über den Atlantik und das Ende der europäischen wie der deutschen Teilung. In Südafrika wurde von Staatspräsident Nelson Mandela (geboren 1918) und Erzbischof Desmond Tutu (geboren 1931) der Versuch unternommen, die Folgen der Apartheidpolitik im Geist von Wahrheit und Versöhnung zu überwinden.

Weitere Beispiele lassen sich hinzufügen. Jeder, der über diese Entwicklungen nachdenkt, muss zugeben, dass wir in den Jahrzehnten seit dem Ende des Zweiten Weltkriegs die Überwindung von Feindschaft in einem Ausmaß erlebt haben, die über die Erwartungen vermeintlicher Realisten weit hinausging. Es gibt allen Grund dafür, der Feindesliebe eine verändernde Kraft zuzutrauen, auch im Feld der Politik.

Liebe durch Strukturen. In der optimistischen Aufbruchsstimmung der ausgehenden sechziger Jahre des 20. Jahrhunderts kam der Gedanke auf, dass Liebe sich nicht nur im unmittelbaren Verhalten einzelner Menschen zueinander zeige, sondern auch in Strukturen wirksam werde. Nicht nur in der unmittelbaren Begegnung von Angesicht zu Angesicht, sondern auch in der anonymen, durch Strukturen vermittelten Beziehung könne das Motiv der Liebe wirksam werden.

Diese Vorstellung kam zu einer Zeit auf, in der in den reichen Industriestaaten zum ersten Mal der globale Konflikt ins Bewusstsein trat, der mit dem Gegensatz zwischen den Lebensbedingungen auf der nördlichen und der südlichen Erdhalbkugel verbunden ist. Ist es ein Gebot der Nächstenliebe, diesen Gegensatz zu überwinden? Kann Liebe in den Strukturen der Weltwirtschaft wirksam werden? Kann es eine neue internationale Wirtschaftsordnung geben, die nicht nur an Effizienz, sondern auch an Gerechtigkeit, nicht nur an Konkurrenz, sondern auch an Liebe orientiert ist?

Seitdem diese Diskussion zum ersten Mal entbrannte, haben sich die Herausforderungen verschärft. Die internationale Vernetzung, die insbesondere durch die modernen Informationstechnologien vorangetrieben wird, hat den Prozess der Globalisierung ausgelöst. In einer Zeit des globalen Wettbewerbs, so wird argumentiert, gilt das Recht des Stärkeren; wer sich in diesem Wettbewerb behaupten will, muss sein Handeln konsequent am eigenen Vorteil orientieren. Rücksichtnahme auf den Nächsten oder gar Liebe zum Feind dagegen führen nur zum eigenen Ruin. Aber kann durch politische Rahmenbedingungen dafür gesorgt werden, dass dieser rücksichtslose Wettbewerb nicht zum Ruin des Nächsten und zur dramatischen Verschlechterung der Lebensbedingungen für künftige Generationen führt?

Die Frage, wie das Gebot der Nächstenliebe im politischen und gesellschaftlichen Handeln zur Wirksamkeit kommen kann, wird nicht immer so direkt gestellt. Aber sie ist für Christen unausweichlich. Die Orientierung am Dreifachgebot der Liebe, so sahen wir, zeigt sich in einem Handeln, das um der Ehre Gottes willen konsequent an der gleichen Würde jedes Menschen ausgerichtet ist.

Die Anerkennung der Menschenwürde umfasst das ganze Leben des Menschen, von seinen ersten Anfängen bis zu seinem Sterben und zu dem Gedenken, das wir ihm widmen. Die Anerkennung der Menschenwürde gilt zugleich jedem Menschen, unabhängig von seinem Geschlecht und seinen Begabungen, seiner Herkunft und den äußeren Bedingungen seines Lebens, seiner Nationalität und Religion. Sie gilt denen, die vor uns lebten und mit denen wir in einer erinnernden Solidarität verbunden sind, aber auch den Angehörigen künftiger Generationen, denen wir ein Verhalten schulden, das am Prinzip der Nachhaltigkeit orientiert ist.

Im Blick auf Gesellschaft und Politik fordert das Gebot der Nächstenliebe deshalb vor allem zweierlei. Es fordert ein persönliches und berufliches Handeln, das den Mitmenschen achtet und seiner Würde das gleiche Gewicht gibt wie der eigenen Würde. Und es fordert die Arbeit an politischen Strukturen, die auf die Wahrung der Menschenwürde und auf Nachhaltigkeit im Umgang mit der Natur, auf die gerechte Teilhabe aller am Leben in der Gesellschaft und auf die Gewährleistung eines gerechten Friedens ausgerichtet sind.

Kann denn Liebe ein Gebot sein?

»Kann denn Liebe Sünde sein?« Diese ironische Frage stellt Zarah Leander in ihrem klassischen Chanson von 1938. Die Antwort heißt natürlich: Nein. »Liebe kann nicht Sünde sein, doch wenn sie es wär', dann wär's mir egal – lieber will ich sündigen mal, als ohne Liebe sein!« Liebe gehört so stark mit der menschlichen Freiheit zusammen, dass nicht einmal die Behauptung, sie sei Sünde, die Liebe hindern kann.

Kann denn Liebe ein Gebot sein? Mit dem Freiheitscharakter der Liebe scheint auch das nicht vereinbar zu sein. Lässt sich Liebe befehlen? Gerät der christliche Glaube nicht in einen Selbstwiderspruch, wenn er der Einladung zur Liebe die Gestalt des Imperativs gibt?

Gewiss kann Liebe nur aus freier Einsicht entstehen. Und auch, wer sich von der Liebe wie im Sturm ergreifen lässt, wird niemals einräumen, dass er damit einem fremden Befehl gefolgt sei; er wird nur den eigenen inneren Antrieb, das Aufwallen seiner persönlichen Gefühle als Grund für die Liebe gelten lassen.

Warum nimmt die Einladung zur Liebe trotzdem die Form des Gebots an? Zwei Gründe dafür sind in meinen Augen besonders wichtig. Dass uns die Liebe als Gebot entgegentritt, liegt zum einen daran, dass sie mit unserem Menschsein als solchem zu tun hat; und es liegt zum anderen daran, dass sie eine unerlässliche Voraussetzung für ein Leben in Freiheit ist. Die Liebe kann deshalb geboten werden, weil das Handeln aus Liebe für alle Menschen verbindlich ist; und sie kann deshalb geboten werden, weil dieses Gebot der Bewahrung der Freiheit dient.

Das Gebot der Liebe gilt für alle. Die Philosophie sieht es als einen entscheidenden Maßstab für zulässige ethische Weisungen an, dass sie für alle Menschen gelten und in unterschiedlichen Situationen angewandt werden können. Der Philosoph Immanuel Kant (1724–1804) hat seine Ethik deshalb auf einen »Kategorischen Imperativ« aufgebaut, demzufolge man sich an Maximen orientieren soll, von denen man überzeugt ist, dass sie für alle zum Gesetz werden können. Das damit ausgedrückte Prinzip bezeichnet man als das Prinzip der Verallgemeinerbarkeit oder der Universalisierbarkeit.

Das Gebot der Liebe ist eine solche Maxime. Menschliches Zusammenleben kann gelingen, wenn sich alle am Gebot der Liebe ausrichten. Jesus verdeutlichte das daran, dass er alternativ zum Dreifachgebot der Liebe auch die »Goldene Regel« als die Zusammenfassung aller Gebote bezeichnete: »Alles nun, was ihr wollt, dass euch die Leute tun sollen, das tut ihnen auch« (Matthäus 7,12). Die Wechselseitigkeit des Handelns ist eine Form, so wollte er damit sagen, in der die Liebe das praktische Leben dauerhaft prägen kann. Die Liebe setzt auf diese Weise einen Umgang miteinander frei, der durch wechselseitige Achtung und Rücksichtnahme bestimmt ist.

Verhaltensregeln, die sich an der Liebe orientieren, können zwar für alle gelten; sie werden aber nicht von allen befolgt. Deshalb braucht ein Gemeinwesen Rechtsregeln, die dem Handeln Orientierung geben und mit deren Hilfe sich der gestörte Frieden wiederherstellen lässt. Im schlimmsten Fall muss dabei das Recht auch gegen Widerstand durchgesetzt werden; wo es nicht anders geht, muss die Anerkennung des Rechts auch durch die Androhung oder den Vollzug von Strafen erzwungen werden. Doch auch damit wird das Ziel, dass Menschen miteinander im Geist der Liebe und damit in einer Haltung wechselseitiger Achtung umgehen, nicht aufgehoben; es bleibt vielmehr bestehen.

Die Liebe begegnet uns also deshalb in der Gestalt des Gebots, weil dieses Gebot für jeden in gleicher Weise Geltung beanspruchen kann.

Wegweisung der Freiheit. Das Liebesgebot nimmt zum anderen deshalb die Form des Gebots an, weil es nicht etwa zur Freiheit in Spannung tritt, sondern der Freiheit dient. Diese Begründung lässt sich am leichtesten dadurch verdeutlichen, dass wir einen Blick auf das Verhältnis zwischen dem Dreifachgebot der Liebe und den Zehn Geboten, dem alttestamentlichen Dekalog, werfen.

Schon in der Verkündigung Jesu, so sahen wir, gilt das Dreifachgebot der Liebe als Summierung des alttestamentlichen Gesetzes. Der Apostel Paulus macht darauf aufmerksam, dass sich die Gebote, die sich auf das Zusammenleben der Menschen beziehen, in dem Gebot der Nächstenliebe zusammenfassen lassen. Aus dieser Beobachtung folgert er, dass die Liebe die Erfüllung des Gesetzes ist (Römer 13,8–10). Aus diesen biblischen Ansatzpunkten wurden weitreichende theologische Konsequenzen gezogen.

Der nordafrikanische Kirchenlehrer Augustin (354–430), der die abendländische Theologie geprägt hat wie kein anderer, ist der erste, der diesem Hinweis eine systematische Gestalt gibt. Er bereitet damit eine Entwicklung vor, in deren Folge die Zehn Gebote für die christliche Ethik einen zentralen Rang gewinnen. Augustin verbindet das Liebesgebot auf die Weise mit dem Dekalog, dass er die zwei Tafeln des mosaischen Gesetzes auf die beiden Teile des Liebesgebots verteilt. Neben der Zehnzahl ist diese Aufteilung auf zwei Tafeln ein zweiter Schritt zu einer klaren Ordnung, die den Orientierungswert der im Alten Testament überlieferten Gebote erheblich erhöht (vgl. 2. Mose 20,2–17; 5. Mose 5,6–21).

Augustin ordnet die ersten drei Gebote – über die Verehrung des einen Gottes, über die Achtung seines Namens und über die Heiligung des Feiertags – der Liebe zu Gott zu. Dabei verbindet er diese drei Gebote unmittelbar mit den drei Personen der Trinität. Die ausschließliche Verehrung des einen Gottes, der die Ablehnung fremder Götter und das Verbot der Verehrung von Götterbildern zugeordnet sind, bezieht er auf Gott den Vater. Die Achtung des göttlichen Namens verknüpft er mit der Person des Gottessohnes, in dem Gott einen bestimmten Namen annimmt. In der Heiligung des Feiertages sieht er eine konkrete Form, in der Christen das Wirken des Heiligen Geistes in ihrer Mitte achten und für dieses Wirken danken.

Die folgenden Gebote – nach der vorherrschenden Zählung das vierte bis zehnte Gebot – ordnet Augustin den zwischenmenschlichen Beziehungen zu: Die Ehrung der Eltern, das Tötungsverbot, das Verbot des Ehebruchs, das Verbot des Stehlens, das Verbot der Falschaussage und schließlich das doppelte Verbot, nach etwas zu trachten, was einem nicht gehört – all das sind Weisungen dazu, das Verhältnis zum Nächsten vor Schaden zu bewahren. Weil zwischenmenschliche Beziehungen geschützt werden sollen, herrscht hier die Form des Verbots vor. Auf dieser zweiten Tafel der Gebote ist das Elterngebot das einzige, das positiv als Gebot formuliert ist. Aber man kann dieses Gebot durchaus einschließen, wenn man feststellt, dass diese Gebote Lebensbereiche schützen, die vor Störungen, ja vor Zerstörung bewahrt werden sollen.

Martin Luther (1483–1546) setzt in dieser wie in anderen wichtigen Fragen die Linie Augustins fort. Aber er tut es in einer Form, durch die er entscheidend zur neuzeitlichen Popularität der Zehn Gebote beiträgt. Der Unterricht im christlichen Glauben, den Luther nicht nur in jeder christlichen Gemeinde, sondern auch in jeder christlichen Familie verankern will, soll nach seinem Konzept mit den Zehn Geboten beginnen. Das Glaubensbekenntnis, das Vaterunser sowie die Sakramente Taufe und Abendmahl sollen darauf folgen. Die Unterweisung in den Zehn Geboten soll den Sinn dafür wecken, dass jeder Mensch in seinem Gewissen weiß, was Gott von ihm erwartet. Auch dass er dieser göttlichen Erwartung nicht gerecht wird und sich vor Gott nicht selbst rechtfertigen kann, vermag er auf Grund der Gebote zu erkennen. So sind die Einsicht in die eigene Sünde und die Orientierung für das eigene Leben in der Begegnung mit den Zehn Geboten ganz eng miteinander verbunden.

Augustin folgend deutet auch Martin Luther die Zehn Gebote vom Liebesgebot her. Die ersten drei Gebote schützen den Raum, in dem Gott uns begegnen möchte. Der Ton der Dankbarkeit, der in der Tradition Johannes Calvins den Umgang mit den Zehn Geboten bestimmt, ist auch hier schon präsent. Die Gebote der zweiten Tafel schützen jeweils einen besonderen Aspekt im Umgang der Menschen miteinander. Die in den Geboten enthaltenen Konkretionen haben dabei exemplarischen Charakter; Luther weitet ihren Bedeutungsbereich jeweils deutlich aus und ergänzt jedes Verbot durch eine positive Weisung. So heißt beispielsweise seine Erläuterung zum Tötungsverbot: »Wir sollen Gott fürchten und lieben, dass wir unserm Nächsten an seinem Leibe keinen Schaden noch Leid tun, sondern ihm helfen und beistehen in allen leiblichen Nöten.«

Die neue Aufmerksamkeit für die Zehn Gebote. Die insbesondere von Martin Luther stark geförderte moderne Popularität der Zehn Gebote ging freilich immer mit massiven Vorbehalten einher. Man brachte sie gern, wie Hermann Deuser formuliert, mit »kirchlich-pädagogischem Zwang, lebensferner Lehre und moralisierender Frömmigkeit« in Verbindung. Der Versuch, sie zeitlos zu interpretieren, muss zum Scheitern verurteilt sein; gerade, weil er immer wieder unternommen wurde, hatte die Berufung auf die Zehn Gebote über lange Zeit einen anachronistischen Klang. Der Autor eines neuen Buchs über die Zehn Gebote bekennt freimütig, sie hätten ihm, je älter er wurde, desto weniger bedeutet. Sie seien ihm nur noch eine ferne Kindheitserinnerung; ja, er bringe sie durcheinander.

Umso erstaunlicher ist es, dass ein solcher Autor – es handelt sich um den spanischen Philosophen Fernando Savater – sich dennoch bemüßigt fühlt, seine Kindheitserinnerung aufzufrischen. Man könnte das für einen Einzelfall handeln, wenn es nicht auch andere Beispiele dafür gäbe, dass der Dekalog wieder eine wachsende Aufmerksamkeit auf sich zieht. Führende Theater haben diesem Thema ganze Spielzeiten gewidmet; das Deutsche Hygiene-Museum in Dresden hat dazu eine Ausstellung mit einem umfangreichen Begleitprogramm organisiert; Fernsehdiskussionen widmen sich den Zehn Geboten. Auch religiöse Skeptiker fragen wieder nach dem Halt, der von einer solchen Tradition ausgehen kann.

Gewiss ist gegenüber allzu euphorischen Vorstellungen von einer »Wiederkehr der Religion« Zurückhaltung geboten; verfehlt ist aber ebenso die Auffassung, das Verdunsten der Religion sei unaufhaltsam. Dass eine Gesellschaft sich modernisiert, führt keineswegs automatisch zu ihrer Säkularisierung. Im Gegenteil: Modernisierungsprozesse können als Gegenbewegung einen religiösen Fundamentalismus hervorrufen. Das zeigt sich gegenwärtig besonders im Erstarken fundamentalistischer Strömungen im Islam. Im Gegenzug fragen sich viele in Europa oder Nordamerika, worin sie denn einen Halt für ihr eigenes Leben finden können, ohne den sie einfach zum Spielball der gesellschaftlichen Entwicklung werden. Auch wer keinerlei fundamentalistische Neigungen hat, sieht sich mit der Aufgabe konfrontiert, den Umgang mit kultureller Vielfalt so zu gestalten, dass sie nicht zur Überforderung der Einzelnen wie der Gesellschaft im Ganzen führt. Die Frage nach persönlicher wie gesellschaftlicher Identität stellt sich neu.

Diese Erfahrung löst eine verstärkte gesellschaftliche Wertedebatte aus; in ihr geht es unter anderem darum, inwiefern die Zehn Gebote als Kristallisationskern für die Wertorientierung des christlich geprägten Kulturraums zu betrachten sind.

Nach diesem Kristallisationskern wird auch deshalb gefragt, weil Religion wieder zu einem öffentlichen Faktor geworden ist. Religiös motivierte Terroranschläge bringen die Verbindung von Religion und Gewalt neu zum Bewusstsein; damit verbindet sich die Frage, ob die Förderung von Intoleranz und Gewalt jeder Religion innewohnt oder ob Gegenkräfte gegen die Neigung zur

Gewalt in den Religionen selbst enthalten sind. Sind die Forderungen nach Toleranz und Gewaltfreiheit *gegen* die Religionen durchzusetzen oder haben sie einen Anhaltspunkt *in* den Religionen selbst? Wie sind in diesem Zusammenhang die Traditionen des christlichen Glaubens zu bewerten?

Jede Beschäftigung mit den Zehn Geboten zeigt dabei, dass ihr Wirkungsradius und ihr Gewicht für die Gegenwartsbedeutung der christlichen Überlieferung uneinheitlich sind. Die Einzigkeit Gottes und das Tötungsverbot haben ungleich größere Bedeutung für die kulturelle Entwicklung Europas als die Begehrensverbote, mit denen der Dekalog endet. Manche Gebote sind – auch wegen einer Jahrhunderte langen Fehldeutung – in ihrem Rang notorisch unterschätzt worden. Das gilt beispielsweise für das Elterngebot, das ganz gegen seinen ursprünglichen Sinn auf kindlichen Gehorsam statt auf die Fürsorge von Erwachsenen gegenüber der alt gewordenen Elterngeneration hin gedeutet wurde; oder es gilt für das Verbot des Ehebruchs, das sich lange Zeit eher als Hort einer repressiven Sexualmoral und nicht als Ansporn zum Gelingen menschlicher Beziehungen auswirkte.

Wichtiger jedoch ist eine andere Beobachtung. In vielen Aneignungen der Zehn Gebote wird ein Motiv wieder lebendig, das uns schon bei Augustin und Martin Luther begegnete. Einen inneren Zusammenhang der Zehn Gebote erkennt man am ehesten dann, wenn man sie vom Gebot der Liebe her deutet. Dieses Gebot begegnet schon am Entstehungsort der Zehn Gebote selbst, nämlich in den ethischen Weisungen des Alten Testaments. Aber es erhält in seiner Aufnahme durch das Neue Testament zugleich einen spezifischen Akzent. Denn nun wird das Gebot der Liebe mit der von Gott geschenkten Liebe verknüpft, die sich in der Person des Jesus von Nazareth, in seinem Wirken wie in seiner Predigt, in seinem Sterben wie in seiner Auferweckung zeigt. Die Zuversicht, dieses Gebot zu erfüllen, gründet für Christen darin, dass es in Christus erfüllt ist.

In diesem – und nur in diesem – Sinn kann das Gebot der Liebe dann sogar als ein neues Gebot bezeichnet werden, wie Jesus dies nach dem Johannesevangelium tut: »Ein neues Gebot gebe ich euch, dass ihr euch untereinander liebt, wie ich euch geliebt habe, damit auch ihr einander lieb habt. Daran wird jedermann erkennen, dass ihr meine Jünger seid, wenn ihr Liebe untereinander habt« (Johannes 13,34f.).

Literaturhinweise

Das Abendmahl. Eine Orientierungshilfe zu Verständnis und Praxis des Abendmahls in der evangelischen Kirche. Vorgelegt vom Rat der Evangelischen Kirche in Deutschland, Gütersloh 2003.

Hannah Arendt, Eichmann in Jerusalem. Ein Bericht von der Banalität des Bösen, München 1964.

Jan Assmann, Die Mosaische Unterscheidung oder der Preis des Monotheismus, München 2003.

Petra Bahr/Joachim von Soosten (Hg.), Vater unser. Einübung im Christentum, Frankfurt a. M. 2008.

Hans-Martin Barth, Evangelischer Glaube im Kontext der Weltreligionen, Gütersloh 2001.

Karl Barth, Mit dem Anfang anfangen. Lesebuch, hg. von R. J. Erler und R. Marquard, Zürich 1985.

Heinrich Bedford-Strohm, Schöpfung, Göttingen 2001.

Heinrich Bedford-Strohm (Hg.), »... und das Leben der zukünftigen Welt«. Von Auferstehung und Jüngstem Gericht, Neukirchen 2007.

Benedikt XVI., Gott ist die Liebe. Die Enzyklika »Deus caritas est«, Freiburg i. Br. 2006.

Benedikt XVI., Glaube und Vernunft. Die Regensburger Vorlesung, Freiburg i. Br. 2006.

Benedikt XVI., Auf Hoffnung hin gerettet. Die Enzyklika »Spe salvi«, Freiburg i. Br. 2008.

Peter L. Berger, Erlösender Glaube? Fragen an das Christentum, Berlin/New York 2006.

Die *Bibel* nach der Übersetzung Martin Luthers, Stuttgart 1985.

Dietrich Bonhoeffer, Nachfolge, München 1989.

Dietrich Bonhoeffer, Widerstand und Ergebung. Briefe und Aufzeichnungen aus der Haft, Gütersloh 1998.

Bill Bryson, Eine kurze Geschichte von fast allem, München 2005.

Winrich C.-W. Clasen/Michael Meyer-Blanck/Günter Ruddat (Hg.), Evangelischer Taschenkatechismus, Rheinbach 2001.

Harvey Cox, When Jesus came to Harvard. Making Moral Choices Today, Boston/New York 2004.

Ingolf U. Dalferth, Leiden und Böses. Vom schwierigen Umgang mit Widersinnigem, Leipzig 2006.

Richard Dawkins, Der Gotteswahn, Berlin 2007 (engl.: The God Delusion, Boston 2006).

William A. Dembski, Intelligent Design. The Bridge between Science and Theology, InterVarsity Press 1999.

Hermann Deuser, Die Zehn Gebote. Kleine Einführung in die theologische Ethik, Stuttgart 2002.

Klaus Dörner, Die Gesundheitsfalle, München 2003.

Evangelisches Gesangbuch, Berlin 1993.

Johannes Fischer, Leben aus dem Geist. Zur Grundlegung christlicher Ethik, Zürich 1994.

Gemeinsame Erklärung zur Rechtfertigungslehre des Lutherischen Weltbundes und der Katholischen Kirche, Genf/Rom 1999.

Christof Gestrich, Die Wiederkehr des Glanzes in die Welt. Die christliche Lehre von der Sünde und ihrer Vergebung in gegenwärtiger Verantwortung, Tübingen 1989.

René Girard, Der Sündenbock, Zürich 1988.

René Girard, Ich sah den Satan vom Himmel fallen wie einen Blitz. Eine kritische Apologie des Christentums, München 1999.

Jürgen Habermas, Zwischen Naturalismus und Religion. Philosophische Aufsätze, Frankfurt a.M. 2005.

Unsere Hoffnung auf das ewige Leben. Ein Votum des Theologischen Ausschusses der Union Evangelischer Kirchen in der EKD, Neukirchen 2006.

Britta Hübener/Gottfried Orth (Hg.), Wörter des Lebens. Das ABC evangelischen Denkens, Stuttgart 2007.

Wolfgang Huber/Hans-Richard Reuter, Friedensethik, Stuttgart 1990.

Wolfgang Huber, Kirche in der Zeitenwende. Gesellschaftlicher Wandel und Erneuerung der Kirche, 2. Aufl. 1999.

Wolfgang Huber, Im Geist der Freiheit. Für eine Ökumene der Profile, Freiburg i.Br. 2007.

Wolfgang Huber, Es ist nicht zu spät für eine Antwort auf den Klimawandel. Ein Appell des Ratsvorsitzenden der Evangelischen Kirche in Deutschland, Hannover 2007.

Gerald Hüther, Die Evolution der Liebe, Göttingen 2000.

Bernd Janowski/Michael Welker (Hg.), Opfer. Theologische und kulturelle Kontexte, Frankfurt a. M. 2000.

Maria Jepsen (Hg.), Evangelische Spiritualität heute. Mehr als ein Gefühl, Stuttgart 2004.

Hans Joas, Braucht der Mensch Religion? Über Erfahrungen der Selbsttranszendenz, Freiburg i. Br. 2004.

Hans Joas/Klaus Wiegandt (Hg.), Die kulturellen Werte Europas, Frankfurt a. M. 2005.

Hans Joas (Hg.), Die zehn Gebote. Ein widersprüchliches Erbe?, Köln 2006.

Hans Joas/Klaus Wiegandt (Hg.), Säkularisierung und Weltreligionen, Frankfurt a. M. 2007.

Klaus-Peter Jörns, Lebensgaben Gottes feiern. Abschied vom Sühnopfermahl: eine neue Liturgie, Gütersloh 2007.

Eberhard Jüngel, Das Evangelium von der Rechtfertigung des Gottlosen als Zentrum des christlichen Glaubens, Tübingen 1998.

Eberhard Jüngel, Evangelischer Glaube und die Frage nach Tod und ewigem Leben, in: Christine Axt-Piscalar u. a., Das Wesen des Christentums in seiner evangelischen Gestalt, Neukirchen 2000, 112–132.

Franz Kamphaus, Eine Fortsetzung findet nicht statt, in: Frankfurter Allgemeine Zeitung, 11. November 2004, 8.

Walter Kasper, Jesus von Nazareth. Botschaft und Geschichte, Freiburg i. Br. 1990.

Herbert Kelman/Lee Hamilton, Crimes of Obedience. Toward a Social Psychology of Authority and Responsibility, New Haven/London 1989.

Matthias Köckert, Die Zehn Gebote, München 2007.

Christiane Kohler-Weiß, Schutz der Menschwerdung. Schwangerschaft und Schwangerschaftskonflikt als Themen evangelischer Ethik, Gütersloh 2003.

Hans Küng, Der Anfang aller Dinge. Naturwissenschaft und Religion, München/Zürich 2005.

Hermann Kurzke/Jacques Wirion, Unglaubensgespräch. Vom Nutzen und Nachteil der Religion für das Leben, München 2005.

Ray Kurzweil im Gespräch mit Tobias Hülswitt, Werden wir ewig leben, Mister Kurzweil?, in: Frankfurter Allgemeine Zeitung, 23. Februar 2008, S. 6.

Ulrich Kutschera (Hg.), Kreationismus in Deutschland. Fakten und Analysen, Münster 2007.

Bernhard Lang, Heiliges Spiel. Eine Geschichte des christlichen Gottesdienstes, München 1998.

Gerhard Liedke, Im Bauch des Fisches. Ökologische Theologie, Stuttgart 1979.

Ulrike Link-Wieczorek u. a., Nach Gott im Leben fragen. Ökumenische Einführung in das Christentum, Gütersloh/Freiburg i. Br. 2004.

Alister McGrath (mit Joanna Collicutt McGrath), »Der Atheismus-Wahn«. Eine Antwort auf Richard Dawkins und den atheistischen Fundamentalismus, Asslar 2007.

Johann Baptist Metz, Memoria passionis. Ein provozierendes Gedächtnis in pluralistischer Gesellschaft, Freiburg i. Br. 2006.

Jürgen Moltmann, Kirche in der Kraft des Geistes. Ein Beitrag zur messianischen Eschatologie, München 1975.

Jürgen Moltmann, Gott in der Schöpfung. Ökologische Schöpfungslehre, München 1985.

Jürgen Moltmann, Das Kommen Gottes. Christliche Eschatologie, Gütersloh 1995.

Tilman Moser, Gottesvergiftung, Frankfurt a. M. 1976.

Susan Neiman, Das Böse denken. Eine andere Geschichte der Philosophie, Frankfurt a. M. 2004.

Georg Picht, Wahrheit – Vernunft – Verantwortung. Philosophische Studien, Stuttgart 1969.

John Polkinghorne/Michael Welker, An den lebendigen Gott glauben. Ein Gespräch, Gütersloh 2005.

Karl Rahner, Grundkurs des Glaubens. Einführung in den Begriff des Christentums, Freiburg i. Br. 1976.

Joseph Ratzinger/Benedikt XVI., Jesus von Nazareth. Erster Teil. Von der Taufe im Jordan bis zur Verklärung, Freiburg i. Br. 2007.

Hans-Richard Reuter, Die Bergpredigt als Orientierung unseres Menschseins heute. Ein ethischer Diskurs in kritischer Absicht, in: Zeitschrift für evangelische Ethik 23, 1979, 84–105.

Horst Eberhard Richter, Der Gotteskomplex. Die Geburt und die Krise des Glaubens an die Allmacht des Menschen, Reinbek 1979.

Dietrich Ritschl/Martin Hailer, Diesseits und jenseits der Worte. Grundkurs christliche Theologie, Neukirchen 2006.

Werner H. Ritter (Hg.), Erlösung ohne Opfer? Göttingen 2003.

Rüdiger Sachau, Weiterleben nach dem Tod? Warum immer mehr Menschen an Reinkarnation glauben, Gütersloh 1998.

Fernando Savater, Die Zehn Gebote im 21. Jahrhundert. Tradition und Aktualität von Moses' Erbe, Berlin 2006.

Richard Schröder, Wissenschaft contra Religion? Zum Fall Galilei, in: Die Normativität des Wirklichen. Über die Grenze zwischen Sein und Sollen. Robert Spaemann zum 75. Geburtstag. Stuttgart 2002, 112ff.

Gerhard Schulze, Die Sünde. Das schöne Leben und seine Feinde, München 2006.

Raymund Schwager, Jesus im Heilsdrama, Innsbruck 1990.

Albert Schweitzer, Geschichte der Leben-Jesu-Forschung, 9. Aufl. Tübingen 1984 (1. Aufl. 1906).

Donald Shriver Jr., An Ethic for Enemies. Forgiveness in Politics, New York/Oxford 1995.

Fulbert Steffensky, Das Haus, das die Träume verwaltet, 7. Aufl. Würzburg 2002.

Fulbert Steffensky, Schwarzbrot-Spiritualität, Neuausgabe Stuttgart 2006.

Konrad Stock, Gottes wahre Liebe. Theologische Phänomenologie der Liebe, Tübingen 2000.

Konrad Stock, Die Theorie der christlichen Gewissheit, Tübingen 2005.

Die Taufe. Eine Orientierungshilfe zu Verständnis und Praxis der Taufe in der evangelischen Kirche. Vorgelegt vom Rat der Evangelischen Kirche in Deutschland, Gütersloh 2008.

Gerd Theißen/Annette Merz, Der historische Jesus, 2. Aufl. Göttingen 1997.

Gerd Theißen, Die Religion der ersten Christen. Eine Theorie des Urchristentums, Gütersloh 2000.

Gerd Theißen, Erleben und Verhalten der ersten Christen. Eine Psychologie des Urchristentums, Gütersloh 2007.

Christian W. Troll, Unterscheiden um zu klären. Orientierung im christlich-jüdischen Dialog, Freiburg i. Br. 2008.

Carl Friedrich von Weizsäcker, Der Garten des Menschlichen. Beiträge zur geschichtlichen Anthropologie, München 1977.

Carl Friedrich von Weizsäcker, Der bedrohte Friede, München 1981.

Viktor von Weizsäcker, Der Gestaltkreis. Theorie der Einheit von Wahrnehmen und Bewegen, Frankfurt a. M. 1997.

Michael Welker, Gottes Geist. Theologie des Heiligen Geistes, 2. Aufl. Neukirchen-Vluyn 1993.

Michael Welker, Was geht vor beim Abendmahl?, 2. Aufl. Gütersloh 2004.

Knut Wenzel (Hg.), Die Religionen und die Vernunft. Die Debatte um die Regensburger Vorlesung des Papstes, Freiburg i. Br. 2007.

Rudolf Weth (Hg.), Das Kreuz Jesu. Gewalt – Opfer – Sühne, Neukirchen-Vluyn 2001.

Zürcher Bibel 2007, Zürich 2007.

Bibelstellenverzeichnis

Altes Testament